JN284823

日本産業の
再構築と中小企業

（日本中小企業学会論集32）

同 友 館

はしがき

―日本中小企業学会論集第32号の刊行にあたって―

　日本中小企業学会・第32回全国大会は，2012年9月22日～23日，嘉悦大学にて開催された。本書は，この第32回大会の研究報告と討論を踏まえて執筆された論文を中心とした学会論集である。

　第32回全国大会は，統一論題「日本産業の再構築と中小企業」というテーマで開催された。日本経済は，1990年代以降，長期停滞傾向にあり，「失われた10年」から「失われた20年」へ，さらに今や「失われた30年」が懸念されると言っても過言ではない。経済の長期停滞傾向から脱却するには，新たな産業体制の構築，すなわち日本産業の再構築が喫緊の課題といえよう。こうした日本産業の再構築に際して，中小企業の果たす役割はきわめて大きく，中小企業への大きな期待が寄せられている。そこで，第32回大会では日本産業の再構築と中小企業について，さまざまな視点から，その問題点，課題等を分析・考察することとした。

　統一論題の研究報告では，「日本産業の再構築と中小企業―中小企業は3D・ICT革新に適合しうるか―」（港徹雄会員），「深層現調化＝中国・インドの低価格購買に対応する現地化の実態―自動車産業における中国・インド現地生産の実態調査を踏まえて―」（清晌一郎会員），「日本産業の再構築と中小企業―大企業セットメーカー後退に伴う中小企業の低迷―」（太田進一会員）の3報告が行われた。

　港報告では，現代の2000年以降を第三の産業分水嶺と捉え，3D・ICT革新下の中小企業再生のために，今こそ「中小企業の知識集約化」が必要と論じている。清報告では，自動車産業の中国・インドにおける深層現調化によって，日本自動車産業のグローバル・サプライヤーシステムの変化と中小企業の課題を考察している。また，太田報告では，大企業セットメーカーを中心とする，日本企業の国際競争力低下のもとで，中小企業の開業，創業によるイノベーションを促進することの重要性を論じている。

　統一論題座長の三井逸友，渡辺俊三，両会員のもと，以上の3報告に対して，

駒形哲哉，植田浩史，小川正博の各会員，それぞれの視点からの詳細なコメントが行われ，それに対する3報告者からの回答がなされた。フロアとの質疑応答においても，活発な討論が展開された。

　さらに，本大会においても，前年に引き続き，信金中央金庫協賛による国際交流セッションが同時に開催され，統一論題と連動した「日本産業の再構築と中小企業」という共通演題のもと，2つの報告を頂いた。第1報告として，ミラノ工科大学准教授Luca Grilli氏から「High-tech entrepreneurship in Europe: a heuristic firm growth model and three "(un-) easy pieces" for policy making」，第2報告として，韓日産業技術協力財団・李佑光氏から「サムスン経営システムの特徴―日本企業との比較の観点から―」というテーマで報告があった。これに引き続き，岡室博之会員，權五景会員の司会のもと，フロアから積極的な質疑応答がなされ，非常に意義深い国際交流セッションとなった。

　自由論題では，7分科会，計21報告がなされた。そのテーマも「産業集積と中小企業（その1）（その2）」「中小企業と国際化」「中小企業と労働」「中小企業の業種別分析」「海外における中小企業」「中小企業と金融財政，新規開業，戦略」等，多岐にわたる視点から，中小企業を論じる多くの貴重な報告を得た。
　第30回会員総会にて承認された「若手研究奨励賞」設置もあって，近年次世代を担う若手を中心に，研究報告希望が増える傾向にある。こうしたことは，本学会としても誠に喜ばしい限りである。今後とも，こうした若手を含めた多くの研究者の研究報告によって，学会活動の重要な成果である本論集の一層の充実・発展に向けて，全力を尽くしたいと考えている。
　会員相互の親睦の機会である懇親会においても，いつもながらなごやかな雰囲気のもとで会員間の交流を深めることができ，大会全体として成功裡に終了した。大会運営に携わった方々，とりわけ大会準備委員会委員長・黒瀬直宏副会長，嘉悦大学関係各位，プログラム委員会各位のご努力により，大きな成果を得ることができたことに感謝申し上げたい。

　また，第29回会員総会で承認された「国際学会で中小企業に関する研究報告を行う本学会員に対する経費助成」にもとづく若手会員らの海外学会発表成果も，

内規により，本論集に掲載されることになっている。今回は，該当する会員1名の報告を掲載している。

　周知のように，本論集は査読制度を導入しており，査読を希望し，かつ査読に合格した論文については，各論文末尾に「査読受理」と表記している。この査読制度の運用と編集事務にあたっては，とりわけ編集長・池田潔常任理事，編集担当・文能照之幹事に多大の労力を費やして頂き，また査読委員を務められた会員各位にも多くのご尽力を頂いた。さらに，出版業務にあたって同友館出版部の方々にも，一方ならぬご助力を頂いた。あわせて，心から感謝の意を表したい。

2013年3月

　　　　　　　　　　　　　　　　　　日本中小企業学会会長　髙田　亮爾

目　次

はしがき　　　　　　　　　　　　日本中小企業学会会長（流通科学大学）髙田亮爾・ iii

【統一論題：日本産業の再構築と中小企業】

中小企業は３Ｄ・ICT革新に適合しうるか………… 青山学院大学　港　徹雄・ 3
中国・インドの低価格購買に対応する「深層現調化」の実態
　－自動車産業における中国・インド現地生産の実態調査を踏まえて－
　………………………………………………… 関東学院大学　清　晌一郎・ 16
大企業セットメーカーのシェア後退に伴う中小企業の低迷
　………………………………………………… 同志社大学　太田進一・ 29

【自由論題】

両毛地域における産業集積の形成と発展
　－中核企業３社の事業展開の分析から－ ………… 中央大学（院）宇山　翠・ 45
川崎中小製造業の高度化と産業集積の広域化
　－下野毛工業協同組合（高津区）会員企業等にみる事例研究－ ……専修大学　遠山　浩・ 58
中小企業の国際連携をつうじた企業発展のプロセス
　－タイに進出しようとする日本中小企業をケースとして－ ……… 阪南大学　関　智宏・ 71
海外展開が国内拠点に与える触媒的効果
　－諏訪地域海外展開中小企業の国内競争力強化の一要因－ …… 東京大学（院）浜松翔平・ 84
中企業が女性従業員の活用を推進するうえでの課題と克服策
　－小企業との比較を中心に－ …………………… 日本政策金融公庫　松井雄史・ 97
中小企業従業員の自発的行動とその規定因
　－大企業との比較による実証研究－ ………… 中小企業基盤整備機構　渡辺孝志・110
小零細企業の経営と労働の実相
　－妻の経営への参加過程に着目して－ ………… 北海道大学　徳井美智代・123
製材業の産業組織と中小規模層の存立形態としての「大工出し」
　………………………………………………… 森林総合研究所　嶋瀬拓也・136

韓国における受託製造加工の効率性に関する決定要因分析
　　　　………………………………………… 追手門学院大学　稲葉　哲・149
シンガポール中小企業の医療機器産業参入プロセスにおける多重性
　　　　………………………………………… 東京経済大学　山本　聡・162
中国雑貨産地における商人の生産者化現象に関する研究
　　－問屋制生産の視点から－………………… 小樽商科大学　林　松国・175
非自発的（強制的）、自発的廃業の要因分析
　　－新規開業企業の追跡調査に基づく実証－……… 文教大学　鈴木正明・188

【報告要旨】

伝統的工業地域での大企業の存在の一考察
　　－尼崎市での中小企業支援を事例に－………… 大阪市立大学(院)　掛　章孝・203
技術開発型中堅・中小製造業の海外競争力の一考察
－生産技術のデジタル化が進む中で成功するビジネスモデル－… 日刊工業新聞社　藤坂浩司・207
金属加工業の成長モデル－イノベーションを中心として－
　　………………………………………………… 同志社大学（院）　松本輝雅・211
量的縮小下の産業集積におけるイノベーション
　　－福井県鯖江産地の事例－………………………… 東京大学（院）　建井順子・215
内生的アプローチによる産業集積の衰退に関する検討… 明治大学　木村元子・219
進化財政学と中小企業………………………………… 北海道大学　中村宙正・221
中小企業による玄人に向けた製品開発・販売戦略
　　－革新的な技術を有する企業が標的とすべき顧客層－…… 名古屋大学(院)　川崎綾子・225

【国際学会報告助成による国際学会報告要旨】

Global Trading through Local Networking:
　　The Case of Yokohama, Japan, in 1859–1923
　　　　………………………………………………… 横浜市立大学　山藤竜太郎・231

編集後記 …………………………… 論集編集委員長（兵庫県立大学）　池田　潔・238

Japan Academy of Small Business Studies: 2012 Conference Proceedings

CONTENTS

Preface: TAKADA, Ryoji ··· iii

Keynote Section of the 32nd JASBS Annual Conference:
Restructuring of Japanese Industries by SMEs Development

How the Small Business Can Be Adapted to the New Industrial Revolution?
·· MINATO, Tetsuo 3

Cultivating Low Price Purchasing Capabilities of Local Lower-Tier Suppliers for Japanese Firms in Emerging Economies: A Study of Automobile and Auto-Parts Industry in China and India ····························· SEI, Shoichiro 16

Reconstruction of Japanese industries and the downturn of small and medium-sized enterprises accompanying market withdrawal of major brand manufacturers ·· OTA, Shin'ichi 29

Articles

Formation and Development of Industrial Agglomeration in Ryomo District
·· UYAMA, Midori 45

The upgrading of small-and-medium-sized manufacturer and the widening of regional industrial cluster in Kawasaki: A case study of the member companies at Shimonoge area in Takatsu Ward ············ TOYAMA, Koh 58

The Development Process of SMEs through International Alliances: A Case Study of Japanese SMEs targeting entry into Thai Market
·· SEKI, Tomohiro 71

Catalytic effect of Internationalization on Home Country Base: A Case Study of Internationalized SMEs in Nagano, Suwa Area
·· HAMAMATSU, Shohei 84

Overcoming challenges in promoting utilization of female labor in medium-sized companies: Comparisons with small-sized companies
·· MATSUI, Yuji 97

Determinants of Employees' Spontaneous Behavior in SMEs: An Empirical Comparison between Small and Large Enterprises
·· WATANABE, Takashi 110

Management and labor in Micro and Small-sized Business: Focus on the impact of wife participation in management ····················· TOKUI, Michiyo 123

Industrial organization of the Japanese sawmill industry and "daiku-dashi" (trade directly with small local builders) sawmilling as a popular business model for small and medium sawmills ··············· SHIMASE, Takuya 136

Determinants of technical efficiency of contract manufacturing in Korea
·· INABA, Satoshi 149

Analysis of Singaporean SME Manufacturers entry into the Global Medical Device Industry from a Multilayered Perspective
·· YAMAMOTO, Satoshi 162

A Study on the Merchant Manufacturing in the Miscellaneous Goods Producing District of China: From the Viewpoint of Wholesale-System Production
·· LIN, Songguo 175

An Empirical Analysis on Forced and Voluntary Exits of Startups
·· SUZUKI, Masaaki 188

Summary of Presentations

The Effects of the Existence of Major Companies in a Traditional Industry District: A Case Study of Amagasaki City's Support for Small and Medium-sized Enterprises ·· KAKE, Fumitaka 203

Analysis of the global competitiveness of manufacturing technology development-oriented small and medium-sized firms: A Business model with advanced production technology digitization ·········· FUJISAKA, Hiroshi 207

Growth Model for Small and Medium Sized Companies in Metal Processing Industries: Analysis of SME technical innovation
·· MATSUMOTO, Terumasa 211

Innovation in shrinking industrial agglomerations: The Case of Sabae District in Fukui ·· TATEI, Junko 215

An Endogenous Approach to Analyzing the Decline of Industrial Clusters
·· KIMURA, Motoko 219

Evolutionary Public Finance by Small and Medium Enterprises
·· NAKAMURA, Hiromasa 221

SME Product Development and Selling Strategy focused on Market Experts: Market targeting of SMEs with Innovative Technology
·· KAWASAKI, Ayako 225

【Report on the International Conference】

Global Trading through Local Networking:
The Case of Yokohama, Japan, in 1859–1923 ·········· YAMAFUJI, Ryutaro 231

Editor's Note: IKEDA, Kiyoshi ·· 238

統 一 論 題

中小企業は3D・ICT革新に適合しうるか

青山学院大学　港　徹雄

1．はじめに

　「日本産業の再構築と中小企業」という今学会の統一論題が設定された背景には，日本産業が再構築を迫られているような重大な構造問題に直面しており，そうした構造問題の本質を解明し，日本の産業構造を再構築しなければならないという強い問題認識があると思われる。

　実際，『事業所・企業調査報告』（総務省）によると1991年に649万5千あった中小民営事業所数は2001年には610万9千になり，さらに，2009年には580万8千事業所になり，この間で中小事業所数は68万7千（10.6%）も減少している。また，労働力基本調査（総務省）によると1992年10月に1603万人を数えた製造業就業者数は2012年12月には998万人ととなり，この間に606万人（37.8%）も減少している。卸・小売業部門での就業者数も製造業ほどではないが長期的に減少が続いている。就業者数の減少幅は従業員規模の小さい企業ほど大きく，日本経済の長期停滞は中小・零細企業に最も深刻な打撃を与えていることを示唆している。

　1991年以降，20年にわたる日本経済の長期停滞の最初の10年間は主としてバブル経済崩壊とそれに関連した金融不安が原因であった。3次元情報技術革新（3D・ICT革新）による生産技術革新は，1990年代では日本国内での企業間取引関係と雇用の流動化をもたらしたが，3D・ICT革新の国際的な波及は限定的であった。ところが，2000年以降になると，不良債権処理が一段落し金融不安は解消されたが，3D・ICT革新による生産技術革新は東アジア諸国に波及し，日本が得意とした「ものづくり能力」の国際的な拡散による供給力拡大と市場競争の

激化をもたらした。

　2000年以降の日本経済の長期停滞の根本原因は，先端的な生産技術の国際的な普及とインターネット社会の到来による世界市場の一体化が，世界規模でのデフレ圧力を強めたことにある。したがって，一国内での財政支出拡大による不況対策は一時的な効果しかもたず，結果的に財政赤字拡大だけを残した。

　こうした国際的デフレ圧力はリーマン・ショック以降の急激な円高によって一段と強められた。リーマン・ショック以降の急激な円高では，過去の円高局面とは異なり，輸出価格への転嫁は実現せず，円高が輸出企業の収益性を極度に悪化させ，国内の生産と雇用を縮小させ不況のスパイラルを惹起させた。こうした日本円の購買力平価（PPP）を大幅に超える円高が修正されることによって輸出産業の収益性は一定程度回復し，デフレ圧力も緩和されると期待される。しかし，円高は2000年以降の日本経済の長期停滞を加速させた一要因に過ぎず，根本原因は3D・ICT革新にともなう世界規模での技術および市場環境変化にあり，日本産業，とりわけ，中小企業が21世紀のこうした国際環境変化への適合が遅れていることにある。したがって，日本企業が過去の成功体験に流されず，3D・ICT革新にいかに適合しうるかに日本産業の再生がかかっていると言っても過言ではない。

2．産業システムの大転換

　2010年までの1世紀の間に，世界は3度の大きな産業システムの転換を経験してきた。こうした産業システムの大転換を，ピオリ・セーブル（1984年）に倣って産業分水嶺（Industrial Divide）と呼称する。

　日本産業は第二の産業分水嶺期である1960年後半から80年代末までの四半世紀にわたって，大企業と中小企業との緊密な連携によって世界の市場環境と技術環境に非常に巧みに適合し，目覚ましい経済的成功を収めた。こうした成功体験が慣性となり，90年代央以降，3D・ICT革新によって第三の産業分水嶺に突入したにも関わらず，第二の産業分水嶺の成功モデルに固執し，第三の産業分水嶺に立ちすくんでいる。

2.1　第一の産業分水嶺

　第一の産業分水嶺は，ヘンリー・フォードによって創案されたアメリカ（フォード）型大量生産システム（Fordizm）によってもたらされた。

　フォード型の生産システムの要点は，T型フォード車の生産に必要な5000点以上に及ぶ部品を不具合の多い外部サプライヤーからの購入ではなく，その殆どを内製（垂直統合）したこと。また，互換性のある高精度の部品を熟練労働なしで生産し，移動式ラインを用いて組み立てることにあった。熟練労働なしに高精度の部品を内製するためには，その生産工程を細分化し，それぞれの工程で用いられる専用の生産設備・機器への大規模投資を必要とした。つまり，徹底した垂直統合（企業内分業）と企業専有資産（Firm Specific Asset）投資を特徴としていたのである。この意味でフォード型の生産システムは，企業専有資産による大量生産システムであると言える。

　このフォード型大量生産システムは，多くの産業で応用されアメリカ産業の生産力を飛躍的に拡大させアメリカに富と繁栄をもたらした。ところが，フォーディズム完成から半世紀を過ぎた1960年代後半になると，米国の製造業はその勢いを弱めはじめ，1970年代には行き詰まりが明らかになりはじめた。フォリズムが1970年代初めに限界に達した原因は，その効率性の源泉と密接に関係している。つまり，工場の生産性を極限まで高めるために，環境変化に迅速に対応する生産の柔軟性，および現場労働者の熟練形成や生産現場の知恵を活かす発意の機会が犠牲にされたのである。

　アメリカの生産システムが優位性を発揮したのは，大量で同質的な需要がある場合，また，技術進歩が緩やかで同一製品を長期間生産する環境においてである。しかし，経済が発展し需要が多様化し，プロダクト・サイクルが短縮化されとその競争優位性は低下した。

2.1　第二の産業分水嶺

　需要が多様化し技術進歩が加速すると，より柔軟性の高い生産システムが求められるようになる。つまり，ピオリ・セーブルが『第二の産業分水嶺』で指摘したように「柔軟な専門化」(flexible specialization) が硬直的な大量生産方式にとって代わられるようになった。

　ピオリ・セーブルによると，柔軟性とは，生産要素の再配置によって，生産工

程を絶えず改造する能力である。また，企業（その多くは中小企業）は，それぞれ専門分野に生産を特化しており，その専門的生産活動を担うのは，長期的な雇用慣行のもとで形成された企業専有（firm specific）な熟練技能をもつ労働者（クラフトマン）である。そして専門特化した多数の企業による分業のネットワークによって「柔軟な専門化」が実現されるのである（ピオリ・セーブル，1993年，pp.22-23）。

　1970年代‐80年代では，NC工作機械の普及によって生産の柔軟性は高まりと，技術革新の加速化によって製品のライフサイクルの短縮化が顕著になった。しかし，第二の産業分水嶺では，依然として大量生産においては専用機械のコスト優位性が持続しており，同時に，クラフト的技能も重要な役割を維持している。ピオリ・セーブルは，日本の下請システムについて「下請業者が大企業と協力する中で学んだのは，大量生産のやり方だけではなかった。変化する経済，技術的環境にいかに素早く適応していくかということも学んだ」（ピオリ・セーブル，1993年，p.292）。

　このようにピオリ・セーブルは，「柔軟な専門化」は，日本産業では下請企業と輸出指向型大企業との間の永続的取引関係を通じて学習した成果として捉えている。実際，長期継続的取引関係は企業間生産性（Inter-Firm Productivity）を高め，大きな経済効果をもたらした。つまり，下請企業は，親企業との長期継続取引によって醸成された信頼関係をもとに，特定の親企業からの受注生産に対してのみ有用性を発揮する（したがって他への転用が困難な）専用機械・設備等の取引専有資産（Transaction Specific Asset）への投資を積極的に行った。こうした自動化度の高い専用機械・設備によって，品質向上とコスト低減とを同時的に達成してきた。また，下請企業は，特定の生産工程に専門化することによって，その専門領域の技術を深耕させてきた。さらに，長期継続取引関係によって，下請企業でも安定した長期雇用を実現させ，下請企業の従業員はその専門化した受注分野での技能（Transaction Specific Skill）水準を高度化させた。

　また，企業間分業システムの拡大は取引に伴う取引費用を高めるという問題点があるため，米国のように取引費用が増高しやすい経済では，企業間分業システムの発展は制約される。他方，下請システムでは準内部（所有なきコントロール）的取引関係を構築することで取引費用を節減するとともに，親企業はそのシステムを円滑に統御することが可能であった。

日本の下請分業システムによって達成された競争優位性は，基本的には人間を介した情報処理が生産活動の主流をなしている段階で大きな成果を達成してきた。すなわち，情報技術（IT）の革新レベルが専用機械・設備等の取引専有資産の有用性を損なわず，製品の質が技能労働の熟練や取引企業間の調整（摺り合せ）能力に依存し，さらに，情報量処理量が増加した場合，その情報伝達・処理コストが費用逓増性をもつような段階において高い効率性を発揮したのである。

　第二の産業分水嶺期における効率的な大量生産は，準統合と言われる企業間取引関係を基に実施された取引専有資産投資によって実現された。

　O.E. Williamsonは，専有資産投資は生産性の向上に貢献するが，同時に取引の統御費用（Governance Costs）を高めるとして，取引統御コストを資産専有性の関数として図示している。つまり，資産専有性がk_1よりも低い場合には，市場的なガバナンスが効率的であり，専有性がk_1からk_2の間では市場と内部組織のハイブリッド型（準統合）が効率的である。さらに，専有性がk_2よりも高くなれば内部組織（統合化）によるガバナンスが効率的であるとした（Williamson O.E., 1996, pp.106-109）。

図1　資産専有性と統御費用（日本型ハイブリッド）

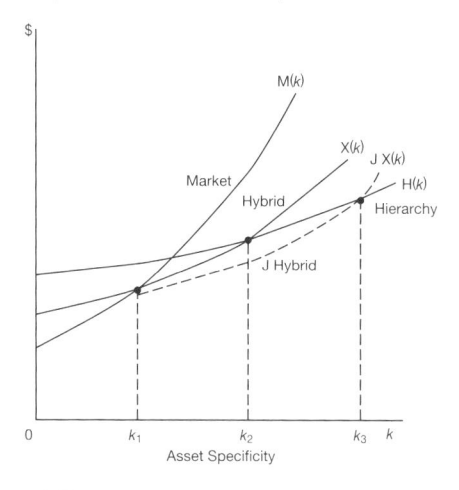

出所：O.E. Williamson（1996）Figure4.1を修正

日本の下請システムが高度な専有資産投資を実行しながら，その統御費用を低く抑えることに成功したことを，このO.E. Williamsonの図をもとに説明すると，本来は専有性がk_1からk_2の間で有効なハイブリッド型取引であるが，日本型ハイブリッド（J Hybrid）である下請システムでは統御費用は低く抑えられためその有効性の範囲は，図1のようにk_1からk_3にまでに拡張されたと考えられる。

2.3　第三の産業分水嶺

21世紀，グローバル規模での3D・ICT革新時代の到来によって，第二の産業分水嶺が終焉し第三の産業分水嶺に突入した。第三の産業分水嶺の特徴の第一は，「専用資産なき大量生産の時代」である。少量生産から大量生産まで全ての生産がデジタル化された汎用的生産機器によって遂行されるようになり，大量生産であっても専用資産を必要としないために生産の柔軟性と品質水準の確保が容易に実現できるようになった。

第一の産業分水嶺では，大量生産のためには専用化された生産設備（企業専有資産）投資が必要となる。そして，企業専有資産は完成品メーカー自らが投資を行い，サプライヤーが取引専有資産を必要とする場合には，メーカーがサプライヤーに貸与するかその投資費用を負担するのが一般的であった。また，中・少量生産のためには熟練工がマニュアル操作する汎用的な生産設備が用いられた。

第二の産業分水嶺では，大量生産のためには，第一の産業分水嶺と同様に専用的な生産設備が用いられた。しかし，外注先のサプライヤーが大量生産のために専用資産投資を必要とする場合には，長期継続取引を前提にサプライヤー自身が取引専有資産投資を実行するケースが一般化した。また，中・少量生産ではＮＣ工作機械など自動化された汎用的な生産機器が用いられ，生産の柔軟性と労働生産性の向上とが両立されるようになった。

これに対して第三の産業分水嶺では，3次元での開発・設計が可能となり，サイバー上で各要素間の「摺り合せ」が行われ，3次元の設計図面はそのままマシニング・センターのような汎用的生産設備によって自動生産がなされる。このため専有資産投資の必要性を大きく低下させた。

表1　各産業分水嶺の特徴

	期間	生産資産特性	取引の統御形態
第一の産業分水嶺	1910-60年代末	企業専有資産	内部的統御
第二の産業分水嶺	1970-90年代末	取引専有資産	準内部的統御
第三の産業分水嶺	2000-継続中	汎用資産	市場的統御

　第三の産業分水嶺の二番目の特徴は，グローバル規模での生産拡大と競争激化である。20世紀では，電子機器をはじめとするハイテク機械製品の生産は，高度な生産技術と製品開発技術を必要とした。このため，その生産の多くは先進経済諸国に限定され先進経済諸国間での競争に終始した。しかしながら，3D・ICT革新によって，熟練技能や生産管理技術がデジタル技術によって代替されるようになり，ネットワークの外部性を獲得するために先進技術の多くが公開され，技術の標準化が進展するようになると，それまで非先進諸国の参入を阻止してきた技術的な参入障壁が大幅に低まり，新興工業諸国をはじめ世界的規模での新規参入が拡大した。

　この結果，技術標準が確立した製品は，パソコンのようなハイテク製品であっても製品差別化は困難となり，価格でのみ需要（販売）量が決定される市況商品（コモディティ）化が進展し，世界的規模で価格競争が激化した。

　この結果，コモディティ化した商品は急速な価格と付加価値率の低下に直面するようになり，先進経済諸国の企業がコモディティ化した産業部門で利益を確保することが困難となった。実際，コモディティ化を回避できない企業は収益性の低下に直面している。コモディティ化を回避するほとんど唯一の方法は，研究開発成果を高め高度な製品差別化をはかることである。したがって，第三の産業分水嶺では，価値の源泉としての知的資産蓄積が決定的に重要となる段階でもある。

3．競争力要因の変遷

　1970年以降の日本産業（製造業）の競争力要因を簡単な回帰分析によって明らかにしよう（この回帰分析に関しては港徹雄，2011年『競争力基盤の変遷』pp.85-96に詳述されている）。

第二の産業分水嶺においては日本産業の国際競争力要因は，下請システムによって導出された企業間生産性の高さにあった。このことを明らかにするために，外注比率（当該産業の外注額／当該産業の出荷額）で示される下請システムの利用度と輸出特化度（当該産業の輸出シェア／当該産業の国内出荷シェア）で示される国際競争力との相関を分析した。

　その結果，第二の産業分水嶺の初期段階にあたる1971年時点での相関係数は0.6662であまり高くはないが，t値は2.526であり危険度5％水準で有意であった。

　また，1980年時点では相関係数は0.7128に上昇し，有意であった。さらに，1987年時点では相関係数は0.8496と非常に高い相関が認められた。その後，1998年時点になると，相関係数は0.7098に低下し，外注比率の輸出成果への説明力は低下している（図2参照）。

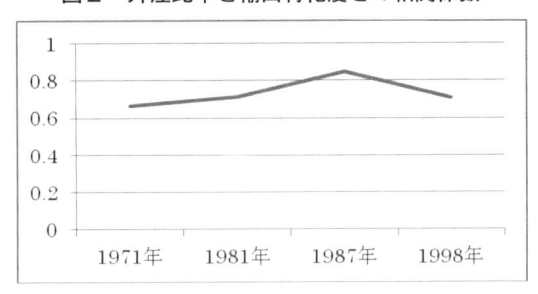

図2　外注比率と輸出特化度との相関係数

出所　港徹雄（2008）P.93．

　以上の回帰分析から，日本型企業間分業システムである下請生産システムの国際競争力形成への寄与は1970年代初頭から確認され，その後，その説明力は強まり1980年代後半にはそのピークを迎えた。1990年代後半になると，3D・ICT革新の影響が強まり，国際競争力形成における下請生産システムの説明力は急速に低下していることが明らかになった。

　20世紀末以降，外注比率が輸出特化度への説明力が急速に低下したのと対照的に，21世紀以降には研究開発費比率（当該産業のT_1期の研究開発費用支出額／当該産業のT_3期の出荷額）の輸出特化度への説明力は急速に上昇している。

　研究開発費比率と輸出特化度との相関係数は1980年から90年代にかけて0.6台

で推移したが，危険度5％水準では有意性なしと判定されている。ところが，21世紀に入ると相関係数は急速に上昇し，2006年時点では0.9133と非常に高くなり，危険度1％で有意となっている（図3参照）。

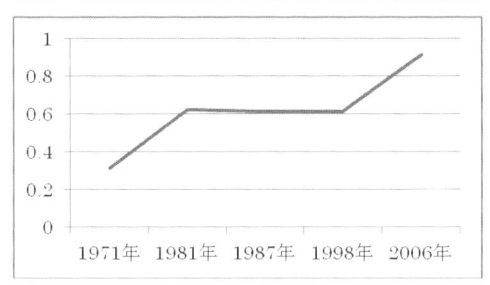

図3　研究開発費比率と輸出特化度の相関係数

出所　港徹雄（2008）P.95.

このことから21世紀において，日本産業の国際競争力は日本型下請分業システムによって実現された「ものづくり能力」の高さではなく，研究開発投資と企業間の知的連携とによって実現される「ちえづくり能力」（知的生産性）の高さに依存するようになったことを示唆している。

4．中小企業の研究開発活動

日本経済の長期停滞によって中小企業の収益性は低迷を続けている。しかし，研究開発活動を実施している企業と非実施企業との間では収益性に大きな格差が存在している。すなわち，2002－2010年における研究開発活動を実施している中小企業（製造業）の売上高営業利益率（年平均）は4.81％であるのに対して研究開発活動を実施していない中小企業の営業利益率は2.38％と実施企業の半分以下にとどまっている（図4参照）。

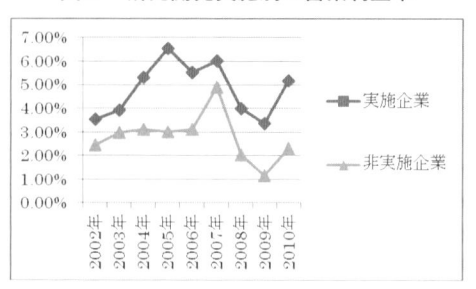

図4 研究開発実施別の営業利益率

データ出所:『科学技術研究調査報告(各年版)』

　このように21世紀においては，研究開発投資は最も収益性の高い投資であるが，中小企業の研究開発実施企業比率は依然として低いままである。
　研究開発を実施している中小企業(製造業)の比率は，『中小企業実態基本調査』によると4.98%～5.46%と極端に低い。また，中小企業のうち知的所有権を所有している企業の比率は，5.4%～5.8%であり，研究開発実施中小企業比率とほぼ一致している(図5参照)。

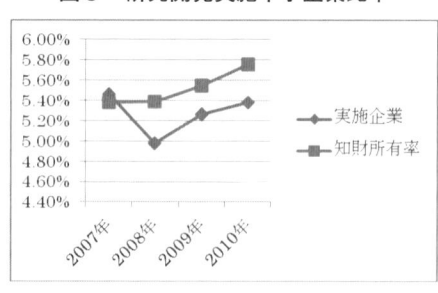

図5 研究開発実施中小企業比率

データ出所:『中小企業実態基本調査』

　研究開発実施中小企業でも，売上高に対する研究費支出額比率は2004－2010年の平均で2.2%過ぎない。この2.2%の研究開発投資で，研究開発費未実施中小企業に比べ2.4%もの営業利益率の差異を生んでいるのであり，中小企業における研究開発投資効率の高さが窺われる。

日本の中小企業の研究開発投資が低調で、その売上高投資比率も企業規模が小さくなるほど低下しているのに対して、米国では売上高研究開発投資比率が最も高いのは従業員数が500人未満の中小企業であり、その投資比率は5.1%となっている。他方、従業員数が1万人以上の巨大企業では2.5%と最も低なっている（図6参照）。

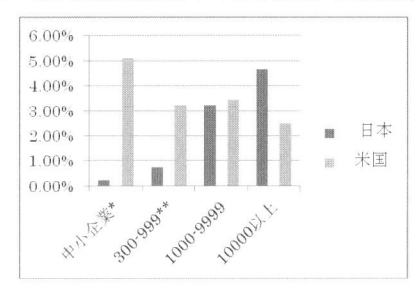

図6　研究開発投資比率の日米比較（企業規模別）

注：日本は金融業を除く全産業、米国は産業分類21-33, 42-81
＊日本は1～299人規模、米国は5～499人規模規模
＊＊日本は300～999人規模、米国は500～999人規模
資料：『平成22年　科学技術研究調査報告』
National Science Funndation, *Business R&D and Innovation Survy*

5．競争環境変化と研究開発型中小企業

　第3の産業分水嶺で中小製造企業が収益力のある企業として成長するための必要条件は、研究開発活動を実施し知的資産を蓄積することである。しかしながら、知的資産の獲得だけでは持続的企業成長は確保されない。なぜならば、第3の産業分水嶺の最大の特徴は、長期継続取引を前提にした取引専有資産投資の必要性が低く、したがって、安定した取引関係が期待できない産業社会であるからである。とりわけ、モジュール化が進展している電子機器産業ではインターフェースが標準化されており、サプライヤーを切替えるのに必要な切替費用（Switching Costs）は、ほとんど発生しない。したがって、少しでも価格が低い部品や機能性が高い部品が市場に現れると、既存のサプライヤーから新たなサプライヤーへと即座に切り替えられる。

私はベンチャーの「リスク耐性」の一つとして「コアー技術の外延性」を指摘した。すなわち，ベンチャーがそのコアー技術をどれだけ多くの製品分野（業種）に応用できるかによって，そのリスク耐性が規定されるのである（港徹雄，2000年，pp.21-22）。どのような革新技術であっても，時間の長短はあっても必ず類似技術がライバル企業によって開発されサプライヤーの地位を取って代われるリスクがあるからである。

　サプライヤーの切替費用が発生しないモジュール化した業種では，知的資産蓄積の高い研究開発型中小企業であっても，その取引先業種を多角化していないと，既存顧客からの受注停止によって急速に経営が悪化するケースが少なくない。

　㈱シコーは，こうしたプロセスで経営破綻したベンチャーの典型例であろう。同社は1996年にはアップル社にPC用の空冷ファン用超小型モーターが採用されたのを契機に急速に業容を拡大し，生産拠点を全面移転した中国（上海市）で1万人近い従業員を雇用する大企業に成長した（白木学，1996年，p.28）。2005年には携帯電話用搭載カメラのオートフォーカス用モーターを開発して，これに生産を集中した。ところが，2011年9月に主要顧客であったアップル社からiphone向けリニアモーターの発注が途絶えたため売上高は急減した。このため，同社は中国工場でのリストラを断行したが2012年8月に民事再生法を申請した（『日経産業新聞』2012年11月15日付）。シコーの蹉跌は，取引先業種の1極集中とともに，創業者である白木学氏の個人的な発明の才に依存し，組織的な研究開発体制が構築されていなかったこと，さらに，超精密加工を要する生産工程を熟練形成が容易ではない中国に全面的に移転したことも原因であると思われる。

　他方，㈱大真空は，1954年に電子部品加工業として創業し，1974年に水晶発振子の生産を開始した。同社もアップル社にその製品である水晶発振子を納入するサプライヤーあるが，同社がモジュール化時代においても順調な成長を維持しているその第一の理由は，同社は通信機器業界ばかりではなく，パソコン，AV機器，カーエレクトロニクス，アミューズメント，時計等の幅広い業種を顧客としていることにある。第二に，1984年に中央研究所を開設するなど組織的な研究開発体制をとり，売上高研究開発投資比率も近年では5％を越えている。また，生産も国内5工場が主力であり海外工場は中国（天津市）に1工場があるのみである（㈱大真空HP.を参照）。

6．結語

　日本産業の長期的な停滞の本質的原因は，3D・ICT 革新に伴う世界規模での生産技術環境と国際市場環境の大転換，つまり，第三の産業分水嶺への移行に伴うものである。したがって，財政金融政策では一時的な効果しか期待できない。根本的な日本産業の再生にとって必要なことは，この第三の産業分水嶺の本質を十分に解明し，それへの適合をはかること，すなわち，競争力の主軸を「ものづくり」から「ちえづくり」へ転換することにある。

　日本産業は第二の産業分水嶺であまりに大きな成功を収めたため，その成功体験が慣性となり，ものづくり能力に固執している。しかし，のもづくり能力がデジタル技術によって大幅に代替される時代にあっては，ちえづくり能力の高さが先進経済での競争力要因である。したがって，知的資産を形成するための研究開発活動が中小企業にとっても決定的に重要になっている。また，企業間取引関係が流動化した第三の産業分水嶺にあっては，特定の発注企業へ多くを依存することはリスクが高く，取引先業種の多角化が必要である。さらに，コスト競争力確保を目的として生産拠点を全面的に海外移転するのはリスクが高い。なぜならば，第三の産業分水嶺期においても，デジタル技術では容易には代替されない超精密加工分野が残されており，そうした分野でのものづくり能力は依然としてわが国中小企業の競争力要因であるからである。

〈参考文献〉

1　アルフレッド・チャンドラー（内田忠男・風間禎三郎訳）(1970年)『競争の時代』ダイヤモンド社
2　マイケル・ピオリ/チャールズ・セーブル（山之内靖・永易浩一・石田あつみ訳）(1993年)『第二の産業分水嶺』筑摩書房
3　港徹雄 (2011年)『日本のものづくり競争力基盤の変遷』日本経済新聞出版社
4　港徹雄 (2000年3月)「ニューベンチャーのリスク耐性と開発提携」『青山国際政経論集』第49号　pp.13-31
5　白木学 (1997年)『誰もやらない，だからやる』祥伝社
6　Williamson O.E. *The Mechanisms of Governance.* Oxford University press. 1996

中国・インドの低価格購買に対応する「深層現調化[注1]」の実態
―自動車産業における中国・インド現地生産の実態調査を踏まえて―

関東学院大学　清　晌一郎

はじめに

　現在，中国・インドで急速に生産を拡大しつつある自動車メーカーは，現地の低コストに対応するために2次・3次メーカーから調達する資材・部品を，現地調達に切り替えようとしている。現地企業はこのような購買システムの転換を「深層現調化」という新しい用語で表現しようとしている。

　「深層」という用語からも類推されるように，この新しい購買方式の特徴は，自動車生産にかかわる全ヒエラルキーの下層部分（自動車メーカーの下で部品を生産する部品サプライヤーよりも深い部分，すなわち2次，3次の深層）での調達を現地化しようとするものである。これは第一に，関連部品の輸出によって潤ってきた日本の2次・3次下請けの経営に直接の影響を与えるという意味で，第二に，基礎的な産業・技術基盤が脆弱で，かつ従来の日本的生産方式の通用しない中国・インドで，どのようにして調達が可能なのかという点で，我々の関心を引く。

　本稿では2012年3月に実施したインド実態調査，同8月に実施した中国実態調査をベースとして，深層現調化によるコストダウンの諸手法を紹介し，その上で日本自動車産業のグローバル・サプライヤーシステムの変化と日本的生産方式の射程について若干の検討を加えることを通じて統一論題の議論に参加したい。

2．深層現調化＝中国・インドにおける新しい購買方針

　歴史の様々な時代に展開された日本自動車メーカーの海外生産での現調率は，

現段階では相当程度に高い水準に到達している。最も進んでいる米国では事実上100％の高い水準にあり，中国でも80～90％，発展の初期段階にあるインドではモデルによってばらつきがあるが，一般には30～50％程度だと思われる。このように見た目の現調率はどの国においても非常に高い理由は，自動車メーカーが現地に進出した日系部品サプライヤーから現地調達しているからである。しかし日系自動車部品メーカーも資材・構成部品の多くを日本からの調達に依存しているから，実質現調率は大幅に引き下げられる。日本自動車部品工業会によれば，海外法人平均の現調率は70％程度，中国においても68％であるが，部品サプライヤーも資材・部品の一定部分を日系企業から調達しており，実質現調率はさらに低くなる[注2]。この点に関し，大手日系サプライヤーでのインタビューによれば，「100％の現地調達が完了しているアメリカのケースでも，実質現調率を試算すれば，およそ60～65％でしかない」と指摘している。

米国に比べて資本と技術の蓄積が不充分であり，特に二次，三次サプライヤーの産業基盤が脆弱である中国・インドなどの新興国の状況は深刻である。これらの国々では価格水準も低いから，技術・品質と価格の水準にバランスが取れているとはいえるが，その中でグローバル商品である自動車・同部品の品質・性能をいかに確保するかは重要な課題である。米国でも資材・部品の3分の1は日本からの輸入に頼っている状況のなかで，中国・インドの「深層現調化」がどのように進められるのか，まずはその実態を掘り下げてみよう[注3]。

2.2 現地部品のコスト構成の一般解

図1は，日系自動車部品メーカーD社の中国現地法人に納入しているサプライヤーの平均的なコスト構造を日系と民族系に区分し，その中間点にD社の目標とする価格水準を置いて，これらの関係を一般解として示したものである。

ここでまず目に付くのは，第一に，民族系の低価格に対して日系サプライヤーの高価格であり，両者のギャップが大きいこと，第二に，このギャップを解放するために部品コストを各構成部分に分解し，その内容を吟味しつつコストダウンを実現しようとしている点である。表に示されている各サプライヤーの価格水準は，民族系を100とした場合，高コストの日系の価格は概ね178程度，これに対して中間に位置する目標数値は113程度と想定される。この価格の内容を費目別に分解すると，材料費と型費のウェイトが著しく高く，次いで加工費の内，特に管

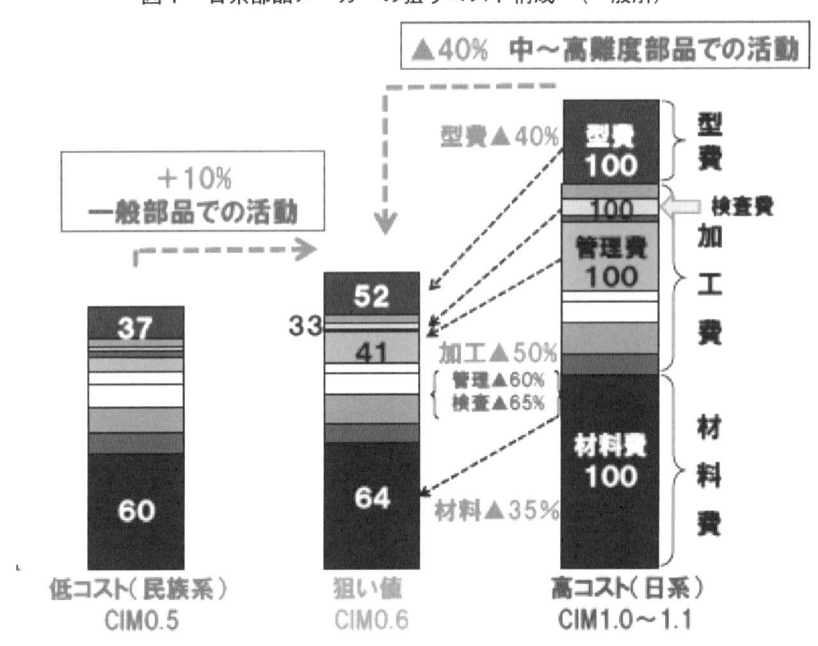

図1　日系部品メーカーの狙うコスト構成　（一般解）

出所　日系D社（中国）投資有限公司上海技術センター

理費と検査費が大きな位置を占める。従ってこれらの費用を如何にして削減するかが課題となる。D社は目標価格水準について，型費を52%に，材料費を64%に，管理費を41%に，検査費を33%に引き下げ，全体の価格を目標値である113程度に抑え込むことを目指している。図1に示すように，ターゲット価格水準113程度を実現するためには，もう一つのアプローチが想定されている。民族系のコスト100の企業に対して何らかのサポートをし，あるいは不足分は補ってでも，何とか使える部品として活用する方法である。ここでは民族系企業の材料費60を64に，型費を37から52に，全体として100のコストを113に引き上げても，品質・技術内容を確保することが求められている。この場合，これらの現地製資材・部品の使用による品質劣化に対応する検査費用など，社内受入れコストの上昇も組み込まれている点が注目される。

（技術的難易度による部品サプライヤーと購買方式の区分）

中国・インドの低価格購買に対応する「深層現調化注1）」の実態　　19

　図1は，日系企業と民族系企業とを区分して，目標価格水準を絞り込むための一般解に過ぎない。実際の取引においてはすべての部品について，コストダウンした日系企業群とレヴェルアップした民族系企業とが同じ平面で一般的競合関係に入るわけではない。D社では対象部品を，技術的難易度を基準に3つのグループに区分し，それぞれについて異なった取引関係を構築しようとしている。ここでは部品製造の技術的難易度，集中購買と各拠点購買，育成購買と一般競争購買（自社の技術ノウハウの開示による指導育成購買，品質管理と生産技術指導を伴う選択購買，完全なコンペによる一般競争購買）などのいくつかのカテゴリーが組み合わされ，重層的な購買・調達システムが構想されている。

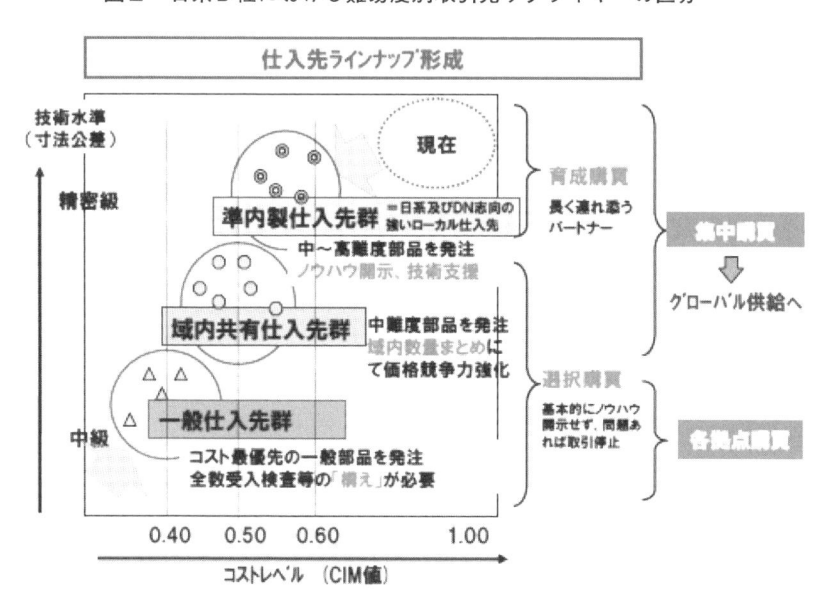

図2　日系D社における難易度別取引先サプライヤーの区分

出所　日系D社（中国）投資有限公司上海技術センター

　図2は，上記の組織方針を示しているが，ここでは部品の難易度に応じて，準内製仕入先群，域内共通仕入先群，一般仕入先群の3つのカテゴリーに区分し，それぞれ部品の難易度に応じた取引関係を結ぼうとしている。

(1) 準内製仕入先群

　対象となるのは高難度部品で，D社自身がこだわりを持つ部品群については，日系二次部品メーカーの中からD社志向の強いサプライヤーを選択して育成する。重要な点は，当該サプライヤーの技術水準が十分でない場合，D社は自社の内製技術の内容とノウハウを開示し，技術支援を行いつつ育成する（育成購買）という点である。同時にこれは，D社のグローバル体制をサポートする集中購買の対象とされ，長期的にD社のグローバル調達体制の一環を形成してゆくことになる。コストレヴェルの本来の目標は60％程度であるが，実際には80％程度に落ち着くのではないかと想定される。実は同社の部品のランク分けには，上表には示されない「超重要」カテゴリーがあり，これは外製対象ではなく，内製対象として，技術とモノづくりを峻別する同社の技術体系の中核に位置している。

(2) 域内共有仕入先群

　域内共有仕入先群は準内製仕入先群と同様に重要部品を取り扱うが，このグループに対しては技術ノウハウの開示は行わず，品質・工場管理手法など，モノづくりの指導が行われる。必要なレヴェルに達していれば継続的取引を行い，可能ならば一部は域内で共通化して量産効果を出すなどの成果を期待するが，あくまでも問題があれば取引を停止する選択購買であり，集中購買と各拠点購買の両方が想定されており，その幅はかなり広いものと推測される。

　ここで重要なのは，モノづくりと技術とが峻別され，技術については極めて慎重に取り扱われているのに対し，品質管理と工場管理を中心とするモノづくりについては，必要条件に過ぎない取扱いだという点である。日本的労務管理と購買管理を中心とした「モノづくり」は，製造業企業にとって副次的条件に過ぎない，というD社の認識は，我々研究者に対して，「技術」と「日本的モノづくり」の定義にかかわる重要な理論的課題を提示している。

(3) 一般仕入先群

　一般部品の仕入先群については現地の民族系サプライヤー，外資系，日系をも含め，コンペを通じてコスト最優先で調達を行う対象とされている。コストは現状の日系企業の40％程度を想定するが，取引関係は，長期的・定期的なものではなく，調達のたびにコストを評価し，取引するスポット的扱いとなる。基本的に各拠点購買であり，選択購買であり，継続的取引ではなく，また品質・技術指導を行うわけでもない。その分，納入品質に問題が出る可能性があるが，これに対

してD社側で周到に，全数検査などの受け入れ体制を自社内に構築して問題を解決し，そのコストも購買コストに算入するなど，従来のコストダウンの考え方とは明らかに異なるアプローチをとっている。ここでは品質よりもコストを最優先した購買を行い，受け入れ検査によって最終品質を維持するという伝統的競争購買への回帰が宣言されており，日本的生産方式からの骨格に位置する独特の購買方式からの転換が始まっていることが看取できる。

3．深層現調化を支えるスペックダウンの実態

我々の直近のインド・中国のインタビュー調査の結果から析出された購買方針の一つの特徴は，今まで日本企業の競争力の原点の一つとして考えられてきた「日本的品質」にメスを入れ，安価な現地素材に切り替え，あるいは製造方法を簡略化するなど，品質に対する思い切った見直しが行われていることである。これは「低コスト・高品質」という，品質とコストのトレードオフの関係を逆転させた日本的生産方式の根幹に関わる問題提起であり，理論的にも重要である。

3．1　スペックダウンの内容

以下で，コスト削減のアプローチを整理したD社の見解をベースとし，これらのスペックダウンの全体像を概観してみよう。

(1) 材料

日本製材料は品質が高く，同時に価格も高い。しかし高難度で技術的にもコアに位置するハイレベル素材を要求する部材については，提案力のない現地素材は使えない。結局部品の要求水準によって素材を区分するが，次善の策として日米欧の外資との提携企業の製品での代替をめざし，一般材として韓国・台湾をも含めたありもの材で代替するなどの対応策が示されている。高張力鋼を使う技術もなく，値段も高いインドで，普通鋼に切り替えるという対応は一つの典型である。

(2) 設備

日本製・台湾製・中国製を使い分け，粗加工，仕上げ加工など要求精度に対応して，必要な機械設備を使ってゆくことが研究されている。日本から中国への輸入は免税措置がないこともあって，投資利益率を考慮しながら設備投資を進めることになるが，現地化のために日本の図面で台湾メーカーに作らせるケース，補

強を指示して中国メーカーに作らせるケースなど、さまざまである。D社の場合は、モノづくりのノウハウが集積されている生産付帯設備（治具・搬送など）は自社生産・調達を基本として考えている点が興味深い。

(3) 加工

加工そのものについて、D社の評価では、安い加工では寸法はずれ、高い不良率、空いた設備に適時仕掛けを行うなど、基本的に不適切な処理が付随する。従って日本で行っている緻密な工程能力維持と管理システムがモノづくりの基本であって、日本で実施されている加工の考え方を変える必要はないとしている。

(4) 金型

樹脂金型は精度の高い機械で加工すれば現地化は進めやすい。プレス用金型の場合、複雑な形状が多く、型構造も複雑で、最終仕上げで熟練工が絡んでくる。一般に中国製の金型は、低精度・短寿命・簡単構造など問題は多いが、日本製は高精度・複雑・高機能の上に必要以上に長寿命という状況にある。心臓部と構造部を徹底的に層別し、材料・発注先も変え、民族系の優秀な金型メーカーを開拓・育成する必要性が指摘されている。

(5) 日本人駐在員の労務費削減

日系企業のコスト構成を見ると、管理費が非常に高くついているが、その主内容は現地駐在員コストである。管理費の肥大傾向もあり、日系企業では、一般に日本人出向者の労務費がコストの6-8%を占め、間接費を引き上げている。目標としては駐在員コストを最大2-3%に抑えることが想定されている。

(6) 検査・梱包

一般に、民族系企業の場合は最終一括検査で機能上の問題個所のみを検査しているが、日系企業では工程ごとに保証し、見えない部分の外観まで徹底検査を行っており、これがコストに反映され、過剰品質となっている。対応策は、重要寸法と一般寸法をきちんと使い分け、サプライヤーのレヴェルや製品の作りにくさに応じた寸法緩和を図り、発注段階で図面と価格に反映させる。また主要寸法を簡易ゲージで一括検査するなどの簡略化を図り、実質の伴う検査とする。

梱包については、日本型は過剰包装であり、民族型は逆に品質の重要ポイントも考慮せず、ラフで見栄えがしない。結論はキーポイントだけの梱包、収容効率の徹底追及で品質確保とコストダウンを追求する。そのために梱包の専門人材を育成することが課題とされている。

(7) 設計段階でのコストダウン

　当然のことながら極めて重要な分野である。作りやすさを考え，部品の流用化を考えるなど，コスト低減を徹底すること，できるだけ簡単なデザインにして加工・組み立てコストを抑えること，またスペックの軽量化も図り，現地材料の調達可能性を高めるなど，あらゆる活動は，設計・開発と深くかかわっている。

　ここでは開発過程での現地サプライヤーの参加（デザイン・イン）が改めて重要なテーマとなっている。一般にデザイン・インは，設計能力を持つ優秀な日本サプライヤー故に成立したと思われがちであるが，民族系メーカーを開発段階から参加させ，様々なアイディアを出させるとともに，サプライヤーの置かれている条件や可能性を前提に，必要な情報を収集し，設計・開発に活用する新しい開発購買の取り組みが開始されている。

4．深層現調化の実態とグローバル・サプライヤーシステム

　様々な現調化の取り組みによって，中国・インドでは日系現地企業のもとに組織される日系，外資系，民族系のサプライヤー数は，特にこの1－2年急速に増加しつつある。D社（中国）投資有限公司における中国全体のサプライヤー開拓の状況を例に，日系企業の調達体制のサプライヤー開拓の状況を概観してみよう。

4．1　着実に進むが簡単ではない現地化

　今回のD社の「深層現調化」活動によって開拓された企業数は，高難易度部品で2社，合計6社，中難度部品では11社，合計36社，一般部品で19社，合計66社となっており，同社の中国全体（25工場＋本社，技術センターなど）で合計108社に上っている。しかし他方で，新規開拓のサプライヤー数はむやみに増えていない点が深層現調化の直面している困難を表現しており，D社の「深層現調化」コンセプトの現実化も，具体化には時間を要することになろう。

　中国・インドに進出した企業は，深層現調化の取り組みを進め，コスト低減のための新規サプライヤー開拓を急いでいる。もちろん中国の生産台数は巨大であり，成長のスピードは速く，これに対してインドでは全体の生産規模が300万台程度，まだ成長の初期段階にあるにすぎない。しかしだからこそ低コストに対応する現調率引き上げの必要性は高く，深層現調化推進という点では，両者はほと

んど同じ問題意識の上で展開を進めていると言ってよい。

4.2　CKDの要因と脱却への課題

D社のインタビューによれば，現地化が困難でCKD（Complete Knock down 日本からの輸出）に頼らざるを得ない要因には，以下の5点が示されている。1）開発が日本主体，2）担当仕入先がグループ会社以外にない，3）数量がない，4）技術力がない，5）材料がない。以上の内，「開発が日本主体」の内容を見ると，開発段階でメーカーを決定し，世界数量による量産によって購入するもの，例えばルネサスのICなどのケースが典型的で，結局グローバル調達体制の中で数量をまとめる現行体制を動かせる可能性は少なく，またメリットもない。3），4），5）については既述したが，2）の重要部品についての担当仕入先がグループ会社以外にないようなケースがボトルネックとなっており，この問題を解決するために，D社への依存度が高く，将来にわたってもパートナーになるべき存在，いわば「身内」として，高難度部品を発注し，社内の技術・ノウハウまで開示して戦略的誘致，戦略的調達を行うことになるのである。

4.3　グローバル・サプライヤーシステム確立による低価格実現

この議論でもう一つ注目される点は，中国における「深層現調化（現地化）」の行き着く先が，実は中国単独でのサプライヤーシステムの構築ではなく，必要に応じてグローバルに情勢を見極め，最適解を発見することの重要性が指摘されていることである。D社では「こういう対応のために，定期的に会議を行い，世界中のどこで，どんな技術が必要なのか，ディスカッションを行って」おり，中国での深層現調化の取り組みを通じて，中国拠点がD社の新興国向け調達活動の中心になろうとする積極的な姿勢が見られる。またインドの状況を見ると，我々の調査によれば資材・部品購買を最終的に支えているのは，部品供給基地としてのタイであり，また製造業大国中国の金型である。こうしてグローバルネットワークの形成は，新興国の低価格購買では必須要件になっている。

5．日系企業の「スペックダウン」の意義と日本システムの評価

5.1　スペックダウンと経営戦略

　以上のコストダウンの諸手法の背景に次第に見えてくるのは，日本の高い競争力を支えてきた「日本的高品質」にメスが入れられている点である。従来から途上国生産における品質上のダブルスタンダードの存在が議論されてきたが，我々のインタビュー調査では，「日本的過剰品質」を見直し，適切な「スペックダウン」を実施するという明確な方針を打ち出していることが看取された。

　「日本的過剰品質見直し」の特徴は，必要な機能上の品質や外観品質などは維持するものの，目に見えない裏側品質や機能に必要ないスペックの見直し，低価格の材料・設備・生産方法や検査基準の変更などを行い，最終的には設計図面上，コスト計算上，資材・部品の低価格を裏付けるあらゆる合理的な根拠を発見し，確立する点にある。この活動は，以下のように，日本企業のグローバル経営にとって決定的ともいえる重大な変化を求めることになる。

(1)　グローバルな品質・価格体系の再編成

　中国・インドでの低価格購買は，以下のような論理的文脈を経て日本メーカーのグローバル価格戦略に影響を与える。仮に同一製品を中国・インドで異なる低価格で販売した場合，グローバルマーケットでの値崩れを起こす危険性がある。従って，単に中国・インドの低価格市場に対応する「戦略的低価格」というだけでなく，欧米日先進国とは異なる設計・仕様に変更し，スペックダウンを通じて中国・インドの低価格購買の合理的根拠を明らかにしなければならない。

　しかしながら「日本的過剰品質見直し」と「スペックダウン」の取り組みを経由した新興国の低価格販売は，重要品質と一般品質を峻別し，過剰品質を削ぎ落した新興国モデルを成立させ，その結果構築された新しい品質・コスト体系は，先進国市場に逆浸透を始め，その品質・価格体系に根本的な転換を要求する。

(2)　低価格製品生産の新技術の開発

　この問題からさらにもう一歩進んで，現調化の推進が新しい技術革新に結びつくという文脈を考えることが出来る。すなわち，新興国の低価格市場に対応するスペックダウンは，現地の素材や機械，労働者やサプライヤーのレヴェルなど，現地事情に即して展開される必要があり，現地技術センターの役割は，単なる低価格品購買だけではなく，現地事情に合わせた創造的な取り組みを通じて新しい

技術革新や製品開発を生みだすという役割を担うことになる。

　実際にインタビューでも「スペックダウンした製品の開発はカスタマーの仕様に合わせて現地で行っており，そのほうが良いものができることもある」，「低価格部品について技術開発をして全く新しい部品として展開するケースもある。この場合は材料価格は決まっているから，当然加工費，生産ラインの変更などを伴ってコストを下げることになる」などの新しい技術革新への萌芽が見られる。

5.2　日本的生産方式の歴史的評価に関連して

　D社の新しい購買活動の最大の特徴は，日本的な品質管理の内容に立ち入って検討し，コアに位置するものとそうでないものを区分した点にある。歴史的に日本においてこの区分が明確にされてこなかった理由は，部品の機能や外観などの必要な部分以外に，部品のあらゆる部分に高い品質要求が行われ，それが今まで特別にコストを要するものとは思われてこなかった日本特有の歴史的経緯がある。すなわち合理的な理由とその積算根拠なしに，系列・下請企業に対して低コスト・高質が要求されてきたのである。「価格最優先でコンペによる競争購買を行う場合の品質不良に対しては，全数検査など，社内でそのコストを引き受ける覚悟が必要」という指摘は，品質保証を巡って今まで日本の中小サプライヤー側にどのような負担が求められていたかを端的に示している。

　新興国における限界とも思われる低コストの要求は，このような品質要求の「虚飾」あるいは歴史的経緯（蓄積）を一気に剥ぎ取り，部品生産において真に必要な品質は何であるのかを正面から問うものになっている。但し，日本で品質が過剰であるからと言って，今までの日本における価格交渉が緩かったとか，あるいは価格水準が高かったということではない。日本における厳しい値引き交渉は，下請け中小企業に過大な精神の集中と労働者の長時間・高密度労働を強いてきたのであって，現段階における価格水準の高さは，為替レートの高さに大きく依存している。

5.3　スペックダウンは日本的生産方式の放棄か？

　日本的購買様式との関連でD社の購買様式を見ると超重要部品，重要部品A,B，一般部品と，部品製造の難易度を基準にサプライヤーを階層化し，このうち一般部品を完全競争購買として日本の40％という低価格購買を目指している。これは

市場における競争圧力を最大限利用する競争購買であって，日本的社会関係を基盤として系列・下請け型の購買方式とは根本的に異なると言ってよいだろう。

問題は階層構造の上位に位置する準内製および域内共有部品であり，ここでは非常に興味深い分類が行われている。すなわち「準内製」を「技術・ノウハウの開示」を行っても育成する「育成購買」と規定し，これに対して中間ランクに位置づけられる域内共有サプライヤーは，重要部品ではあるが「技術・ノウハウの開示は行わず，品質管理・工場管理などのモノづくりは指導する」としている。

ここには「技術」と「モノづくり」は明らかに違う，という認識が示されている。一般に日本的生産方式を背景とした国際競争力は，QCDD（品質管理，コスト管理，納期管理，開発）にあると言われてきたが，そのすべては管理の分野に属するのであって，決して技術を正面から取り扱ってはいない。つまり「日本的モノづくり」の核心は「管理を如何に上手に行うか」にあって，それは労働者とサプライヤーなどの社会的諸要素を動員し，組織化することによって成り立っているのである。

技術の問題は別途論じるとして，品質や工場管理手法の指導は，この購買システムの中では限定されたものになっている。それは日本で例外的に成立した大量生産を可能とする精密な管理システムを基盤とし，海外工場でも日本的な労務管理，購買・外注管理の仕組みを海外においても実践しようするものであり，重要部品ではこれを追求しても，一般部品ではもはやその移転は不可能という疑問が提示されているのである。

6．まとめ＝日本的生産システムの射程と中小企業への政策課題

「日本的生産システム」について，筆者はかつて「現代技術革新のバイパスとして位置付けられるべき」と規定した[注4]。その詳細は省くが，日本においてしか利用できない特殊な社会的関係を基盤に成立したという一点において，日本的生産システムは歴史の大道ではなく，バイパスの位置におかれるべきだと主張した。

このような視点から見た場合，本稿で指摘した「グローバル・サプライヤーシステム」はどのように評価されるべきであろうか。図2に示されるD社の購買システムの中位に属する域内共有サプライヤー群では，品質管理・工場管理を指導しながら，域内，場合によってはグローバルに生産を集中し，全世界にデリバ

リーするというサプライヤーの在り方が示されている。ここでは東北大震災に直撃されたルネサスのように，日本的諸関係に支えられながら，次第に自動化への傾斜を深め，大局的には立地を選ばない生産の在り方が想定されている。

　他面で，いわゆる日本的生産方式の実践と関連して，近年，生産システムのソフト化の動きもいくつか事例が見られる。これは深く人間・社会系に依存してきた日本型の生産システムのエッセンスをコンピュータによる制御に置き換え，管理システムとして自立する萌芽を含んでいる。

　以上の全体を通じて，「バイパスとしての日本的生産方式」という規定は依然として有効と考えられるが，問題は中小企業の置かれた深刻な立場である。いうまでもなく，深層現調化の推進は国内2次・3次サプライヤー群の輸出市場を一層狭め，生産の絶対的縮小に結びつく。既に国内では自動車メーカーから，「国内市場だけで生き残る体制構築」を求められており，二次・三次メーカーは今や海外進出に向けて浮き足立っている。しかし「中小企業の海外進出」という表現も形容矛盾であり，本来の過剰資本の対外投資という意味合いからはかけ離れており，むしろ生産が過剰の中での「窮迫的自立」に類するものと考えたほうが適切なように思われる。中小企業の海外生産は，失敗すれば企業の存立を危うくする危険があり，受注確保から利益生産，事業成功まで，どのような政策支援が可能か，検討される必要があろう。

〈注〉
1　用語は各社によって若干異なり、深層現調化（D社インド）、深層現地化（D社中国）、ネット現調化（H社インド）などが使われているが、意味内容に違いはない。
2　日本自動車部品工業会（2012年1月）「海外事業概要調査報告書」p.13
3　本稿の基礎となったインド・中国における実態調査では、いずれの企業でもD社と同様に深層現調化、ネット現調化などが提起され、スペックダウンと低価格購買を内容とする現地化が進められていた。従ってD社のケースは、決して特殊的ではなく、新興国における購買活動に一般解を示すものと考えている。
4　三井逸友編『日本的生産システムの評価と展望』、ミネルヴァ書房、1999年、pp.61～86、pp.277～295、清晌一郎編著『自動車産業における生産・開発の現地化』、社会評論社、2011年3月刊、pp.269～297参照

（査読受理）

大企業セットメーカーのシェア後退に伴う
中小企業の低迷

同志社大学　太田　進一

1．日本企業の国際競争力の減退，シェアの急速な減少，低収益

　シャープは2012年8月27日，電子機器の製造受託で世界最大手の台湾・鴻海（ホンハイ）精密工業と資本・業務提携すると発表した[注1]。テレビ用液晶パネルを中心とするテレビ事業の収益悪化への対応を行った。2012年3月期の決算においてパナソニック，ソニー，シャープ，NEC4社で1兆4千億円からの赤字を計上し，テレビ事業を中心に巨額の赤字を抱えている。代わって，韓国のサムスンやＬＧなどが世界的なシェアを伸ばしてきている。薄型テレビの2005年の世界シェアは，1位フィリップス，2位シャープ，3位サムスンであったが，2012年には1位サムスン（22.3％），2位LG（13.5％），3位ソニー（12.4％）となり，サムスンは6年連続のトップとなった。

　このほかにもDRAMでは，1980年代後半日本メーカーは70％超シェアであったにもかかわらず，2005年には数％シェアに留まっている。また，薄型テレビや携帯電話の材料である液晶パネルのシェアは，1995年100％シェアであったが，2006年には数％シェアへと急速にシェアを低下させている。また光ディスク産業であるDVDプレーヤーは，1998年95％シェアと高いシェアを誇っていたが，2006年には20％シェアへと後退してしまった。カーナビも2003年100％シェアであったものが，2007年には20数％シェアに後退した（図1参照）。

図1　日本発製品の急速なシェア後退

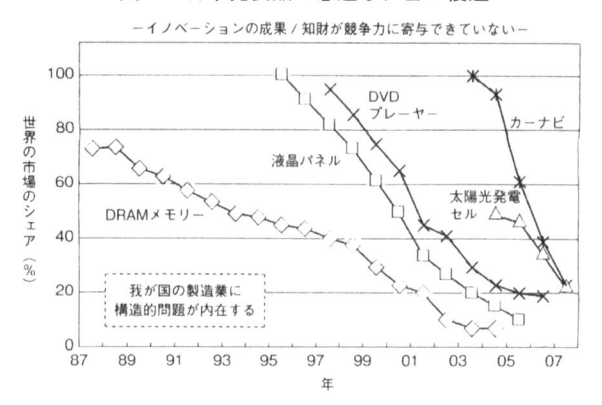

－イノベーションの成果／知財が競争力に寄与できていない－

出所：小川紘一『国際標準化と事業戦略』白桃書房，2009年，p.5。

また，欧米企業や韓国企業，台湾企業が20数％経常利益を維持しているのに，日本企業は数％にとどまっている。このような背景を受けて，日本のIMD国際競争力の減退も著しく，後退している。1990年にはまだ1位であったが，2012年には27位へと後退している（図2参照）。

図2　日本の「IMD国際競争力」順位の推移（図の年は発表年）

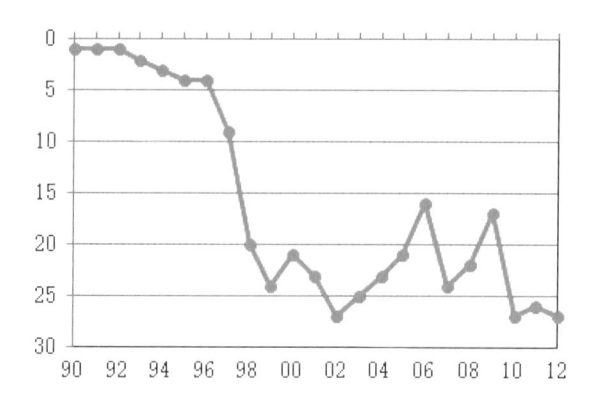

出典：IMD（International Institute for Management Development）「World Competitiveness Yearbook」の各年版。

2．日本企業の国際競争力の減退の要因，急速なシェア減少の原因

2.1　日本企業による国際競争力低下要因の２つの仮説

このような，日本の製品や企業での世界シェアの交代はどのような要因によるのであろうか。1990年代，2000年代に日本企業が国際競争力を維持できなくなった要因として，2つの仮説を設定している（図3を参照）。

図3　日本企業の国際競争力の減退をめぐるサンドイッチ現象

```
┌─────────────────────────────────────┐
│ 日本企業の国際競争力の減退を巡るサンドイッチ現象 │
└─────────────────────────────────────┘

        ┌──────────────────────┐
        │ 日本企業              │
        │ 経営戦略やビジネスモデル構築の遅れ │
        └──────────────────────┘
                  ↓↓
        ( 日本企業の国際競争力の減退 )
                  ↑↑
        ┌──────────────────────┐
        │ 東南アジア・中国       │
        │ 地場企業・華僑・華人企業の成長 │
        └──────────────────────┘
```

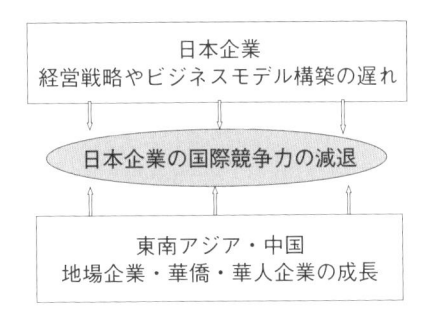

出所：太田進一『ネットワークと中小企業』晃洋書房，2012年，p.13。

一つは，IT化への取り組みの遅れとネットワーク経済やデジタル経済への移行が大企業や中小企業によってスムーズに行われてこなかったことに起因する。また，大企業や中小企業が，国際競争力の維持ができない理由を，経営戦略の欠如とビジネスモデルの構築にこれまで必ずしも成功していないことに求めようとしている。

今一つの原因は，中国を始めとする主として東南アジアへの日系企業による海外進出のブーメラン効果と現地での地場資本や華人資本による大企業・中小企業の成長と「世界の工場」としての役割の拡大を通した，徐々に日本企業の中高級品市場への侵食と，円高とデフレ効果，輸入増による価格の下方硬直化の影響として捉えている。

つまり，1990年代以降における，大企業や中小企業を含めた日本企業での国際

競争力の減退の要因を，一方での日本企業による経営戦略やビジネスモデル構築の遅れと，他方での東南アジア等での現地企業の成長の影響という，サンドイッチ現象に原因を求めようとしている[注2]。

2.2　エレクトロニクス製品に見る日本企業の国際競争力低下の実態

ここでは，国際競争力を急速に低下させているエレクトロニクス製品，家電産業を中心に見ていくことにしよう。

近年，日本企業は技術面ではリードするものの，もの造りで競争優位を維持することが困難になったり，あるいは急速にキャッチアップされたりする製品分野が増加しつつある。その背景には，日本のもの造り経営が，マイクロ・プロセッサー（MPU）とファームウェア[注3]およびマイクロコンピュータの技術革新・発展によって1990年代に擦り合わせ型からモジュラー型へと歴史的な転換期を迎えたことにある。その代表的な製品がDVDのコンソーシアム型標準である。

また，近年の薄型テレビや液晶パネルの分野での日本メーカーの急速なシェア後退も，韓国のサムスンやLGの台頭，台湾メーカーであるAUO（友達光電），CMO（奇美電子），中堅企業であるCPT，ハンスター，イノラックスディスプレイ，ウインテック，TPOなどのパネルメーカーが急速な国際競争力を強めてきており，光ディスク産業での擦り合わせ型からモジュラー型への転換とそれに伴う製品の急速な普及という同様な過程をたどってきている。ただ，韓国メーカーは，日本の得意としてきた擦り合わせ型技術においても，急速なキャッチアップから，凌駕へと転じてきており，デザイン力やブランド力においては日本メーカーを大きくしのぎ，ウォン安を背景に強大なグローバル力を展開してきているのが最近の姿である。

DVDは多数の企業が参加するオープンな場で標準化された。製品出荷の初期の段階では擦り合わせ型アーキテクチュアであるが，その後のコストダウン設計や大量生産のプロセスで徐々にモジュラー型へと転換される。モジュラー型への転換プロセスで中心的な役割を果たすのがMPUとファームウェアである。標準化はその本質に技術情報のマニュアル化やオープン化を内包しており，さらにはMPUやファームウェアと同じく基幹技術や基幹部品の相互依存性を排除する機能を持っている。標準化を裏で支える多数の専業メーカーや中小企業を輩出し，基幹部品・基幹部材を流通させる。キャッチアップ型工業国から多数の企業が市

場参入し，ここから熾烈な価格競争が始まり異常な価格下落を招くことになる[注4]。

　太田の理解では，「擦り合わせ」とは次のようなことを言う。モノ作りは，設計（デザイン）情報を転写して製品（人工物）を作ることである。日本企業は，作り方，つまり難しい材料という媒体にミクロン単位の擦り合せを行い，作りこむことが得意であった。現場，現物という本体と写体に過ぎない製造指図書とではあまりに落差が大きく，メンバーが常に現場，現物に立ち返ることで，イメージを豊富にし，共有することの意義が大きかった。写体がつねに本体に劣っている世界でのモノ作りでは，常にどう作るかが問題であり，そこに現場でのノウハウを加えなければ十分な復元ができないという認識があった。これは既成の原図を元にしながらも，優れた製品に仕上げるには，原材料の性質を認識しながら原材料を「だましだまし」しながら加工していくという，原図と加工品の間の技術的ギャップを創意工夫や技術知により埋めてきた。原図（製造指図書）を元にして，イメージを膨らませながら，創意工夫の積重ねによって完成品に仕上げるという日本的な製造工程が存在したのである[注5]。

　DVDの前製品であるCD−ROMをみると，1984年にフィリップスとソニーによって国際標準化され，1986年から市場へ出荷されていた。しかし，初期のCD−ROMはすべてアナログ・フィードバック制御技術が採用されていたので，基幹部品相互の依存性が非常に強く，製品アーキテクチュアが擦り合わせ型のままであったために，技術の全体系を持つ大規模企業だけしか市場参入できなかった。オープン環境の国際分業は起きなかった。出荷5年後の1992年になっても市場規模は年間180万台にすぎなかった。

　マイコンとファームウェアがCD−ROM装置の設計の深部に介在し始めたのは1993年頃からであるが，まだ特定企業内のブラック・ボックス技術であった。しかし，1994年に東芝製のICチップセット（CD−X，EXシリーズ）がオープン市場で流通し始めると，設計と製造の完全分離が生じた。ここから国際分業が始まり，1994年には市場規模が一気に年間2,000万台へと拡大した。わずか2年で10倍以上の巨大市場が誕生したのである。翌年の1995年には4,000万台，1999年には年間1億2,000万台に到達する。製品アーキテクチュアが擦り合わせ型からモジュラー型へ転換してわずか5年後に年間1億台の巨大市場が出現したのである（図4を参照）。

　このような市場の急拡大が，その後にCD−R／RW装置やDVDプレーヤーで

図4 光産業における製品アーキテクチュアのモジュラー型への転換に伴う普及過程

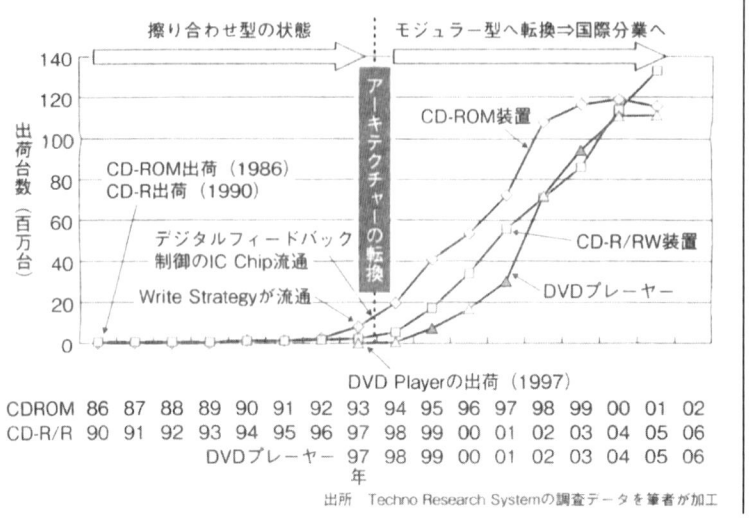

出所：小川紘一『国際標準化と事業戦略』白桃書房，2009年，p.51。

も同じように発生している。

DVDプレーヤーの開発に着手したのは1994年〜1995年であるが，このころからマイコンやファームウェア技術が飛躍的に進化し，DVDでは，初期の段階からデジタル技術を多用する。DVDは初期の段階から製品アーキテクチュアが，擦り合わせ型からモジュラー型へ転換しており，市場に出た直後からCD－ROMやCD－R／RWと同じ軌跡を描いて大量普及の軌道に乗った。モジュラー型に転換されて比較優位の国際分業へ転換すると，市場規模が瞬時に50倍以上に拡大する[注6]。

液晶パネルの日本，韓国，台湾，中国大陸企業のシェア推移は，図5のとおりである。1990年代後半は日本企業が世界シェア1位を確保しながらも韓国企業に急激にシェアを奪われる時代，2000年以降は台湾企業が飛躍的にシェアを伸ばし，日系企業がシェアを急減する時代，2005年以降は韓国企業と台湾企業が世界シェアを二分する時代になっている。

液晶パネルの企業別シェアでは，2007年においては，第1位サムスン電子で23％，第2位LPLの韓国LGディスプレイが20％，第3位台湾のAUO（友達光電）

図５　液晶パネルの日本，韓国，台湾，中国企業のシェア推移

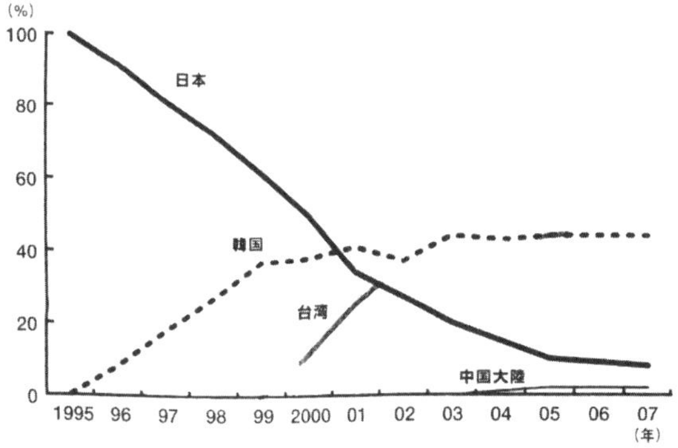

（出所）ディスプレイサーチなど各種資料を参考に野村證券産業戦略調査室.

出所:宮崎智彦『ガラパゴス化する日本の製造業』東洋経済新報社，2008年，p.120。

19%，第4位台湾のCMO（奇美電子）11%となっている。シャープは第5位7%になっている。

台湾メーカーは，先行するパソコン向け液晶モニター市場で，メーカーからの受託によって電子機器の生産を専門に行うEMS（Electronics Manufacturing Service）企業や，相手先ブランドで設計から製造までを請け負うODM（Original Design Manufacturer）企業という顧客に恵まれていた。液晶テレビ向けへもパソコンの液晶モニターから，事業の横断的な展開が可能であったことが手伝っている。液晶パネル向け製造装置メーカーが存在し，最新の装置を購入して液晶パネルの製造が可能であった[注7)]。これは半導体生産の最新の情報やノウハウを，半導体メーカーよりも半導体製造装置メーカーが握っているのと同じ構造である。

台湾のOEM，ODM企業は，世界のパソコンのうち，実質的には80%以上の製造を行っている。ブラウン管式モニターから液晶モニターへと転換する過程において，必然的に需要が生まれていた。

日本のエレクトロニクス大企業は，2001年～2002年にITバブル崩壊により，半導体，通信機器などで大きな影響を被っていた。そのために，液晶パネル工場への設備投資をする余力がなく，台湾企業躍進の機会をつくることになった。2001年～2003年は，シャープ以外は設備投資をほとんど行わなかった。この時期は第5世代の最先端工場の設備投資時期に相当するが，日本企業は第5世代の液晶

工場への設備投資を1社も行わなかった。韓国，台湾の液晶パネル企業は，こぞって第5世代の液晶工場へ投資を敢行した。日本企業の液晶パネルでのシェアは，2001年には韓国に，2002年に台湾に追い越され，以降は今日の低シェアに甘んじている。

擦り合わせの技術が必要な分野では製造工程間のつなぎの技術が必要になるため，垂直的統合製造が可能な分野になる。製造業では何層もの工程が連続的に続くが，各工程間で合わせ込が連続的に必要な場合，垂直統合的なやり方がうまく機能する。他方で，特定の工程間に擦り合わせの技術が必要な場合，ブロック的な部分型垂直に留まり，全体的には水平分業でも可能である。

液晶パネル製造から液晶テレビまでの製造工程では，液晶パネルから後工程のモジュール製造や液晶モジュールから液晶テレビ製造の擦り合わせはそれほど必要ないために，水平分業化している。逆に，液晶パネルの製造工程の内部をみると，TFTアレイからカラーフィルター，配向膜形成，偏光板貼付けなどの工程間では擦り合わせ技術が必要なために，日本企業や韓国企業，台湾企業では技術蓄積があるために対応可能であるが，技術蓄積の少ない中国大陸企業では容易ではない[注8]。しかし，技術的なキャッチアップ速度が急速に縮小していることから，近い将来には，対応可能になる可能性もあろう。

このような光ディスク産業でのCD-ROMやCD-R／RW装置，DVDプレーヤーにおける擦り合わせ技術からモジュール型への転換による，爆発的な普及過程，最近の液晶パネルや液晶テレビでの韓国企業や台湾企業による席捲と日本企業のシェア低減は，同様に韓国企業や台湾企業による擦り合わせ技術の超克や凌駕，モジュール型への転換が大きく促進させている。

さらに，技術流出についても，日本企業による技術供与や提携，また技師や技術者，ワーカーのレベルでの熟練者がかつては土日曜勤務や，最近は団塊世代が定年後に外国企業に勤務することを通じて行われている。

また液晶パネルにみられるように，タイムリーな設備投資の決定的な不足の状況にある。韓国企業はその点で不況期に思い切った設備投資を行い，その後のシェア拡大に寄与している。かつての韓国企業による造船業や，半導体DRAM，液晶パネルや液晶テレビでの投資とその後の急速なシェア拡大がその典型である。

日本の電機メーカーは，日立製作所，パナソニック，東芝，ソニー，富士通，日本電気，沖電気，パイオニア，船井電機など，メーカー数が多く，国内での過

当競争が低収益をもたらしているともいえる。韓国メーカーが実質的にサムスンとLGに絞られていることを考慮すると，1社当たりの国内市場は，むしろ韓国メーカーの方が大きい。

ビジネスモデルをみても，米国企業が標準規格を作り，台湾企業が受託製造するという水平分業により，双方のメリットを享受している。日本メーカーは，国内市場にターゲットを絞った，高機能・高付加価値製品を追及するが，グローバル市場では通用しない製品である。後発国は徹底的なコスト削減により，大量廉価製品に的を絞り，最低限の質的な機能を満たしておればよしとするグローバル市場，低開発国市場を対象にして輸出する。日本の標準が高機能高価格商品とすると，世界標準は低価格量産品というダブルスタンダードになっている。

3．中小企業基本法と中小企業憲章にみる中小企業環境の在り方

中小企業基本法の第12条では，「経営の革新の促進」として，「国は，中小企業者の経営の革新を促進するため，新商品又は新役務を開発するための技術に関する研究開発の促進，商品の生産又は販売を著しく効率化するための設備の導入の促進，商品の開発，生産，輸送及び販売を統一的に管理する新たな経営管理方法の導入の促進その他の必要な施策を講ずるものとする」とある。しかし，一部の中小企業を例外として，多くの中小企業では経営革新が達成されていないのが実態である。しかし，中小企業においては，中小企業経営者のイニシャティブが大きいことから，「中小企業者の経営革新」が重要である。そのためにも，中小企業経営者は，独創的な発想のもとにビジネスモデルの構築を行い，人まねのできない経営を心掛ける必要がある。そのことが，結果的に現状でのBRICs諸国やVISTA諸国からの追い上げを回避する道筋である。このことは，中小企業基本法の第14条である「創造的な事業革新の促進」とも符合するものである。

さらに，中小企業基本法の第13条においては，「中小企業の創業を促進」とあり，また中小企業憲章においても，基本原則において 二，「起業を増やす」，三，「創意工夫で，新しい市場を切り拓く中小企業の挑戦を促す」とあり，創業や起業が活発化されることが期待されている。しかし，現状において，悲しいことに，1986年以降一貫して中小企業の減少と，開業数＜廃業数という廃業数が開業数を上回っている実態がある（図6を参照）。日本の「モノづくり」の産業集積地域

である大田区や，東大阪市等においても，工場数の減退が大きい。

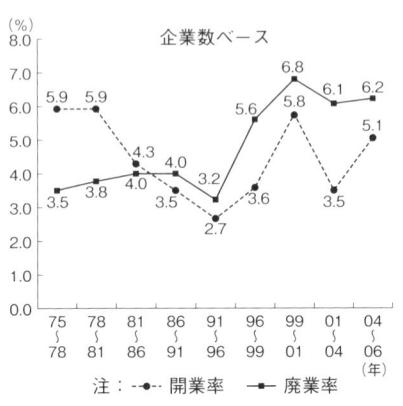

図6　日本企業の開業と廃業の推移

（開業率のデータ：3.5, 3.8, 4.3, 4.0, 3.2, 5.6, 6.8, 6.1, 6.2／廃業率のデータ：5.9, 5.9, 4.0, 3.5, 2.7, 3.6, 5.8, 3.5, 5.1、期間：75〜78, 78〜81, 81〜86, 86〜91, 91〜96, 96〜99, 99〜01, 01〜04, 04〜06年）

出所：中小企業庁編『中小企業白書』（2008年版）。

　全国レベルでは，1986年に企業数は543万企業近かったものが，2006年では438万企業へと2割ほど減少している。東京都大田区の工場数は，ピーク時である1983年で9,190であったものが，2005年には半減して4,778へと減少した。東大阪市でも，1986年の1万800企業から2006年には7千400企業へと3割超減少している。

　これは，かつてイギリスにおいて中小企業の減少が問題視され，「英国病」として認識されて，中小企業数を増やすことが経済の活性化につながり，イノベーションを引き起こす役割が期待されたことと似通っている。日本も現在「英国病」ならぬ「日本病」にかかり，大国病にかかることで，人間でいえば動脈硬化を起こしている。中小企業数の起業数や創業数が増加することが待たれている。

　米国シリコンバレーでは，現状においてもなおベンチャー企業の起業や創業が続いており，結果的に産業の新旧交代が実現されている。1960年代には半導体関係が，1970年代はバイオベンチャーが，1980年代や90年代にはIT関係が，現在の2000年代や2010年代には環境関係へと，ベンチャー創業や開業の主軸が変化し，絶えず新タイプのベンチャーが誕生し，新旧交代を実現している。背景にはアメリカ合衆国や連邦州のベンチャー企業の豊富な支援政策や，多数のインキュベーション施設の存在がある。このインキュベーション施設は，シリコンバレー

地区に立地する諸大学も保有しており，スタンフォード大学やカリフォルニア大学バークレイ校でも都市部に保有している。また他方では，ベンチャー企業の創業や規模拡大をサポートする，特化した弁護士や公認会計士，経営コンサルタントなどの専門家集団が存在する。さらに，いくつもの専門化・特化したネットワークが存在しており，ベンチャー創業やベンチャー企業の相談に乗ることを通じて間接的に寄与している。

　国を挙げて中小企業の創業，開業に力を入れないと，産業の新旧交代も難しい。ベンチャー企業の創業や開業が活発化しないと，経済の活性化も困難である。そのためには，日本においても初等教育からベンチャー創業模擬教育を児童に体験させる必要がある。小学校や中学校，高等学校において，ぜひこのベンチャー模擬教育を導入する必要があろう。

4．京都企業にみる伝統産業・地場産業技術との関連

　京都においては，かつてのベンチャー企業が大企業へと成長している事例が多い。たとえば，京セラや村田製作所は，京都の地場産業である京焼・清水焼から出発している。

　京セラの創業者である稲盛和夫は，もともと清水焼の技術を応用した碍子や人工歯を製造していた松風工業からスピン・オフした人である。その技術をもとに人工骨へと進出したり，電子機器分野へと進出したりした。清水焼のもともとの分野である日用食器の分野へは進出せずに，異市場である碍子や人工骨，電子機器部品の分野へと進出し，さらには，第2電電を創業し，後にKDDと合併し，カメラメーカーのヤシカやコピーメーカの三田工業を買収して業容を拡大してきた。また，京セラが経営方針として採用している「アメーバ経営」という20人～30人の小集団による独立採算をとる方式は，基本的に中小企業である町工場の経営方法を導入しているともいえる[注9]。

　村田製作所も，清水焼・京焼から出発している。あえて異市場である化学用陶磁器であるセラミック・コンデンサや積層コンデンサの分野へ進出した。また，神戸大学工学部の教員と協力して新製品の開発に取り組み，今日の産学共同の先鞭をつけている。

　また，オムロンは創業当時，立石電気といい，京都の御室にあった嵐勘寿郎の

映画撮影所の跡地を買収して，映画産業で実施されていたプロデューサーシステムを今日の事業部制の走りとして導入した。リレー制御機器から出発して，健康産業機器，医療用機器，ソフトウェア部門など多方面に進出している。

　また，島津製作所は，古くは京仏具の鋳物技術から出発し，医療用X線装置であるレントゲンを日本で初めて開発した。その後，計測器や精密機器へと進出し，今日では医用機器，産業用機器，航空機器など広範囲な分野を手掛けている。

　大日本スクリーンは，写真製版技術から出発しており，もともとは友禅で利用するスクリーン技術を応用している。今日では半導体製造装置メーカーとして著名である。

　任天堂は，かるたメーカーであったが，コンピュータゲームへと進出し，グローバル化を図って，世界へ進出している。また，イセトーは，着物をたたんでしまう文庫紙を手掛けていたが，ビジネスフォーム紙へと進出し，コンピュータ連続紙などを手掛ける事務用機器の分野へ進出している。

　また，京都の西陣織素材である金銀糸や，仏具装飾，漆器の蒔絵，などの原料である金属箔粉メーカーである福田金属箔粉工業は，今日ではプリント配線基板用の電解銅箔や，自動車産業向けの金属粉，ICパッケージ向けの直径0.1ミリの金属ボール，燃料電池向けの水素透過膜などを手掛けている[注10]。

　また，これら企業は，京都に立地する大学の理工学部との連携により技術開発や製品開発を実施してきた企業も多く，今日の産学官共同の先駆者でもある。京都にある堀場製作所はその典型企業である。このように，京都のベンチャー型企業の多くは，伝統技術をもとにして今日の近代型産業分野の新市場向けに技術開発や新製品開発を実施してきた。

　全国に立地する伝統産業や中小企業も，現有する技術を応用し，新製品や新技術の開発を行える可能性を保有する。今こそ，中小企業基本法や中小企業憲章の精神に基づき，中小企業の開業や創業を促進し，イノベーションをもたらす企業努力をする時期である。そこからこそ，今後の日本経済の展望や企業成長の可能性が開ける。

〈注〉

1　『朝日新聞』2012年8月27日。シャープが5月をめどに670億円の第三者割当増資を実施。鴻海グループ4社が引き受け，議決権ベースで9.99％を持つ筆頭株主となる。海外メーカーが日本の電機大手の大株主になるのは極めて異例。シャープはテレビ用液

晶パネルを生産する堺工場（堺市）を運営する子会社の株式も，保有する約93％の半分を鴻海側に660億円で売却。今年10月以降，堺工場で生産するパネルの半分を鴻海側が引き取る。テレビ事業の収益悪化に苦しむシャープは大口の供給先を確保することで，減産中の堺工場の安定操業とコスト競争力の強化を図る。堺工場は，テレビ市場の悪化を受けて今年から5割程度の減産に踏み切るなど重荷になっていた。調達した資金は，スマートフォン向けに需要の高い中小型液晶の設備などに投資する。シャープの奥田隆司次期社長（4月に就任予定）は会見で，「シャープが単独で生産から販売までやるのは限界があった。両社の強みを生かし，魅力的な製品をタイムリーに投入していく」と語った。

2　太田進一（2012年）『ネットワークと中小企業』晃洋書房，p.13
3　マイクロプロセッサとは，コンピュータの基本処理装置の機能を1個のLSIにまとめたもの。現在ではCPUとほぼ同じ意味で使われており，略してMPUという。マイクロプロセッサの規模は，内蔵するアキュムレータのビット長とバス幅を使って表し，32ビットMPU，64ビットMPUなどと言う。最近はモバイルや家電製品，工業用機器の制御用のコントローラとして周辺LSIの機能やメモリを1つのプロセッサ内に搭載したワンチップ・マイコンの形で組み込まれている。また，ファームウェアとは，ハードウェア化されたソフトウェアのことを言う。ハードウェアとソフトウェアの中間的な性格を持つため，特に両者と区別している。本来はマイクロプログラムで記述したプログラムを指すが，現在ではROMやフラッシュ・メモリに格納したBIOSや，ドライバを指す場合が多い。特に，フラッシュ・メモリは書き換えが可能なため，アップグレードにも対応できることから，最近では主流を占めている。岡本茂監修（2006年）『パソコン用語辞典』㈱技術評論社。
4　太田進一（2006年8月号）「製品・部品の標準化と中小企業」『信用保険月報』p.3
5　太田進一，前掲書，p.18
6　小川紘一（2009年）『国際標準化と事業戦略』白桃書房，p.50
7　宮崎智彦（2008年）『ガラパゴス化する日本の製造業』東洋経済新報社，p.123
8　宮崎智彦，前掲書，p.218
9　村山祐三（2008年）『京都型ビジネス』日本放送出版協会，p.42
10　日刊工業新聞特別取材班（2003年）『挑戦する京都の個性派企業70社』日刊工業新聞社，p.14

〈参考文献〉
1　太田進一（2012年）『ネットワークと中小企業』晃洋書房
2　太田進一（2006年8月号）「製品・部品の標準化と中小企業」『信用保険月報』
3　小川紘一（2009年）『国際標準化と事業戦略』白桃書房
4　宮崎智彦（2008年）『ガラパゴス化する日本の製造業』東洋経済新報社
5　村山祐三（2008年）『京都型ビジネス』日本放送出版協会
6　日刊工業新聞特別取材班（2003）『挑戦する京都の個性派企業70社』日刊工業新聞社

自 由 論 題

両毛地域における産業集積の形成と発展
―中核企業3社の事業展開の分析から―

中央大学大学院　宇山　翠

1．はじめに

　グローバル化の進行によって，大手メーカーの海外生産移転や安価な輸入品の増大が，雇用の減少など地域経済に深刻な影響を与えている。しかし，国内の地域経済は必ずしも一様な影響を受けたわけではない。植田（2004）が指摘しているように，産業集積地域の構造や機能の変化を重視しながら，今日的な意味で産業集積の意味を問い直す必要がある[注1]。

　これらの課題を地域に即して分析した近年の研究として，中小企業基盤整備機構（2010）がある。中小企業基盤整備機構（2010）は，諏訪地域が現在に至るまでに2度の大きな産業転換を経験しているにもかかわらず，バブル崩壊以降も高い競争力を維持していることに着目し，諏訪地域で高い競争力の維持が可能だった理由（深い技術蓄積と高いマーケットとの関係構築能力）を明らかにした上で，その歴史的な形成過程を整理している。形成過程を検討した章では，外部環境の変化に対し競争優位を維持する仕組み（深い技術蓄積と高いマーケットとの関係構築能力）の原型が製糸業の時代から存在したことが示されている。

　このように，集積の歴史に着目することは外部環境の変化への対応力を考察する上で重要である。こうした観点から集積の形成過程を論じている研究は必ずしも多くなく，地域に即した具体的な分析が求められている[注2]。そこで，本稿では，両毛地域[注3]の集積の形成過程を考察する。両毛地域の機械工業を対象にした代表的な研究として松島（2005）が挙げられる[注4]。松島（2005）は，群馬県太田市，桐生市，大泉町には急激な円高による輸出の減退や生産拠点の海外移転

による地域経済の逆境にある程度耐えられる地域経済の「頑健さ」があること，それを可能にしたのが産業構造の多様化であることを指摘したが，外部環境の変化に対する中小企業の対応や集積については十分に検討していない。

したがって，本稿では集積形成の起点である戦時期から集積が拡大する高度成長期までを考察の対象に限定し[注5]，個別企業の事業転換[注6]という分析視角から，外部環境の変化に対する中小企業の対応，実態を出来るだけ具体的に描きながら集積の形成過程を明らかにすることを課題とする[注7]。そのために，織物関連業者から何度か事業転換を遂げながら発展してきた典型的な中小企業であり，現在も両毛地域において中核企業である3社（①O金属，②KK製作所，③K機械）の事業展開に焦点を当て分析を試みる[注8]。本稿において事業転換に着目するのは，戦時期における織物業者から中島飛行機のサプライヤーへの転換など，両毛地域の集積形成において事業転換が重要な役割を果たしていたからである。

本稿の構成は次の通りである。まず第2節では，分析の前提として経済産業省の「工業統計調査」を用いて産業構造の特徴を確認する。第3節では，筆者によるヒアリング調査記録，社史等の資料を元に，戦時期・戦後復興期・高度成長期における3社の事業展開を考察し，両毛地域における集積の形成過程を明らかにする。第4節では，本稿の結論と今後の課題について述べる。

2．産業構造の特徴[注9]

本節では，北関東の中でも事業所数が相対的に多い両毛地域の太田市，足利市，桐生市に対象を限定し（表1），産業構造の特徴を整理する。太田市，足利市，桐生市の業種別事業所数，従業者数，製造品出荷額等の推移（表2）から読み取れることは，次の三点である。

第一に，足利市，桐生市は歴史的に繊維産業の事業所数が多いということである。足利市では，1960年から1970年にかけて全事業所の約70％，桐生市では，全事業所の約75％を繊維が占めていた。また，足利市では全従業者数の約60％，桐生市では約65％を繊維が占めていた。このように，繊維産業は，足利市，桐生市の中心産業であり，雇用創出という意味でも重要な役割を果たしていたことが推察される。

第二に，太田市は元々繊維産業の事業所数が少なく，1960年代以降，事業所数，

従業者数，製造品出荷額等が増加していることである。業種別に見ると，輸送機器の割合が非常に高く，2008年の全従業者数の約40％，全製造品出荷額等の約70％を輸送機器が占めている。これは，富士重工業の組立工場が太田市に複数立地しているためである[注10]。

第三に，足利市，桐生市も1970年以降，繊維産業の事業所数は大幅に減少し，機械工業[注11]の事業所数，従業者数，製造品出荷額等が増加していることである。2008年の機械金属工業が全事業所数に占める割合は，足利市，桐生市ともに約30％だが，全従業者数，全製造品出荷額等では約60％〜70％を機械工業が占めており，機械工業中心の産業構造に転換していると言える。また，太田市のように輸送機器に特化した構造ではなく，電機，プラスチックなど多様な業種が集積していることも特徴である。

ここで注目したい点は，足利市，桐生市が機械工業中心の産業構造に転換していることである。繊維産業の産地であった足利，桐生において，何故機械工業の集積が形成されたのか，織物関連業者はどのように機械関連業者に転換したのか

表1　北関東の市町村別事業所数，従業者数，製造品出荷額等（2008年）

	市町村	全事業所数	従業者数（人）	1事業所当たり従業者数（人）	製造品出荷額等（万円）	全事業所数に占める割合（％）		
						3人以下	機械金属工業	繊維産業
1	栃木県足利市	1,841	19,490	10.6	42,755,077	55	34	36
2	群馬県太田市	1,554	39,029	25.1	219,517,919	39	58	11
3	群馬県桐生市	1,390	12,994	9.3	27,811,650	58	31	52
4	群馬県高崎市	1,301	26,021	20.0	77,315,676	39	52	4
5	群馬県伊勢崎市	1,259	28,893	22.9	123,337,078	35	60	8
6	栃木県宇都宮市	992	36,136	36.4	169,894,123	34	43	4
7	栃木県佐野市	968	15,673	16.2	39,003,161	44	33	14
8	群馬県前橋市	948	21,961	23.2	59,801,880	42	34	6
9	栃木県鹿沼市	837	37,634	45.0	41,657,341	41	45	2
10	茨城県日立市	690	31,171	45.2	145,148,424	28	67	2

（注1）機械金属工業は産業中分類の23〜31（非鉄金属，金属製品，はん用機械，生産用機器，業務用機器，電子部品，電気機器，情報通信，輸送機器），繊維産業は産業中分類の11（繊維）である。
（注2）事業所数，従業者数，製造品出荷額ともに全数の数値である。ただし，栃木県宇都宮市，佐野市，鹿沼市の機械金属工業，繊維産業の全事業所数に占める割合は4人以上の事業所数である。
出所：経済産業省「工業統計調査（市区町村篇）」，各県への問い合わせにより作成。

という点については，次節で織物関連業者から転換しながら今日まで存続してきた企業3社（①O金属，②KK製作所，③K機械）を事例に検討する。

表2 太田市，足利市，桐生市の業種別事業所数，従業者数，製造品出荷額等の推移

太田市	事業所数					従業者数				
	1960年	1970年	1980年	1990年	2005年	1960年	1970年	1980年	1990年	2005年
繊維	230	591	408	381	202	2,168	3,310	1,592	1,406	738
一般機械	23	102	166	284	350	399	1,625	1,911	3,125	4,208
金属製品	14	170	266	247	282	506	2,041	2,405	3,014	3,656
電気機器	12	39	73	113	88	208	1,123	1,411	1,773	2,996
輸送機器	37	77	70	114	174	3,832	8,384	7,902	11,060	14,321
プラスチック	—	—	—	111	147	—	—	—	1,811	3,109
その他	126	285	338	298	367	1,930	5,623	4,670	4,378	6,823

太田市	製造品出荷額等				(単位：万円)
	1960年	1970年	1980年	1990年	2005年
繊維	187,306	1,081,446	1,873,843	1,922,722	1,071,891
一般機械	25,706	542,959	2,555,811	8,614,819	11,646,060
金属製品	10,626	275,516	1,706,517	3,577,754	6,838,088
電気機器	2,632	729,684	4,423,324	13,316,473	11,234,378
輸送機器	507,625	7,559,237	43,284,725	73,473,489	128,020,466
プラスチック	—	—	—	4,801,289	8,932,065
その他	322,636	3,494,064	9,899,377	11,208,019	25,277,868

足利市	事業所数					従業者数				
	1960年	1970年	1980年	1990年	2005年	1960年	1970年	1980年	1990年	2005年
繊維	1,401	2,860	2,219	1,725	792	12,500	16,957	10,542	8,041	3,124
一般機械	71	197	228	333	271	1,112	2,088	2,341	3,680	2,768
金属製品	87	323	382	371	220	1,424	4,091	4,096	3,584	1,908
電気機器	7	43	48	89	51	123	397	471	1,128	976
輸送機器	19	42	59	93	83	288	922	1,934	1,997	2,432
プラスチック	—	—	—	301	226	—	—	—	5,226	4,047
その他	363	723	795	554	401	6,657	12,874	8,776	4,840	4,445

足利市	製造品出荷額等				(単位：万円)
	1960年	1970年	1980年	1990年	2005年
繊維	1,541,664	6,095,064	10,766,707	8,349,570	2,307,496
一般機械	129,815	589,364	2,732,783	7,693,818	6,312,794
金属製品	131,786	1,807,628	5,105,624	7,788,141	4,133,290
電気機器	14,761	138,832	554,733	1,766,140	1,680,989
輸送機器	26,354	508,535	3,698,065	5,108,766	6,244,330
プラスチック	—	—	—	13,217,830	9,435,554
その他	732,248	4,887,770	16,987,785	10,878,013	10,086,797

桐生市	事業所数					従業者数				
	1960年	1970年	1980年	1990年	2005年	1960年	1970年	1980年	1990年	2005年
繊維	2,372	2,326	2,238	1,893	838	22,530	16,935	11,065	6,296	2,719
一般機械	125	192	207	257	176	2,103	3,529	3,181	3,355	1,796
金属製品	79	201	233	179	108	1,111	2,585	1,708	1,326	784
電気機器	28	39	84	122	63	1,681	1,241	1,791	2,938	1,896
輸送機器	28	58	98	132	116	484	2,690	3,423	4,065	3,143
プラスチック	—	—	—	82	48				465	538
その他	415	424	395	301	204	3,224	3,732	3,302	2,379	1,524

桐生市	製造品出荷額等 （単位：万円）				
	1960年	1970年	1980年	1990年	2005年
繊維	1,604,035	4,740,409	8,277,568	8,271,571	3,460,396
一般機械	164,923	1,572,124	4,261,935	16,189,027	12,953,268
金属製品	71,418	987,557	1,813,798	2,162,621	1,276,310
電気機器	195,869	663,769	2,268,424	6,915,969	4,512,821
輸送機器	38,280	1,368,806	5,143,732	7,667,886	9,130,338
プラスチック	—	—	—	574,301	711,608
その他	267,910	1,139,868	3,578,079	3,663,851	2,657,132

（注1）繊維とは，繊維工業（2008年），繊維工業，衣服・その他の繊維製品製造業（～2005年），一般機械とは，はん用機械器具製造業，生産用機械器具製造業，業務用機械器具製造業（2008年），一般機械器具製造業，精密機械器具製造業（～2005年），プラスチックとは，プラスチック製品製造業，金属製品とは金属製品製造業，輸送機器とは輸送用機械器具製造業，電気機器とは，電子部品・デバイス・電子回路製造業，電気機械器具製造業，情報通信機械器具製造業（2005, 2008年），電気機械器具製造業（～2000年），その他は，繊維，一般機械，プラスチック，金属製品，輸送機器，電気機器を除いた製造業を指している。

（注2）プラスチック製品製造業の統計は1985年から取られている。

（注3）太田市，桐生市の1990年，2005年の従業者数，製造品出荷額等，足利市の1960年の従業者数，製造品出荷額等は従業者4人以上，それ以外は全数である。

出所：群馬県『統計年鑑』各年度版，栃木県『統計年鑑』各年度版，経済産業省「工業統計調査（市区町村篇）」，太田市企画部広報統計課，足利市政策推進部情報管理課，桐生市総務部情報管理課への問い合わせにより作成。

3．事業転換を通じた集積の形成と発展[注12]

3.1 戦時期

(1) O金属（足利，織物業者→中島飛行機のサプライヤー）

O金属の創業者が機屋を営むようになったのは，1922年である。創業当初は夫婦で仕事をしていたが，1923年には従業員を雇うようになった。順調に業績が伸び，社員数20名を有する規模に発展した。しかし，1938年11月織機数十台を売り払い，それを資金にして鉄工機械を仕入れ，中島飛行機[注13]のサプライヤーに転換した[注14]。当初，従業員5人ほどで中島飛行機の部品製造をしていたが，部品

製造は高い精度が要求されるため不良品が絶えず採算が合わなかったため，1940年には治具，プレス金型の製造を始めた。1943年にはプレス機を10台ほど入れ，プレス加工も行うようになった。このとき従業員数は100名に増加していた。

(2) KK製作所（足利，織物機械メーカー→中島飛行機のサプライヤー）

1870年に設立されたKK製作所は，創業当初は織物機械の製造，修理，メンテナンスをしていたが，1941年8月に中島飛行機のサプライヤーに転換した。中島飛行機の要請に基づき，航空機の燃料タンク，脚カバー及び尾翼等の組立製作や飛行機の翼の中の芯を平らにする加工を開始した。これらの加工に使用する機械設備はプレーナー（平削り盤）であり，織物機械製造に用いる機械設備と同じであった。また，従業員は約200名前後であった。

(3) K機械（桐生，織物機械メーカー→中島飛行機のサプライヤー）

K機械は1906年に織物準備機械の製造からスタートした企業である。1932年から33年にかけて一連の工程別織物準備機械を製造していたが，1932年2月に中島飛行機から軍用飛行機の部品製作の要請を受け，1933年には軍需品の試験注文としてわずかであったが部品加工をしていた。しかし，1934年から1937年頃まで輸出織物の好調による織物準備機械の受注が急増した上，軍需品の製造は不慣れで採算が悪かったため，軍の要請に十分応えられなかった。こうした中で，1940年8月に連合国が対日資産の凍結を行ったため，1940年末には織物準備機械の製造を全面的に中止し，中島飛行機のサプライヤーとして航空機部品や治具，工作機械の製造を開始した。終戦時には約1300名もの従業員が存在した。

以上のように，織物業者として創業したO金属，織物機械メーカーのKK製作所，K機械は，戦時期に中島飛行機の部品や設備の製造業者，サプライヤーに転換している（表3）。また，中島飛行機の生産規模の急拡大，戦時統制による織物生産の中止という状況の下，3社以外にも中島飛行機の部品や設備の製造を始める企業は多かったと言われている[注15]。すなわち，戦時期に両毛地域の中小企業が中島飛行機のサプライヤーとして事業転換を遂げることによって，中島飛行機を中心とした集積が形成されたのである。その際，足利，桐生における織物機械工業（織物機械の製造，修理等）はその技術的基盤として重要な役割を果たしていた。

表3 戦時期における3社の事業展開

	O金属	KK製作所	K機械
主な製品	航空機部品，治具，プレス金型	航空機部品	工作機械，航空機部品
従業員数	約100名	約200名	約1300名
機械設備	プレス機	平削り盤，水圧プレス	旋盤，中ぐり盤，スレッドミラー，精密研磨盤など
取引先	中島飛行機	中島飛行機	中島飛行機

(注) O金属の社史には，1938年に一通りの機械を揃えたという記述があるが，具体的に確認出来たのはプレス機のみである。
出所：筆者作成。

3.2 戦後復興期

(1) O金属（足利，中島飛行機のサプライヤー→家庭用品メーカー）

O金属は中島飛行機のサプライヤーとして戦時中に培ったプレス金型の製造技術を活かし弁当箱のプレス型を作り，飛行機製作に使用されていた残りの材料などをかき集め自社でプレス加工し販売していた。おろし金，ぼん類，コップ，水筒などのアルミ家庭用品も製造していた。従業員は16名であった。戦後直後は物資不足であったため，O金属のように，アルミを用いて弁当箱や鍋，釜など家庭用品を製造する企業は1950年時点で30社以上存在し，足利はアルミ家庭用品の4大産地の一つとして数えられていた。それは，飛行場にアルミが大量に残っていたこと，およびアルマイト加工に不可欠である水が豊富にあったことによる。

(2) KK製作所（足利，中島飛行機のサプライヤー→富士重工業のサプライヤー）

KK製作所は，中島飛行機時代の取引関係を継続し，1951年10月に富士重工業のラビットスクーターの部品，ボディのカバーの生産を開始した[注16]。当時富士重工業のボディのカバーは全てKK製作所が生産していた。1954年12月には富士重工業株式会社群馬製作所の協力工場となり，スバル360・スバル1000およびスバルサンバーの部品を受注する。さらに，富士重工業宇都宮製作所から航空自衛

隊の航空機用部品や車輛部品を受注，生産をしていた。これらは，従業員50名によって旋盤加工，板金プレスで生産されていた。また，ミシン部品の製造もしていた。

(3) K機械（桐生，中島飛行機のサプライヤー：織物機械メーカー）

戦後織物業界を復興させるために，織物業者から織物機械の注文が相次ぎ，K機械は1946年に織物機械の製造を再開した。戦時期に足利，桐生では多くの織機が処分されたため（足利：1万7000台，桐生：1万4000台），織物業者が復帰するには織物機械を購入する必要があったのである。ところが，1952年4月頃不況の影響で綿糸紡績各社が50％の操業短縮を行ったため，大幅な受注減となり，K機械は従業員235名で織物機械以外にもディーゼルエンジン部品，モノタイプ部品など幅広く手掛けるようになった。

以上をまとめると，KK製作所のように中島飛行機時代の取引関係を継続し，富士重工業のサプライヤーに発展する企業，O金属のように中島飛行機との取引を通じて培った技能を生かし家庭用品を製造する企業，K機械のように戦前の織物機械製造を再開する企業など，戦後復興期には多様な分野に展開する企業が増加していると言える（表4）。すなわち，両毛地域の中小企業は，中島飛行機のサプライヤー時代に培った技術や技能，取引関係を生かしながら事業転換することを通じて，集積を再構築したのである[注17]。

表4　戦後復興期における3社の事業展開

	O金属	KK製作所	K機械
主な製品	アルミの家庭用品（弁当箱，コップなど）	スクーター部品，ミシン部品	織物準備機械，工作機械
従業員数	16名	50名	235名
機械設備	プレス機	旋盤，プレス機，SPW溶接機	旋盤，中ぐり盤，スレッドミラー，精密研磨盤など
取引先	—	富士重工業	—

(注) O金属とK機械は完成品メーカーなので，取引先を記していない。
出所：筆者作成。

3.3　高度成長期
(1) O金属（足利，家庭用品メーカー→三洋電機のサプライヤー）

　家庭用品メーカーであったO金属は，1953年に三共電器（現：サンデン），1960年に三菱電機との取引を開始し，電化製品に進出した。1961年には三洋電機の石油ストーブの部品を受注し，1967年には三洋電機一社に取引先を絞った。このときには，従業員数が150名に達していた。1968年，三洋電機が石油ストーブ部門の生産拡大と流し台等の生産増大をはかるため，足利の工業団地に進出したのに併せて，O金属も団地に進出した。O金属を含む4社で三洋電機足利事業所協力協同組合が結成された。さらに，1969年には200トン，350トンのトランスファープレス，1970年には自動プレスラインを導入するなど，設備投資を重ねた結果，自動車部品メーカーとの取引も始まった。日産の栃木県への工場進出に併せ，その協力工場が進出してきており，この協力工場がプレス技術を有する二次協力工場を探していたためである。

(2) KK製作所（足利，富士重工業のサプライヤー）

　KK製作所は富士重工業との取引を一層発展させ，一次サプライヤーとして自動車事業を始めた。KK製作所は戦後復興期から高度成長期にかけてミシン部品やスクーター部品を製造していたが，ミシン部品の製造からは完全撤退し，自動車部品の板金プレスや溶接，事務器の製造を始めた。プレス・溶接・表面処理の一貫メーカーであり，溶接ロボット導入による省人化を図っていた。また，この時期の従業員数は100名であった。

(3) K機械（桐生，織物機械メーカー→日産のサプライヤー）

　繊維産業の不振により，K機械の受注は1958年9月期には同年3月期の40%減，1957年9月期の70%減と激減した。そのため，K機械は1960年5月にブリヂストンタイヤの傘下に入り，織物機械の製造を中止し，専用工作機械と自動車部品の中でも重要保安部品であるブレーキドラムを製造し始めた[注18]。1961年末から4気筒のシリンダーヘッド，1962年から6気筒のシリンダーブロックの試作も始めた。プリンス自動車工業の日産自動車への合併に伴い，1966年に日産の傘下に入り，1961年には従業員数が約450名に増加した。1968年には日産傘下の協力会社が集まる「日産宝会」に加盟し，日産とのつながりはより一層強まった。

　以上のように，高度成長期にO金属，KK製作所，K機械の3社とも自動車，家電サプライヤーに転換している（表5）。それは，高度成長期に日産や本田，三

洋電機,三菱電機など複数の自動車,家電メーカーおよびその一次サプライヤーが北関東に進出したためである[注19]。つまり,戦時期に形成された中島飛行機を核とする集積は,両毛地域の中小企業が自動車や家電のサプライヤーに転換することにより,複数の自動車,家電メーカーを中心とした集積に発展したのである。

表5 高度成長期における3社の事業展開

	O金属	KK製作所	K機械
主な製品	石油ストーブ部品,自動車部品	自動車部品,事務器	自動車鋳造部品,工作機械
従業員数	150名	100名	約450名
機械設備	トランスファープレス機,スポット溶接機など	プレス機,アーク&SPW溶接機	旋盤,フライス盤,平削り盤,ホブ盤,研削盤など
取引先	三洋電機,日産の一次サプライヤー	富士重工業	日産

出所:筆者作成。

4. おわりに

　以上の分析から,両毛地域の産業集積は個別企業の多様な事業転換を一つの軸として形成,発展したと結論付けることが出来る。両毛地域の中核企業3社の事業展開を見れば,戦前の織物関連業者を出発点として,戦時期に中島飛行機の部品や設備のサプライヤー,戦後復興期には織物機械やスクーター部品,家庭用品の製造業者,高度成長期には自動車や家電のサプライヤーへと次々に転換している。また,その度ごとに,これらの企業は両毛地域の中核的な企業として発展を続けている。

　最後に,今後の課題として次の三点を挙げておきたい。第一に,本稿が対象にした3社以外の中小企業の事業展開や他の中核企業の役割などより詳細な分析を行い,集積の発展メカニズムを明らかにすることである。第二に,本稿で強調した事業転換の条件,すなわち事業転換を可能にした要因について検討することである。第三に,このような事業転換を通じた中小企業の多様な製造経験が経済環

境の変化に対する対応力につながっているのか否か，今日的な変化を重視しながら考察することである[注20]。

〈注〉
1 植田（2004）p.34。
2 植田（2000）は，集積過程については，個々の地域に即した具体的な解明が必要であること，集積過程から明らかにされる集積の条件は，集積のメカニズム，特徴を考える上で重要であり，集積過程についての歴史的研究がさまざまな側面から進んでいくことが求められることを指摘している（植田，2000, p.27）。
3 両毛地域とは，群馬県南東部から栃木県南西部にかけての渡良瀬川流域のことで，栃木県足利市，佐野市，群馬県太田市，桐生市，館林市，みどり市，邑楽郡板倉町，明和町，千代田町，大泉町，邑楽町の11市町村で構成されている。両毛地域は農村地帯としても，工業の発達史的にも相互に深い連帯関係を持ち，それぞれの所属県の中央都市に対して独立性が強い県境を越えた広域産業圏である（両毛地域開発推進協議会，1971, p.4）。
4 松島（2005）は，両毛地域の中でも，郡馬県太田市，桐生市，大泉町に対象を限定している。
5 戦時期，戦後復興期，高度成長期に対象を限定しているのは，今日における両毛地域の産業集積のメカニズムを分析する上で高度成長期までの展開，すなわち繊維産業から家電産業，自動車産業中心の産業構造への転換が重要な意味を持っているからである。
6 本稿では，事業転換を広義に捉えている。すなわち，織物業者から鉄工所への転換のような業種転換だけでなく，織物機械メーカーから中島飛行機のサプライヤーへの転換のように，機械設備は共通であっても製品が変化しているケースも事業転換として捉えている。事業転換といってもケースによってレベルが異なるため，今後より立ち入った分析をする必要がある。
7 既に宇山（2011）において両毛地域の集積の構造，宇山（2012）において集積の形成過程を考察している。本稿は，集積における中核企業の役割を重視し，中核企業3社の事業展開を具体的に考察することを通じて，集積の形成，発展過程に検討を加えている。
8 K機械は織物準備機械から出発し発展していった典型的なケースであり，桐生の機械工業の歴史の縮図だと言われている（桐生機械金属工業協同組合，1982, p.20）。KK製作所は足利の織物機械メーカーの中で一番規模の大きい企業であった。また，戦後O金属，KK製作所，K機械から独立・創業する企業，仕事を受注する企業が数多く存在した（足利鉄工団地協同組合へのヒアリング調査，2009年9月29日）。これらの事実から，この3社の事例を元に集積の展開を検討している。
9 本節の記述は，宇山（2011）に基づいている。

10　富士重工業群馬製作所の本工場，矢島工場，太田北工場が立地している。
11　機械金属工業とは，電機機器，輸送機器，金属製品，プラスチック，一般機械の事業所のことである。
12　本節の記述は，O金属株式会社（1998），O金属株式会社提供資料，足利鉄工団地協同組合へのヒアリング調査（2009年9月29日），KK製作所へのヒアリング調査（2009年10月29日），K機械へのヒアリング調査（2009年10月27日），K機械株式会社（1981）に基づいている。
13　中島飛行機は1917年に群馬県尾島町出身の海軍軍人であった中島知久平が海軍での飛行機研究に見切りをつけ，「民間の飛行機産業」を興すべく郷里の群馬県尾島町に「飛行機研究所」を創設したことから始まる。第二次大戦中，中島飛行機は三菱重工業と共に二大航空機メーカーになった。太田には中島飛行機の主力工場（小泉製作所，太田製作所）があった。
14　1937年に日中戦争が勃発し，1937年9月には軍需工場動員法が発布され，1938年には国家総動員法が制定され，軍需品の生産を優先するため，繊維製品は統制下に入った。こうした情勢の中で，O金属は先見の明を発揮し，織物業から鉄鋼業へと主体的に転換した。O金属の社史によれば，当時織物業の仲間はO金属の転換に対し大変驚いたという。その後，1938年「鉄製品製造制限令」により繊維機械の製造が禁止され，1940年7月には「高級絹織物製造販売禁止」，1942年には「企業整備令」による繊維機械の供出により，織物業者は織物を生産できなくなった。
15　中島飛行機の協力工場依存度は高く，その割合は機体関係60%，発動機関係30%であり，両毛地域に多くの協力工場を抱えていた（（財）桐生地域地場産業振興センター，1990, p.13, p.44）。
16　戦後中島飛行機は解体され，1953年7月には富士重工業が設立された。富士重工業が実質的に発足したのは，富士工業，富士自動車工業，大宮富士工業，宇都宮車輌，東京富士産業の5社が吸収合併された1955年4月である（富士重工業株式会社，1984, pp.72-75）。
17　例えば，両毛地域の金型産地は，中島飛行機時代に培った精密加工技術を活用して金型，治具メーカーへ転身する企業が増加することで形成された。1965年には約150社が金型製作に関係していたという。（（財）桐生地域地場産業振興センター，1990, p.47, p.49）。
18　K機械はブリヂストン系列の富士精密工業株式会社，ブリヂストン自転車株式会社と提携していた。富士精密工業が従来から繊維事業部として自動繰糸機の製造部門を持っていた関係で，K機械の織物機械は製造中止となった。
19　自動車メーカーでは日産自動車，本田技研工業，家電メーカーでは，三洋電機，三菱電機，東芝，日立，シャープ，パナソニックなどが栃木県，群馬県に進出している。
20　例えば，O金属は高度成長期以降，家庭用品から完全に撤退し，石油ストーブ部品と自動車部品を経営の柱にしていた。1982年に輸出用石油ストーブの受注が無くなっても，自動車部品を軸に自動販売機や建築，環境関連分野の多種多様な金属部品加工

を手掛けるなど，創業以来地元に密着しながら両毛地域と共に成長してきた。しかし，今日のグローバル化の中でO金属は新たな局面を迎えている。これまで本社のある足利市から出たことのないO金属が，日産のグローバル戦略の下，一次サプライヤーと共に海外進出したのである。O金属の経験豊富な40〜50代の従業員約10名がタイに出向し，大型機械20台も運ばれるという（『週刊東洋経済』2012年5月12日号，p.41）。このような中核企業の海外展開は地域経済に大きな影響を与える可能性が高い。こうした変化も踏まえて，考察する必要がある。

〈参考文献〉

1　植田浩史（2000年）「産業集積研究と東大阪の産業集積」『産業集積と中小企業―東大阪地域の構造と課題―』創風社，pp.26-44
2　植田浩史（2004年）「産業集積の「縮小」と産業集積研究」『「縮小」時代の産業集積』創風社，pp.19-43
3　宇山翠（2011年8月）「両毛地域における産業集積の複合性」『企業研究』第19号，pp.209-228
4　宇山翠（2012年8月）「両毛地域の産業集積における複合性の形成過程」『企業研究』第21号，pp.217-239
5　O金属株式会社（1998年）『Oグループ六十年史』
6　桐生機械金属工業協同組合（1982年）『桐生機械金属工業の歩み』
7　（財）桐生地域地場産業振興センター（1990年）『桐生地域における自動車関連産業の歩み』
8　K機械株式会社（1981年）『K機械社史』
9　群馬県（各年版）『群馬県統計年鑑』
10　『週刊東洋経済』（2012年5月12日号）「『ダットサン』を復活　ゴーン日産の野心」p.41
11　中小企業基盤整備機構（2010年）『技術とマーケットの相互作用が生み出す産業集積持続のダイナミズム―諏訪地域では，なぜ競争力維持が可能だったのか―』
12　栃木県（各年版）『栃木県統計年鑑』
13　富士重工業株式会社（1984年）『富士重工業三十年史』
14　松島茂（2005年）「産業構造の多様性と地域経済の「頑健さ」―群馬県桐生市，太田市および大泉町のケース」橘川武郎・連合総合生活開発研究所編『地域からの経済再生』有斐閣，pp.11-36
15　両毛地域開発推進協議会・（財）日本経済研究所（1971年）『両毛地域総合開発調査報告書』

（査読受理）

川崎中小製造業の高度化と産業集積の広域化
―下野毛工業協同組合（高津区）会員企業等にみる事例研究―

専修大学　遠山　浩

　川崎市の内陸に位置する高津区には中小製造業が集積している一方で，近年は地価低迷もあって首都圏サラリーマンの戸建て住宅地としても注目されている。この結果，当地の中小製造業は，東アジア諸国の台頭や後継者難といった課題に加えて，宅地化の進展といった地域特有の問題にも対峙しつつ，各事業者および地域全体として，自社の生き残りおよび事業の高度化への挑戦を行っている。

　高津区で比較的まとまった準工業地域として，久地・宇奈根地域と下野毛地域がある。本稿では下野毛工業協同組合の会員企業58社に対する訪問調査[注1]を軸に，当該地域の中小製造業の企業行動，企業間取引の発展経緯ならびに現状分析を通して，今日の都市型産業集積を考察する。

1．下野毛・中小製造業にみる産業集積の形成過程

　下野毛に立地する中小製造業の現状分析を行う前に，川崎市内陸地域に中小製造業が集積してきた過程を概観する。今日の企業行動や企業間取引を考察するためには，集積が形成されてきた1970年頃以降の当地の理解が不可欠である。

1.1　京浜工業地域の拡大と中小製造業の起業・移転

　戦後日本の経済成長における京浜工業地域の製造業の貢献は大きいが，高度成長期には，金の卵と呼ばれて上京し都内の町工場で腕をみがいた職人の独立創業が多くみられた。彼らの多くは修行を重ね慣れ親しんだ地域で起業したが，事業が順調にいくにつれて手狭となる。しかし，人口流入に伴い宅地化が進む都内で

の事業拡張は困難であり，東京都周辺に操業の地を求めていく。宅地化がまだ進んでいなかった横浜市北部や川崎市内陸地域はユーザーへのアクセスも容易であったため，中小製造業の事業拡張に向けた移転地として選ばれていった。

1970年以降の製造業の事業所数と付加価値額の推移をまとめた表1を見ると，東京都大田区の事業所数は一貫して減少しているのに対して，本稿で取り上げる川崎市高津・宮前区および横浜市港北・都筑区は，円高や中国の台頭が顕著でなかった1990年までは一貫して増加している。上述のとおり京浜工業地域の担い手が都心の周辺地域に展開したのに伴い，大田区のシェアは相対的に低下してい

表1 京浜工業地域 製造業事業所数・付加価値額 推移（1970～2010年）

事業所数地区別推移（4人以上）　　　　　　　　　　　　　　　　　　　単位：所，％

	1970		1980	1990		2000	2010	
川崎区	1,100	(184.3)	882	863	(84.9)	688	470	(104.9)
幸区	191	(32.0)	469	459	(45.2)	276	143	(31.9)
中原区	971	(162.6)	724	642	(63.2)	417	229	(51.1)
高津・宮前区	597	(100.0)	862	1,016	(100.0)	757	448	(100.0)
多摩・麻生区	174	(29.1)	259	312	(30.7)	238	162	(36.2)
合計	3,033	(508.0)	3,196	3,292	(324.0)	2,376	1,452	(324.1)
大田区	5,539	(927.8)	4,951	4,321	(425.3)	3,077	1,748	(390.2)
港北・都筑区	744	(124.6)	1,308	1,499	(147.5)	1,629	995	(222.1)
緑・青葉区	260	(43.6)	406	856	(84.3)	243	148	(33.0)

付加価値額地区別推移（4人以上）　　　　　　　　　　　　　　　　　　単位：億円，％

	1970		1980	1990		2000	2010	
川崎区	3,293	(454.4)	7,406	9,216	(472.0)	6,703	8,142	(985.7)
幸区	382	(52.7)	1,499	2,636	(135.0)	1,105	502	(60.8)
中原区	1,655	(228.4)	4,557	7,147	(366.1)	2,172	878	(106.3)
高津・宮前区	725	(100.0)	2,244	1,952	(100.0)	1,457	826	(100.0)
多摩・麻生区	154	(21.2)	381	540	(27.6)	331	215	(26.0)
合計	6,208	(856.7)	16,087	21,491	(1100.8)	11,769	10,563	(1278.9)
大田区	3,375	(465.7)	6,058	7,604	(389.5)	5,404	2,121	(256.8)
港北・都筑区	778	(107.4)	2,090	3,778	(193.5)	6,343	2,544	(308.0)
緑・青葉区	654	(90.3)	2,217	5,247	(268.7)	693	509	(61.6)

(注1) 川崎市は1982年に高津区の一部が宮前区に，多摩区の一部が麻生区となったため，1985年以降は両区の合計値を各々記載している。
(注2) 横浜市では，1994年に港北区，緑区を再編し，青葉区および都筑区が発足した。
(注3) 「付加価値額」について，大田区は全てを，港北区は1970年のみを，「粗付加価値額」を記入。
(注4) 1970年の大田区の粗付加価値額のみ1～3人の企業を含んでいる。
資料：各市区『工業統計』各年版

る。1970年では事業所数は高津・宮前区の9倍以上，付加価値額で4倍以上の勢力を大田区は持っていたが，1990年でそれぞれ4倍強，4倍弱に，そして2010年では4倍弱，2～3倍の水準まで低下している。高津区では，都市型産業集積の特徴をなす重工業・加工組立型の中小製造業の集積が進んでおり，事業者の高齢化が一足早く進んだ大田区が担ってきた機能を代替してきた面もある。

1.2 下野毛への中小製造業の進出

高度成長期後期(1960年代後半)の下野毛はまだ畑が多かったと聞くが，クノール（1958年に当地で操業，以下同じ），名糖（1961年），キヤノン（1963年）といった大手企業の工場や，公営住宅，大手企業の福利厚生施設が点在していた。1970年前後から都内で独立創業した中小製造業の移転先として着目され，当地に住宅兼工場を構える，あるいは貸借工場に入居する中小製造業が集積していく。

多くの中小製造業事業者はユーザーの受注をこなすべく当地へ進出しており，近隣企業との取引はなかったという。そこで企業間の往来を深めるべく，1974年10月に86社による下野毛工業会が設立される。先にみたとおり高津区の製造業事業所は1980年代も増加するが，工業会の会員数も増加し，1991年3月に協同組合化した直後の1993年には142社を数えた。その後の会員数は減少傾向に入るが，高津・宮前区全体の減少ペースよりなだらかな減少にとどまっている。

表2は会員企業を製造分野別に大別しその推移を概観したものであるが，金属加工系の企業が集積し比較的多く残っていることがわかる。なかでも挽物加工が多く，板金，熱処理，成型加工は減少傾向にある。なお，製品を製造する特定機器製造は当地では少ない。表3が示すとおり，今日の会員企業の大半が小規模の部品加工業であるが，挽物加工が多いことからわかるように，大きな騒音や臭いを出さない非公害型企業が中心である。また，国内外の他地域に生産拠点を持つ企業も約1割存在する。

したがって，当地での生産は量産ではない単品モノ，試作品が中心となるが，この領域は付加価値の高い製造の組み合わせが求められるため，中小製造業単独で対応することは困難である。そこで，自社の特徴を活かすべく範囲の経済性を発揮して技術力などを向上させ，高度な分業関係の構築が目指され，後述のとおりこの柔軟な分業の成立が都市型産業集積のダイナミズムを生んでいる。

このダイナミズムは大田区や東大阪市でみられる事象であるが，当地の事情は

表2 下野毛工業協同組合 製造分野別会員数推移 （1985～2012年）

単位：社，%

区 分	1985			1991			2008			2012		
鋳造	1	(0.9)	(1.2)	1	(0.7)	(1.0)	1	(1.0)	(1.2)	1	(1.2)	(1.5)
板金加工	19	(16.2)	(22.1)	16	(11.9)	(15.8)	14	(13.5)	(17.1)	10	(11.6)	(14.7)
挽物加工	23	(19.7)	(26.7)	30	(22.2)	(29.7)	28	(26.9)	(34.1)	24	(27.9)	(35.3)
研磨加工	6	(5.1)	(7.0)	4	(3.0)	(4.0)	4	(3.8)	(4.9)	4	(4.7)	(5.9)
プレス加工	7	(6.0)	(8.1)	9	(6.7)	(8.9)	9	(8.7)	(11.0)	7	(8.1)	(10.3)
金型加工	7	(6.0)	(8.1)	13	(9.6)	(12.9)	11	(10.6)	(13.4)	9	(10.5)	(13.2)
熱処理	2	(1.7)	(2.3)	2	(1.5)	(2.0)	0	0.0	0.0	0	0.0	0.0
成型加工	7	(6.0)	(8.1)	5	(3.7)	(5.0)	4	(3.8)	(4.9)	4	(4.7)	(5.9)
合成樹脂加工	2	(1.7)	(2.3)	5	(3.7)	(5.0)	3	(2.9)	(3.7)	2	(2.3)	(2.9)
塗装	3	(2.6)	(3.5)	4	(3.0)	(4.0)	5	(4.8)	(6.1)	5	(5.8)	(7.4)
メッキ・アルマイト	0	0.0	0.0	2	(1.5)	(2.0)	1	(1.0)	(1.2)	0	0.0	0.0
特定機器製造	10	(8.5)	(11.6)	11	(8.1)	(10.9)	3	(2.9)	(3.7)	3	(3.5)	(4.4)
工具加工	2	(1.7)	-	3	(2.2)	-	1	(1.0)	-	0	0.0	-
建設関係	6	(5.1)	-	8	(5.9)	-	4	(3.8)	-	2	(2.3)	-
電機工事	1	(0.9)	-	1	(0.7)	-	1	(1.0)	-	1	(1.2)	-
印刷業	2	(1.7)	-	3	(2.2)	-	3	(2.9)	-	2	(2.3)	-
その他	19	(16.2)	-	18	(13.3)	-	12	(11.5)	-	12	(14.0)	-
合計	117	(100.0)	(100.0)	135	(100.0)	(100.0)	104	(100.0)	(100.0)	86	(100.0)	(100.0)

資料：下野毛工業協同組合名簿 各年版

表3 下野毛工業協同組合 従業員数・域外生産拠点有無別分布 （2012年）

単位：社，%

区 分	従業員数						域外生産拠点	
	合計	1～3	4～9	10～29	30～49	50～99	国内	（海外）
鋳造	1	1						
板金加工	10	3	4	3			2	
挽物加工	24	17	4	2		1		
研磨加工	4	4						
プレス加工	7	5	1	1				
金型加工	9	3	3	1	2		1	
熱処理	0							
成型加工	4	3		1			1	
合成樹脂加工	2	1		1			1	
塗装	5	1	3	1			1	(1)
メッキ・アルマイト	0							
特定機器製造	3	1		1		1	1	
合 計	69	39	15	11	2	2	7	(1)
	(100.0)	(56.5)	(21.7)	(15.9)	(2.9)	(2.9)	(10.1)	(1.4)

（注）生産拠点を海外に持つ企業は国内拠点も持っており内数表示とした
資料：ヒアリングにより作成

若干異なっていた。当地では創業した後も従前からのユーザーより受注を獲得することが事業活動の中心であったため、近隣の中小製造業と連携して受注獲得を目指す必要性は低かったようである。したがって、主体的に分業に取り組める中小製造企業群が存在しながら、その特徴を活かしていない状況が長年続いた。しかし、90年代以降になると、国内生産を縮小する既存ユーザーからの受注に依存する限界を感じる経営者が出現してくる。その多くは2代目経営者で、他社との分業に積極的に関わることで供給の質や幅を広げ新たな需要を獲得する動きをはじめる。その際の分業相手は先代時代から取引関係の深い東京都城南地域の企業と、工業組合などを通して知り合った近隣の企業であった。こうした新たな分業を通して、川崎内陸地域の中小製造業は高度化し、産業集積は広域化していく。

2．川崎市・中小製造業集積の考察視点

1980～90年代の大田区を対象にした産業集積の先行研究は多数存在し、その中には住工混在問題を取り上げている研究もある。第1章でみたとおり、当時から川崎市には中小製造業の集積がみられたが、ユーザーからの受注をこなすことが中心で、主体的に分業関係を構築し付加価値の高い製品づくりに関与する企業は少なかった。しかし、近年では大田区のような柔軟な分業が目指され、地域の産業集積の高度化につながっている。このため、川崎市の中小製造業集積の構造変化を考察するにあたり、大田区の先行研究から導かれた分析軸を参考にするのが有益である。以下では、関満博氏、渡辺幸男氏、伊丹敬之氏の先行研究を整理し、次章以下にて川崎市・中小製造業集積の構造変化を考察する際の論点を示す。

2．1　先行研究に見る90年代の大田区の中小製造業集積

関氏は技術の集積構造に着目した分析を行っている。関（1993）で製造業の技術を「特殊技術」、「中間技術」、「基盤的技術」に区分し、それらがバランスよく積みあがった状況を三角形モデルで説明し、全体の技術レベルが高いと三角形は高くなり、技術集積の厚みを増すと底辺が広がると定義する（pp.101～109）。

この分析はフィールド調査に基づいているが、その1つである関(1990a)にて、大田区の住工混在地域における中小零細工場について、第1に非公害型の小規模工場であること、第2に特殊金属切削加工のような高付加価値型または自宅併設

工場等で償却済み設備を駆使するような低コスト型の何れかに該当すること，第3に小ロットで面倒な受注にも短納期で対応できること，といった特徴を示している（pp.32～33）。そして，住工混在地域政策として，低コスト型製造業が工場集積の下支え的存在として現在の場所で事業継続できる条件整備が必要であるとともに，高付加価値型企業への転換を促進しつつ，先進的な企業群の呼び込みが重要と主張する（pp.44～46）。あわせて，工業の高度化は全ての企業が先端化または高付加価値化を達成することを意味せず，先端的な企業群が次々と誕生して工業全体をリードし，在来技術が少しずつ変化しながら基礎的な部分を担うと指摘したうえで，双方の技術が密接に関連しあいながら常に刺激的に活力あふれた展開を期待し，住工混在地域が重大な役割を演じると主張している（pp.47～48）。

渡辺氏は，渡辺（1997）で中小製造業を含む分業構造が単純なピラミッド型ではなく山脈構造型社会的分業構造であると示したうえで（p.159），中小製造業の考察を深め，中小製造業の経営形態を「中核企業」「専門特化型企業」「不安定型企業」の3つに類型化している。第1の中核企業は，従業員20人程度以上数百人の機械メーカー・部品メーカーを主とする常時受注先を持ち，必要に応じて仲間（同規模クラスの加工業者）仕事も受注している。第2の専門特化型企業は，多数の中小製造業から受注し，しかも特殊な加工用の機械と技術を持ち，部品加工のさらに一部にあたる特殊な部品加工に徹して受注している。そして第3の不安定型企業は，前二者が受注したものの納期までにこなしきれない時にもっぱら利用される企業を指す（p.338）。

また渡辺氏は，大田区ほど機械工業が密集した地域であっても，中小製造業の下請地域関係は自区内で完結するものではなく，隣接県とのつながりをかなり持ち，その中で自区内取引が中心と分析する（p.342）。そして渡辺（2011）にて，東アジアが台頭し国際間でも情報伝達や物流の利用が容易になった今日では，隣接県や国内の他地域のみならず東アジア全体の中での最適生産の検討が求められるとし（pp.239～240），より広域化した産業集積を捉える視点を提示している。

伊丹氏は，伊丹（1998）にて，地域の外の需要を持ち込む「需要搬入企業」の存在と地域内の中小零細企業の「柔軟な分業」の成立を「産業集積の本質」と捉える（pp.7～8）。一方，渡辺（2011）では，特定企業のみが需要を搬入しない点を都市型産業集積の特徴とみる（p.36）。本稿でみる下野毛でも，独自に受注先を開拓する中小製造業を複数確認できており，これは渡辺（2011）の主張通りで

ある。ところで，これら中小製造業が需要を搬入できる背景には，集積地内で「柔軟な分業」が成立しており，企業の受注に対応した供給が可能なためである。したがって，多数の中小製造業によって構成される都市型産業集積の本質は，「需要搬入『機能』」と「柔軟な分業」であると本稿では捉えることする。

都市型産業集積では，中小製造業であっても「中核企業」「専門特化型企業」が存在し共に需要を搬入する機能を持ち合わせている。また，柔軟な分業に参加する企業は渡辺氏のいう3類型に大別でき，関氏の言う3つの技術を駆使した製品・半製品が取引され，需要に応じた製品が生産される。したがって，事例研究では3つの企業類型と3つの技術に着目することで，需要搬入と柔軟な分業がどのように成立しているかを考察していく。

2.2　中小製造業の高度化と都市型産業集積の広域化を巡る視点

1990年頃の大田区を対象にした3氏の研究は相互に関連しており，需要搬入機能と柔軟な分業関係の変化を，企業間取引と技術構造に着目することで，今日の都市型産業集積の特徴を考察できる。そこで以下の3点から事例を分析し，中小製造業の高度化が産業集積の広域化を経て成立していることを示す。

第1は，「需要搬入機能」がどのように作用しているかに着目し，柔軟な分業につなげる需要創造がどのように行われているかを考察する。受注窓口になっている企業は，渡辺氏のいう「中核企業」「専門特化型企業」であるが，彼らがそうした機能を果たすメカニズムを検討する。また，受注先の地域の変化にも着目し，需要搬入の流れから産業集積が広域化していることを確認する。

第2は，「柔軟な分業」を担う企業の変化について考察する。廃業率が開業率を上回って久しく，都市型産業集積を構成する中小製造業が減少している中で，かつてよりも多様化，高度化が進んだ需要に対応すべく，分業の担い手である「中核企業」「専門特化型企業」「不安定型企業」がどのように変化してきたかを考察する。あわせて，関氏の指摘する，工業の高度化に向けて先端的企業群が次々と誕生して工業全体をリードし，在来技術が少しずつ変化しながら基礎的な部分を担う現象が，広域化した集積の中で出現していることを確認する。

第3は，関氏の言う低コスト型製造業で，渡辺氏の言う「専門特化型企業」などに転換できなかった企業群が，工場集積の下支え的存在として今日でも機能しているかを考察する。住工混在問題を考えるためにもこの論点は不可欠である。

3．都市型中小製造業の進化

　表3,4でみたとおり，今日の下野毛協同組合は86社の会員企業を擁するが，そのうち建設関係，電機工事，印刷業[注2]，その他を除くと69社となる。これらの企業を中心に2012年7～8月に訪問調査を実施し，その他企業3社含む58社から回答を得た。以下では社員数区分毎に受発注動向を概観した後に，第2章で示した考察視点をふまえて当地で活動する中小製造業の動向を検討する。

3．1　不安定企業の進化

　訪問企業の中で社員3人以下の企業は28社あったが，そのうち17社が外注について確認できないもしくは確認できても内職仕事程度としており，集積内の分業構造の底辺を支えている企業であることを確認できる。また，外注先を利用している場合でも，回路設計に長けた特徴を活かしたファブレス型企業を除くと，川崎市内陸地域，東京都城南地区，横浜市北部といった近隣地域の外注先を利用している事例がほとんどである。

　受注先の分布も近隣地域が中心であるが，近隣に立地していたユーザーの生産拠点が北関東に移転したのに伴い，そちらまで納品している企業が少数だが存在する。また，この数年間で受注量が減少したと嘆く企業が他の社員数区分の企業よりも多い。この区分の企業の多くは「不安定企業」の特徴を残しているが，以下の3つの特徴があるため今日でも淘汰されずに存続していると考えられる。

　第1は，償却負担がほとんどない古い設備を駆使することで，低価格で多品種小量短納期生産に対応している点である。この生産が成立するのは職人的な技能によるが，それを支えているのは長年揃えてきた多様な固有の冶具・工具である。

　第2は，後継者がいる企業を中心に設備投資が適宜実施されている点である。先代が汎用機を駆使する隣で後継者がNCやMC機で加工する組み合わせはHZ社他で確認された。なお，場所の確保が難しい下野毛ではなく横浜市北部に賃借工場を近年に確保している企業がSB社，TE社の2社あることも特筆される。

　こうした企業群の集積が低価格での多品種小量短納期生産への需要に応えているが，彼らは単に身を削って低価格を実現しているのではない。長年の熟練技能と創意工夫に，後継者の自動化機械を用いた加工技術がうまくあわさって達成されている。なお，彼らの生産体制は現状維持を前提に成立しており，住工混在が

問題となる中で操業環境を確保できなくなると，集積全体のコストアップにつながる。

第3は，自動化機械を用いた加工技術の高度化を追及し，「不安定企業」から「専門特化型企業」に進化した企業が出現している点である。NS社は，難材の加工に定評があった社員2人の企業であったが，後継者の入社を契機に同時5軸加工や微細加工等に取り組み「製造業の駆け込み寺」とまで呼ばれる存在になり，国内外の大企業傘下の研究機関等から試作品の加工依頼が後を絶たない。

3.2　需要搬入機能の強化と中核企業への進化

社員4～9人の15社全てを調査したが，この層では受注先，外注先ともに多様化し，一部の企業では，川崎市内陸，東京都城南，横浜市北部に加えてもう一回り周辺の，東京都内，神奈川県内，北関東あたりまでを活動領域としている。

社員3人以下の層に比べ，加工技術を向上させ受注先の信頼を得て「専門特化型企業」の地位を築いている企業が目立つ。例えばDK社は3次元測定機向け精密部品を加工している。プラスチック金型加工のYT社は二色金型製造技術を高めて防水携帯の筐体生産に貢献している。なお，DK社，YT社ともに部品，金型といった製品を完成させており，先にみたNS社とは異なり定期的に外注企業を活用している。外注先は川崎市内陸，東京都城南，横浜市北部である。

これらのほかに「専門特化型企業」として自社の技能とを外注先を含むネットワークを活用することで，主体的に分業関係を構築し高度な需要に応える動きがある。多様な外注先を管理し，自社の加工技術以外の付加価値を創出している。

SS社は，二代目経営者の方針で設計機能を自社で確保している。これにより受注企業と開発段階からコミュニケーションを深め，ネットワークを使って自社の担う工程以外の外注先をアレンジしユニット納入している。自社製品開発にも貪欲に取り組み，今般，大田区の中小製造業と共同して非接触型厚さ測定装置の開発，販売に至っている。またNK社は，大都市部の中小製造業では珍しい大型MC機を所有しており他社ができない受注が舞い込むが，SS社同様に外注先を活用し対応している。SS社，NK社のように何らかの独自性があるがゆえに需要を搬入する企業が出現し，それを起点に集積内で柔軟な分業が構築されることでユニット受注に対応し，分業の中でより高い付加価値が創出されている。

企業の独自性を発揮する事例として，設計機能，設備投資の活用をあげたが，

独自技能も大きな武器となる。近隣の久地に立地するWK社（社員13人）は，液面計測機に用いる「浮き」製造を外注していた大田区の個人企業が高齢を理由に廃業することになった。絞った金属２つを溶接してこの「浮き」は完成するが，下野毛のKN社がへら絞り技術を駆使した後に久地の企業が溶接することで代替調達ができたという。京浜地域の産業集積の分業構造の中で大田区が単独で担っていた機能を，川崎市内陸地域の企業が承継している事例である。

3.3　製造業のサービス化と都市型低コスト多品種生産

社員が10人を超えると，設備投資とあわせて技能者の育成が進み，「専門特化型企業」の特徴を高めていく企業が出現し，需要搬入機能も多様化してくる。

エレベーター向け精密部品等を製造するKS社は，「専門特化型企業」として技術力を向上させるために設備投資を重ねている。核になる技術は内製化を進めているが，フライス加工を城東地域に出すなど外注も活用している。なお，KS社は部品交換にも対応しており都市部に立地するメリットは大きい。KS社は高い加工技術を持つ企業であるが，「専門特化型企業」にとどまらず需要を搬入出来ている背景には，迅速な精密部品交換というサービス化への対応がある。

AK社は減価償却済の自動機をフル稼働させた低価格生産の極みともいえる自社生産を行う一方で，一部の工程は社員３人以下の近隣企業に外注し，同軸コネクターなどを生産している。このコネクターは，横浜市北部に新設した開発センターで設計提案を行い同軸・光ケーブルを敷設する，久地のKM社の主力部品となっている。海外部品は安価ではあっても日本市場の規格にあわせるにはコストがかかるため，KM社は価格だけで調達できない。KM社とAK社間で安定的な分業関係が成立することで，設計，製造，サービスが一貫して提供されている。

3.4　生産拠点の拡大・域外拠点の開設とＭ＆Ａの活用

近年求められる技術水準は向上している。このため「専門特化型企業」として生き残りをかける企業群は，外注企業との交渉は複雑でコスト高になりがちで，核となる技術を自社で確保することが課題となる。金型加工を行うOW社，HN社は，こうした検討をふまえて，設備投資や技術者の育成に努めている。

自社開発のみで高度な技術を確保するコストと時間を短縮する手段としてM＆Aがある。導波管事業を吸収したSN社，ダイヤモンド加工事業を取り込んだ

SW社，プラスチック塗装の周辺工程を取り込んだAY社がそれにあたる。低価格ながら高付加価値生産を担う数人規模の零細企業が担ってきた事業承継の解決に向けた対策としてもM&Aは有効である。

かつて量産の拡大を目指し東北や九州に工場を構えた会員企業が3社あるが，SN社，SW社は，外注先や仕入先の中心が特殊な加工を除くと川崎市内陸，東京都城南，横浜市北部が多いため，可能であれば下野毛で，無理な場合でもその近隣地区での生産継続，企業成長を望んでいる。また，AY社は2005年に横浜市北部の賃借工場を主力生産拠点としたのに加えて，昨年よりベトナムにも進出している。自社の事業領域を定め直した後に，その最適生産地が京浜地域に存在しないため，国内の他地域のみならず海外も選択肢に入れた検討がなされた結果である。渡辺氏のいう「東アジア化」の中で活動している事例である。

4．都市部中小製造業の高度化を支える産業集積の広域化

下野毛には多様な中小製造業が活動し，都市型産業集積を形成している。以下では，第2章で示した視点に照らして整理し，都市型産業集積が広域化する中で，中小製造業の高度化が達成されていることを示す。

4．1　今日の都市型産業集積を担う中小製造業の高度化

第1の需要搬入機能の変化については，地域の「中核企業」の役割を果たす中小製造業の多くは，製造機能の上流または下流を取り込むことで，多様化し高度化する需要に対応している。上流機能としては設計機能（SS社）またはユーザーへの提案機能（KM社）があり，下流機能には部品交換の実施等サービス（KS社）機能が該当する。また，製品を製造する企業（WK社，SN社）も多品種少量生産に応じているが，それを可能にするのが地域内の柔軟な分業である。

第2の柔軟な分業について，3人以下の企業では川崎市内陸，城南地区，横浜市北部といった近隣地域内での取引が中心であり，中には下野毛で生産場所を確保できなくなり横浜市北部に拠点を構える企業も出現している（SB社，TE社）。そして，規模が大きくなるにつれて，ユーザーの生産・販売拠点の拡充もあり，これらの近隣地域に加えて北関東や東北等へ拡充する中で取引を行う事例が増加する。また，自社の諸事情を勘案した最適生産地を検討した結果，東北，九州の

みならず，海外（AY社）に生産拠点を併設している企業が出現しているように，グローバル化が進展する中で柔軟な分業は成立している。

柔軟な分業の担い手は「中核企業」「専門特化型企業」「不安定企業」に大別される。これらのうち，「中核企業」は第1でみた需要搬入機能を持つ企業を指し，「不安定企業」については第3で検討するため，「専門特化型企業」について考察すると，設備投資を実施し技術力を高めているが，大企業，研究所からの特殊試作品加工を受注するゆえに地域での分業関係はあまり活用しないNS社のような企業群と，外注企業も活用しながら自社の高度技術を提供して地元大手企業ブランド製品に用いられる精密部品を生産する企業群（DK社，YT社）がある。

第3の不安定企業は，低コストで需要に対応した製品を製造する一方で，高齢経営者が多いという特徴を持つ。前者は現在の操業環境が維持されることを前提としており，住工混在問題への処方箋を示すことは不可避なテーマとなっている。後者についても，同族への事業承継もしくは第三者へのM&Aの促進に向けた環境整備が重要テーマといえ，川崎市内陸部や横浜市北部はこの受け皿になりうる。

4.2　都市型産業集積の広域化と基礎自治体・連携への期待

下野毛という限定された地域が中心ではあるが，以下の3点を確認することができた。第1は，川崎に立地する中小製造業は，川崎だけでの取引にとどまらず城南地区，横浜市北部を含む地域の企業間分業を通して，技術革新のみならず短納期や低価格対応が達成されている点である。第2は，この結果，城南地区にみられた都市型産業集積は，川崎市内陸部，横浜市北部あたりを含めた集積へと地域的な広がりをみせ，企業総数が減少するなかでも多様化し高度化する需要に応じている点である。そして第3は，城南地区から拡大した都市型産業集積は，さらにその外部の国内外の集積地に立地する企業も内包している点である。

都市型産業集積を構成する中小製造業の高度化が集積の広域化をもたらし，それがさらなる中小製造業ならびに集積の高度化を促進している。企業の活動が広域化している今日において，広域化，高度化した集積の情報活用が各企業に求められるが，経営資源が限られる中小製造業にとって容易ではない。そこで個別企業に応じた支援が望まれるが，民間では必ずしも収益があがる事業ではない。

地域の産業振興政策の担い手である基礎自治体には，企業の個別事情を把握で

きている自治体が少なくない。したがって，基礎自治体が連携することで，民間事業として成立しにくい分野で有益な支援を行うことが期待される。グローバル化の進展に伴い広域化が進む都市型産業集積を構成する中小製造業が，多様化し高度化する需要への対応力を向上させていくにあたり，基礎自治体が取り組むべき課題も多数存在している[注3]。

〈注〉
1　渡辺（1998）では，1990年と1991年に実施した川崎市北部4区に立地する51社向けのヒアリング調査にもとづき，川崎市北部と大田区他の城南地域は受注内容や受注先分布として差異がなく別個の工業集積とみなし難く，京浜地域の工業集積の重心が城南地域から周辺に移動し始めていると指摘している（p.286）。久地・宇奈根地区や中原区を含めた研究は追ってとりまとめる。
2　印刷業や食品加工業は都市近郊に不可欠な製造業であるが，本稿で検討する都市型産業集積における柔軟な分業関係の構成企業とは異なるため除外した。
3　渡辺（2011）でも基礎自治体間の連携の重要性を説かれている（pp.258〜259）。

〈参考文献〉
1　伊丹敬之（1998）「産業集積の意義と論理」伊丹敬之，松島茂，橘川武郎編著『産業集積の本質　柔軟な分業・集積の条件』有斐閣
2　関満博（1993）『フルセット型産業構造を超えて　東アジア新時代のなかの日本産業』中公新書
3　関満博（1990a）『地域産業の開発プロジェクト－住工混在地域と中小零細工場』新評論
4　関満博，加藤秀雄（1990b）『現代日本の中小機械工業　ナショナル・テクノポリスの形成』新評論
5　遠山浩（2011）「川崎中小製造業の新展開」日経研月報2011年12月
6　渡辺幸男（2011）『現代日本の産業集積研究　実態調査研究と論理的含意』慶應義塾大学出版会
7　渡辺幸男（1998）「川崎市北部の中小零細企業集積の実態」『大都市圏工業集積の実態　日本機械工業の社会的分業構造　実態分析編Ｉ』慶應義塾大学出版会
8　渡辺幸男（1997）『日本機械工業の社会的分業構造』有斐閣
9　『大田区工業統計』『川崎市工業統計』『横浜市工業統計』各年版

（査読受理）

中小企業の国際連携をつうじた企業発展のプロセス
― タイに進出しようとする日本中小企業をケースとして ―

阪南大学　関　智宏

1. 課題設定

　製造業の受発注取引は，いまや国際規模で展開されている。日本国内に存立する中小企業の多くは，相対的に規模の大きな企業からの受注を主たる事業としてきた。中小企業の中には，発注企業の国際規模での事業展開を受けて，国内で存立維持を図る企業と国外で事業を展開させていく企業とに分かれてくるだろう。

　こんにち，中小企業の国外での事業展開は着実に進みつつある。『中小企業海外事業活動実態調査平成22年度調査報告書』によれば，65.0％の中小企業が海外で事業展開を行っており，そのうち31.5％が直接投資，33.1％が輸出を実施している[注1]。さらに展開先の国・地域でみると，中国が68.7％と圧倒的に多くなっており，韓国24.8％，台湾20.6％，アメリカ20.3％，タイ19.7％，ベトナム15.6％と東アジア・東南アジア諸国・地域が多くの割合を占めている。

　このように顧客が海外，とくに新興国となると，「制度のすきま」のために，日本で培ってきたやり方で事業を展開させていくことは困難である（Khanna and Palepu, 2010）。受注を主たる事業とする中小企業の場合，1社単独で最終顧客と関係を構築することは必ずしも容易ではない。そこで中小企業は1社単独ではなく，複数の中小企業と連携を構築し，共同で何らかの成果を生み出す場合がある。しかしこれでも成果をあげるまでには多くの壁がある（関, 2011）。これが海外となると，さらに困難な局面に直面する可能性が高い。先の海外事業活動実態調査でも，現地の消費志向や需要動向の把握が海外事業の現在課題と認識されており，そのためのサポートに対するニーズが高くなっている。中小企業が海外，

とりわけ新興国で円滑に事業を展開し成果を得るためには,「制度のすきま」を埋めるサポートが可能な諸組織と良好な関係を構築していくことが重要になる。

そこで本稿では,これから日本の中小企業の存立維持にとって必要不可欠となりつつある海外事業展開をテーマとし,日本国内の連携に参画しているある受注型中小企業のケースから,事業展開先の諸組織との連携を構築していくという連携の地理的広がりをつうじた,当該連携による成果を享受していくプロセスを描く。これにより,国際連携をつうじた中小企業発展の展望と課題を示す。

2. 先行研究のレビューと分析の視点

2.1 企業間関係と成果

企業にとって,外部企業との間で良好な関係を構築することが自社の成果向上に貢献することが指摘されている。なかでもDyerとSinghは,企業間の協調的な関係が競争優位をみる重要な視点になっているとし,成果としての関係レントの生成を指摘している(Dyer and Singh, 1998)。かつて浅沼は,サプライヤーのマニュファクチャラー側の要請に応えることができる能力として関係特殊的技能に着目し,これが関係レント生成に寄与すると同時に,当該技能構築の諸段階をサプライヤーの企業発展のプロセスとして指摘した(Asanuma, 1989)。このような浅沼による関係レント生成に寄与する技能構築への見方は,諸外国の研究者に影響を与え,企業間関係のなかでもアライアンスにおける学習をつうじた企業能力の構築(Kale and Singh, 2007)やパートナー特定的な経験(Hoang and Rothaermel, 2005)などの研究に継承されていくことになる。

無論,企業成果にプラスの効果をもたらす要素は企業能力や経験だけではない。アライアンスをめぐる諸研究では,アライアンスを構築する当事者の間での情報共有(Sampson, 2007)や名声(Saxson, 1997)といった要素が指摘されている。これら企業間関係と成果をめぐる諸研究では,諸要素が企業の成果に貢献しうるかという仮説を検証するというスタイルをとっている。それゆえ諸要素がどのように企業成果に結びつくかといった企業発展のプロセスを描いてはいない。

2.2 連携と企業発展

Gulatiによれば,アライアンスは,企業間関係の諸形態のなかでは,新製品や

技術をめぐる相互交流や相互共有，また共同開発を含む「任意の協定」と定義される（Gulati, 1995）。日本における中小企業は，このように定義されるアライアンスを主に異業種交流として取組んできたが，関係構築プロセスにおける新製品や技術の開発・販売，また企業能力，経験，情報共有，名声といった関係下企業への効果など関係構築に伴う成果（関係レント）の享受を伴う企業間関係（アライアンス）を連携と呼ぶことがある。筆者は，日本国内での企業間関係の変容とそれに伴う中小企業への影響および中小企業の連携とそれをつうじた自社の発展プロセスをケースから描いている（関, 2011）。具体的には，当該連携組織に参画する中小企業のなかには，連携を通じて構築された信頼関係に基づく円滑な情報共有・学習の実現，潜在的な顧客企業からの名声の向上，そして製品開発に対する自信の向上という発展プロセスを遂げる企業が存在する。このことは，企業成果にプラスの効果をもたらす諸要素には，それらが享受される時間に差があるということであり，享受に至るプロセスが重要であることを示唆している。

　中小企業の事業を念頭に置いた場合，事業の地理的範囲の制約が企業成果にとってマイナスになる可能性がある。Vanhaverbekeは，イノベーションの達成という観点から，連携が地域に固定化されるとイノベーションの達成は困難になることを指摘している（Vanhaverbeke, 2001）。また，地域内での連携を重視していたとしても，事業活動の国際的志向が重要であるという見解（Gellynck, Vermeire and Viaene, 2007）もある。国内の連携を活かしながら，同時に連携を国内に固執せず，連携の地理的範囲を国際規模にまで広げていく国際連携の構築が企業発展にとって重要であるのかもしれない。しかしながら，これら国際連携にかかる諸研究は，いずれも量的データをもちいており，国際規模で広がる中小企業の連携と自社の発展との関連を考察した仮説検証型の研究であると言える。それゆえに，連携が国際規模で広がっていくに伴って，国内外の連携が自社の発展にいかに貢献するか，そのプロセスは必ずしも明らかではないと考える。

2.3　分析の視点

　以上の先行研究を踏まえ，企業間関係における企業発展に寄与する3つの要素，すなわち情報共有・学習，評判，能力といった諸要素に着目し，自社が参画する連携が国際規模にまで地理的に広がっていくにつれて，それら諸要素をいかに享受していくかという企業発展のプロセスを描き出す。

3. 方法

3.1 研究方法

研究方法としてケース・スタディを採用する。これは，中小企業の発展プロセスを記述することで，具体的なプロセスの内実とそこでの国際連携の意味を具体的に明らかにするためである。

また，とりあげるケースは1つであり，具体的には，いま，まさにタイに進出しようとする日本の中小企業をとりあげる。単一のケースから得られた知見であったとしても，ケース・スタディをつうじて，その一般化などは可能である（Flyvbjerg, 2006）。また，本研究では，意味解釈法を採用する。意味解釈法は，具体的事物の記述から，その本質に迫る社会学の研究アプローチである（今田，2000；藤本，2005）。インタビューによって得ることのできた質的データを慎重に解釈することをつうじて，その含意を導出する。

3.2 ケース選択の合理性・客観性

『海外事業活動実態調査平成22年度報告書』によれば，中小企業による海外事業の展開先の国・地域でもっとも多いのは中国（68.7％）であり，それに比べてタイの比率は必ずしも多くない（19.7％）。しかし，タイ投資委員会（BOI）の統計によると，近年，日本からの直接投資案件は増加傾向にあるが，ここ数年にわたって1件当たりの投資額が減少傾向にあり，中小企業からの投資が増えていることが推測される（藤岡・チャイポン・関，2012）。タイではすでに大手を中心に日系企業が多く集積しているだけでなく，中国・インドなど巨大市場への生産拠点化や，中国の政治的・文化的リスクから投資先の「プラスワン」としてあらためて脚光を浴びている。日本の中小企業の海外事業展開をテーマにした場合，タイをケース・サイトとしてとりあげることは，未だ海外に拠点を持たない中小企業にとって有益な情報を提供することができると期待される。

本稿では，兵庫県尼崎市に本社を置くN社をケースとしてとりあげる。N社は，ある自動車メーカーからの試作の受注をおもな事業としている。N社は永らく当該メーカーのサプライヤーとして存立をしてきた。2008年ごろから苦境に立たされたため，2011年2月から厚い自動車の産業集積を有するタイへの視察を始め，現地機関との連携をつうじて活路を見出そうとしている。2012年10月末現在にお

いて，N社は，タイに進出するか否かの判断を問われている。一般的に言えば，受注型中小企業の海外事業展開の場合，発注企業からの要請をきっかけとし取組まれるケースが少なくない。しかしN社は，発注企業からの要請はなく，むしろ自発的な進出を図ろうとしている。また，N社は，経営者団体である兵庫県中小企業家同友会（以下，兵庫同友会）を母体としたアドック神戸と呼ばれる中小製造企業の連携の参画企業である。アドック神戸での諸活動の過程でタイとのかかわりをもつようになった。その後，N社は，日本の中小企業の海外事業展開をサポートしている諸組織ではなく，タイにおける現地機関を活用し，進出を模索している。これらが，N社がケースとして選択されるべき理由である。

3.3 データの収集

N社のケースは，N社の経営者に対する数度のインタビューによって得られた質的データがベースとなっている。N社の経営者には，2011年2月から2012年7月までの間で最低7回インタビューを実施した[注2]。N社の経営者に対するインタビューによって得られた質的データの信憑性は，筆者とN社の経営者との関係からとくに高いと考える。第1に，N社は，上述のアドック神戸の参画企業であるが，筆者は2010年からこのアドック神戸のアドバイザーとして，運営の一画を担っている。2010年11月に筆者がコーディネートし，また，後述するサシン経営管理大学院日本センターの協力を得ながら，タイに進出している日系企業の視察を行った。兵庫同友会は，阪神淡路大震災直後の1995年6月から，国際交流活動として長く海外視察を行ってきており，アドック神戸としては2004年の中国視察を皮きりに2009年と2010年にタイへ視察した。

第2に，N社は現地機関とコンサルティング契約を締結しているが，筆者が両者の仲介を果たしている。この機関は，チュラロンコン大学サシン経営管理大学院に併設されている，タイに進出している日系企業への支援を目的に2010年に設立されたサシン日本センター（以下，SJC）である。2010年11月にN社が所属するアドック神戸のタイ視察を受け入れたのがSJCであった。このときの視察にはN社は参加していないが，この視察を契機に，あらためてN社がタイを訪問し，そこで活路を探るべくSJCとの間でコンサルティング契約を締結した。

第3に，N社の経営者は，2012年7月にタイとのかかわりの現状と課題について報告をすることになり，筆者がその仲介と当日のコーディネータを担った。筆

者はN社とSJCとのコンサルティング契約の仲介をしただけで実際のコンサルティング実務に直接的にかかわっていないため，N社の経営者のタイでの活動を知る術がない。しかし2012年2月にN社の経営者から報告の快諾を得てから，2012年7月の報告に向けて，N社の経営者とはよりいっそうかかわりをもつ（もたざるをえない）ことになり，筆者が在外研究から帰国した2012年3月末以降に頻繁にN社の経営者と会い，インタビューを実施することができた。

4．ケース

　N社は，ある自動車メーカーの試作製造をおもな事業としている。これまで売上の多くはその自動車メーカーによるものである。これまで営業する必要はなく，売上の変動はあったがそのメーカーと長年付き合い，売上も利益も順調に伸ばしてきた。2006年には本社工場を増設し，2007年は過去最高利益を達成した。世間では，多くの製造企業が海外に生産拠点をシフトし，日本の空洞化が懸念されていたが，自社の事業はまさに順風満帆であった。しかしながら，そこから自社を取り巻く状況が一変した。そのきっかけは愛知県の取引企業の社長が変わったことであった。新しい社長が他府県の企業には発注をしないという方針を打ち出したのである。これを契機に，売上高が6～7億円のときに1億円が喪失した。緊急に財務体制を見直し，雇用調整を活用するなどで対応を余儀なくされた。

　N社は，兵庫同友会に2006年に入会していた。N社は兵庫同友会で活動をしていくなかで，もともと兵庫同友会を紹介してくれたある経営者が，「製造業が集まっている会があり勉強になるので入会しないか」という話があり，即入会を決めた。この会は，経営者団体のなかに結成されていたアドック神戸ドゥーと呼ばれる次世代の経営者を中心とした異業種交流グループであった。

　震災後，経営者同士で培ってきた信頼関係を基に，製造業でできることを模索するため，1996年に兵庫同友会内に製造部会が設立された。製造部会はその後1999年にアドック神戸に名称を変更し，共同受注・共同開発に取組んできた（関, 2011）。アドック神戸も結成から10年が過ぎており，次世代の経営者を中心とした新しい組織として活動してはどうかという話が出た。そこで，2008年6月に，アドック神戸に参画していた次世代の経営者を中心としたアドック神戸ドゥーをアドック神戸とは別に結成した。それまでアドック神戸に入会していなかった兵庫

同友会会員企業も新たに集めた。このときN社はアドック神戸ドゥーに入会した。

　アドック神戸ドゥーは，アドック神戸と同じくまず会員企業と知り合うことを目的とし，会員企業への工場見学，意見交換を中心とした活動を行い，会員企業同士の信頼関係を醸成してきた。会員企業は製造業であり，多くが2代目（なかには3代目）の経営者である。また中心は50歳代の経営者であった。N社の経営者も2代目であり，同時に50歳代である。アドック神戸は製造関連の業種の連携であるため，互いの会話に専門用語の説明は必要ない。N社の経営者は，2007年をピークに業績が大きく落ち込んでおり，精神的にも負担を強いられていた。そのなかで，気の知れたメンバーとの会合が「居心地よく」さえ感じ，相談相手にもなってもらったという。

　2010年6月の総会時にアドック神戸ドゥーはアドック神戸に発展的に統合し，新アドック神戸が誕生した。新アドック神戸は，会員企業の工場見学だけでなく，中小企業の国際化をテーマに積極的に勉強していくことを活動方針とした。そして，2010年11月に筆者の仲介もあって，タイへ視察を行った。

　N社は，2010年11月のアドック神戸のタイ視察には参加していなかった。参加していたアドック神戸の会員企業から，タイビジネスの実情や可能性を「後で聞けばいい」と感じていた。しかしその視察の翌月にN社の取引先と同じ自動車メーカーと取引をしている同業者が，タイやインドネシア，マレーシアを視察すると聞いた。その同業者から，「海外で仕事があったらそのときは呼ぶ」と言われた。「先を越された」という思いがあった。N社の経営者はすぐにでもタイに行く気持ちでいた。しかし，ちょうどそのときバンコク市街地で暴動がおこったために，タイ行きを断念し，そして，2011年2月に，筆者がタイに滞在していたこともあって，N社の経営者は，アドック神戸のある会員企業の経営者と一緒にタイを訪問した。そのときはどちらかと言えばまだ興味本位であった。タイで出会った方に試作事業の可能性を聞いてみたが「試作は聞いたことがない」，「自分のところは量産だけ」，また，ある一部の日本人からは，「将来的にはタイでやるだろうが，いつかわからない」という話であった。

　N社の経営者は，次男を同行させ，2011年3月末から4月頭にかけて再びタイを訪れた。そこでSJCと1年間のコンサルティング契約を締結した。この理由は，試作の仕事がタイでどのくらいあるのかを把握し，タイビジネスの可能性を模索するためであった。

SJCのあるコンサルタントをつうじて，2011年6月からローカル企業を中心に，本格的な視察を展開することになった。この際には，S社とA社の2つの企業を訪問した。S社は，大手企業からの受注を中心とする量産型の企業であり，タイの有力な自動車関連企業とも関係を有している企業でもある。A社は，3Dプリンタを販売している企業であり，営業力を有している企業である。今回の訪問は，いずれの企業も，名刺交換と自己紹介だけで終わった。

　次は，2011年9月にタイを訪れ，A社を再び訪問した。この訪問は，A社がN社に興味を持っていることから実現した。この訪問の際に，A社が展示会に出展するときに，N社の商品を売り込みたいというオファーがあった。具体的には展示会のブースの横で，N社の紹介ビデオを上映してはどうかという提案をもらった。A社は，N社の試作に可能性を見出したようであった。さらにN社からすれば，A社はN社がやりたいような事業を展開していた。展示会は洪水の影響で12月に延期になっていた。N社は自社紹介の映像をもっていたが，英語ではなかった。そこで契約コンサルタントに翻訳をしてもらい，ビデオを編集し，2011年11月に完成させ，N社の製品とともに郵送した。この際，自社の会社案内も英語に翻訳をしてもらった。ビデオは届いたが，製品は日本の税関で止まってしまっていた。結局のところ，展示会ではビデオの上映だけで終わった。

　A社と再会し，12月に展示会にビデオを上映する間に，A社を介して最初の見積もり依頼がメールであった。この案件は，ブラジルの樹脂を扱うR社からであった。このブラジルのR社は，背もたれの部品を製造するところを紹介してほしいとA社に依頼していた。N社に2012年5月までに3回の見積もりがあった。1回目のときは，自動車向けのドア部品など数十点の部品について見積もり依頼があった。N社からすれば，樹脂ならともかくとして，板金であれば成形が技術的にできないと判断されるものが多くあった。N社は，レールなど自社で見積もりできる案件だけの見積もりをした。コンサルタントをつうじて，なぜ技術的に対応することができないのかを伝えた。見積もり依頼のうち1つくらいは受注に至るだろうと期待していたが，最終的に受注に至らなかった。

　2011年9月には，6月に訪問したS社も訪問した。そのときはタイの有力な自動車関連企業の購買部長を紹介できると言われたにとどまった。2012年2月にも訪問したが，進展はなかった。次に2012年6月にタイを訪問した際には，S社に加えて，S社から紹介を受けた企業4社を訪問した。そのうちの1社は，日系の

輸送機械メーカーH社のR&Dセンターであった。ここを訪問した際には，試作の仕事はあるが，「いつどこに出てくるのか」と問い詰められる場面もあった。他はいずれもタイを代表する自動車関連のグループ企業であり，AP社，AS社，EC社であった。これらのうち，AP社とASは試作事業の可能性はないが，EC社は，3次元レーダーを保有しており，試作を実際に行っていること，また，同じグループ企業のAB社には試作の仕事があるということを聞くことができた。

2012年6月にS社を訪問した際に，大きな進展があった。それはS社から具体的な合弁の打診であった。S社の社長は，タイで生まれ育ったが親は華人である。2012年7月段階でこれまでに27社の企業と合弁を締結している。S社は量産を手がけており，これに試作を加えることができれば，一気通貫のビジネスモデルと強固な営業ツールを構築することができる。N社からすれば，このたびの合弁の打診は，このような意図があると思われた。合弁であれば，土地も提供してもらえるという。また，タイを代表する自動車関連のグループ企業の一次サプライヤーに一気に上ることもできるともいう。合弁にはこれらのメリットも考えられたが，N社の経営者は合弁の打診にその場で即決することができなかった。

N社の経営者は，2012年6月に帰国し，タイ進出について社内で社員を集め，「誰かがタイに行かねばならない，その覚悟をしておいてほしい」と社員に伝えた。そして，タイでの事業展開の可能性を具体的に検討した。N社がS社からの合弁の打診に対して即決できなかったのは，次のような懸念があった。第1に，進出に際し，その形態は合弁ではなく独資でという思いをN社の経営者が少なからず抱いていた。これはS社からの合弁が，あくまでS社の営業ツールとして，あたかも1つのコマかのように利用されるだけであり，さらに後に「食われてしまう」のではないかと思われた。第2に，合弁の具体的な計画が2ヶ月後からであり，「とんとん拍子」の話にN社の経営者が対応できなかった。具体的には，2012年8月にタイで再会し，10月に日本の自社工場をS社に見てもらい，そして12月に契約を締結し，そこから4ヶ月で準備を行い，2013年4月からタイで事業を始めるという計画であった[注3]。N社の経営者からすれば，タイでの試作事業の可能性は感じとっているものの，日本で同じくタイでの事業に関心をもつ経営者と一緒に日本から3次元レーザーを持ち込み，S社の感触を確かめたいという思いがあった。合弁というかたちをとるにせよ，N社自体のリスクを極力低めたいというねらいがあった。第3に，合弁を受けるにせよ，タイに送り出す人員と，日

本のその人員の補てんの策を打てないでいた。N社には，経営者のご子息の兄弟が社内にいるが，当面の予定では，次男がタイの要員として考えられている。長男はN社に入社しまだ1年と少ししか経っていないが，次男はすでに6年の経験があり，社内の仕事の流れを理解しているとともに，これまでN社の経営者とともにタイに3回ほど訪問している。次男は，N社の今後を見据えた際に，タイの要員になることは決意しているが，次男の家族のことを考えた際に，N社の経営者が親として決断できないでいる。また，タイに進出する際には，自社から3次元レーダーを持っていくことになるが，それを扱う専門家を同時に送り出す必要がある。次男と同様に，その抜けた穴を補てんする術が現時点ではまだないという。

5. インプリケーション

　N社のケースから，連携の国際規模での地理的広がりをつうじた日本中小企業の発展プロセスは，次のように整理することができるであろう。第1に，日本国内の連携活動における国際化をめぐる（信頼をベースとした）情報共有・学習が，連携へ参画する個々の中小企業の事業活動の国際志向を形成する。N社の経営者がタイでの事業展開を考慮せざるを得なくなったのは，すでにタイ視察を行っていた同業者に負けたくないという意識からかもしれない。しかし，アドック神戸では，N社が同業者から情報を得る以前にタイ視察を行っており，これが自らタイへ視察しなければという行動に結びつけた要因ともなっていると考える。視察をつうじてつねに国際志向をもつことが重要であるのかもしれない[注4]。また，中小企業が国際化を連携活動として取組むことにも大きな意味がある。海外視察などで見聞きし得られた情報が，どの程度まで自社経営の意思決定に関連しているかどうかは，中小企業経営者がよく気の知れた仲間同士でまず共有し，互いに時間をかけて議論することによって学習を重ねていくプロセスも必要であろう。N社が実際にタイを最初に訪問した際に，アドック神戸の気の知れた経営者仲間と同行したこと，また，直近ではタイのS社と身近な経営者を同行させ，感触をつかみたいということは，これらを意味しているものと考える。

　第2に，海外のレベルの高い大学やコンサルタントなど現地の諸組織との国際連携が，海外での事業活動に寄与する評判を向上させる。N社は，2011年6月以降，定期的にタイへの訪問を重ねてきた。N社がコンサルティング契約を締結した

SJCの母体は，チュラロンコン大学サシン経営管理大学院である。そもそもチュラロンコン大学はタイトップの名門大学であり，さらにサシン経営管理大学院はアジアでもきわめて早い時期に設立された，政府や大手企業へのコンサルティング機能も有する，アジア有数のビジネススクールでもある。このような機関からサポートを受けているN社が継続的に訪問を重ねていくうちに，タイに立地する企業にも評判となり，さらにその連携が新しい連携へとつながっていった。タイに立地している企業からすれば，評判高いチュラロンコン大学サシン経営管理大学院と，何らかのかたちで交流をもちたいと感じている。それゆえ，そうした機関に併設されているSJCが支援している日本の中小企業ということになると，何とかして協力したいという姿勢になるのかもしれない。

第3に，国際連携が深化していくにつれて，中小企業が海外で事業を展開していく際に必要な能力を向上させる。能力の1つは英語での自社紹介ツールの構築である。これは，A社がタイの展示会でN社を紹介したことがきっかけとなっている。この展示会をきっかけに，日本語しかなかったビデオを英語版に編集し，また自社の会社案内も英語に翻訳をしてもらった。もう1つの能力は，ブラジルのR社からの見積もり依頼に対応することで国際規模での仕事を体験したことである。地球の裏側から即答を求める英語のメールである。技術的に対応可能かどうかをN社の経営者がタイにいながら日本の現場とやりとりをせざるを得なかった。最終的には受注には至らなかったが，国際規模での事業に携わり，日本の経営者が世界のどこにいようと意思決定しなければならない場面を経験したのである。これら2つの能力はいずれも海外での事業展開において必要不可欠な能力であり，これらの向上は，N社の今後の海外での事業展開の武器となろう。

6. 小結

本稿では，これから日本の中小企業の存立維持にとって必要不可欠となりつつある海外事業展開をテーマとし，日本国内の連携に参画しているある受注型中小企業のケースから，事業展開先の諸組織との連携を構築していくという連携の地理的広がりをつうじた，当該連携による成果を享受していくプロセスを描いた。

そのプロセスは，①日本国内の連携活動における国際化をめぐる（信頼をベースとした）情報共有・学習が，連携へ参画する個々の中小企業の事業活動の国際

志向を形成する，②海外のレベルの高い大学やコンサルタントなど現地の諸組織との国際連携が，海外での事業活動に寄与する評判を向上させる，③国際連携が深化していくにつれて，中小企業が海外で事業を展開していく際に必要な能力を向上させる，として描くことができる。連携による成果の享受が時間的な差をもちうる点は，連携と企業発展について取り扱った仮説検証型の実証研究では必ずしも触れられていない。この点を本稿の学術的含意として指摘できる。実践的含意としては，とくにプロセスの後半の段階において直面しうる多くの経営課題を指摘できる。たとえばN社の場合でも，日本国内での事業活動がメインであるため視察の頻度が必ずしも多くなく，さらに具体的な事業活動となると，人材や資金，そしてスピードの面で判断がつかない事態に直面している。これらがいざ海外へ進出する際の判断を妨げる要因ともなっている。最後に，仮に海外へ進出したとしてもその後にマネジメント上の課題も浮上するであろう。中小企業が海外で事業を展開させていく際には，このような国際連携をつうじた企業発展のプロセスを踏まえることで，企業発展を実現できるものと期待される。さらに，最後で指摘した諸課題をどう克服するかが国際連携をつうじた中小企業のさらなる発展の鍵となろう。

付記：本稿は，2011年度在外研究の成果の一部である。

〈注〉
1 　有効回答企業数777社のうち，海外展開企業数は505社（65.0％）であり，そのうち直接投資実施企業は159社（31.5％），業務・技術提携実施企業が111社（22.0％），直接貿易（輸出）実施企業が167社（33.1％），直接貿易（輸入）実施企業が31.1％，その他の事業活動が38社（7.5％）となっている。
2 　2011年2月，4月上旬，2012年2月9日〜16日，5月10日16：00〜18：00，5月29日15：00〜18：30，7月4日18：15〜20：00，7月6日18：30〜20：00にわたって，インタビューを実施した。
3 　実際にはN社の日本の事業が多忙になり，8月の訪タイは中止になった。さらに9月上旬にも訪タイを計画していたが，それも取り止めになった。2012年10月末現在，N社の訪タイは未だ実現していない。
4 　アドック神戸のメンバー企業で，N社のほかに，この最近海外を視野に入れた事業展開をしている企業が，実際に拠点を有している企業も含めて少なくとも5社ほど存在している。

〈参考文献〉
1 　Asanuma, B.（1989）"Manufacturer-Supplier Relationships in Japan and The

Concept of Relation-Specific Skill," *Journal of the Japanese and International Economics*, 3, pp.1-30
2　Dyer, J. H. and H. Singh（1998）"The Relational View : Cooperative Strategy and Sources of Interorganizational Competitive Advantage," *Academy of Management Review*, 23, pp.660-679
3　Flyvbjerg, B.（2006）"Five Misunderstandings about Case-Study Research," *Quantitative Inquiry*, 12, pp.219-245
4　藤岡資正・チャイポン・ポンパニッチ・関智宏（2012年）『タイビジネスと日本企業』同友館
5　藤本隆宏（2005年）「実証研究の方法論」藤本隆宏・高橋伸夫・新宅順二郎・阿部誠・粕谷誠『リサーチ・マインド 経営学研究法』有斐閣, pp.2-38
6　Gellynck, X., B. Vermeire and J. Viaene（2007）"Innovation in Food Firms : Contribution of Regional Networks within the International Business Context," *Entrepreneurship and Regional Development*, 19, pp.209-226
7　Gulati, R.（1995）"Social Structure and Alliance Formation Patterns : A Longitudinal Analysis," *Administrative Science Quarterly*, 40, pp.619-652
8　Hoang, H. and F. T. Rothaermel（2005）"The Effect of General and Partner-Specific Alliance Experience on Joint R&D Project Performance," *Academy of Management Journal*, 48, pp.332-345
9　今田高俊編（2000年）『社会学研究法—リアリティの捉え方—』有斐閣
10　Khanna, T. and K. G. Palepu（2010）*Winning in Emerging Markets : A Road Map for Strategy and Execution*, Harvard Business School Press（上原裕美子訳（2012年）『新興国マーケット進出戦略—「制度のすきま」を攻める—』日本経済新聞出版社）
11　Kale, P. and H. Singh（2007）"Building Firm Capabilities through Learning : The Role of the Alliance Capability and Firm-Level Alliance Success," *Strategic Management Journal*, 28, pp.981-1000
12　Sampson, R. C.（2007）"R&D Alliances and Firm Performance : The Impact of Technological Diversity and Alliance Organization on Innovation," *Academy of Management Journal*, 50, pp.364-386
13　Saxson, T.（1997）"The Effects of Partner and Relationship Characteristics of Alliance Outcomes," *Academy of Management Journal*, 40, pp.443-461
14　関智宏（2011年）『現代中小企業の発展プロセス—サプライヤー関係・下請制・企業連携—』ミネルヴァ書房
15　Vanhaverbeke, W.（2001）"Realizing New Regional Core Competencies : Establishing a Customer-Oriented SME Network," *Entrepreneurship and Regional Development*, 13, pp.97-116

（査読受理）

海外展開が国内拠点に与える触媒的効果
―諏訪地域海外展開中小企業の国内競争力強化の一要因―

東京大学大学院　浜松　翔平

1．はじめに

　本稿では，海外展開を実施した中小企業[注1]に焦点を当て，国内拠点での競争力強化の要因について分析を行う。長野県諏訪地域における海外展開を実施した企業をケースとして扱い，海外展開が国内拠点に与える影響について論ずる。

1.1　国際化をした中小企業の国内業績が良いのはなぜか

　海外展開が国内拠点に与える影響について，プラスの影響，マイナスの影響のどちらもこれまで論じられてきた。海外展開による産業の空洞化という主張は，マイナスの影響の典型である。特に近年では，プラスの影響について，海外展開を行った企業の業績が良いことが強調されている（若杉他，2008; 戸堂，2011; 中小企業白書，2010）。中小企業白書（2010）では，海外展開を実施している企業と実施していない企業を比較して，海外展開企業の方は雇用，生産性が伸びていることを示した。しかし，中小企業の海外展開による国内の業績向上のロジックについては，粗い議論がなされてきた。例えば，中小企業白書（2010）では，直接投資を行ったことで，現地での情報を迅速に収集でき，それを国内での事業展開に活かすことができたこと，また，現地のネットワークを活用して，今まで取引が無かった国内企業との新規取引につながり国内での仕事が増えたことを提示した。戸堂（2011）は，国際化することで，外国市場に関する知識を得たり，外国の技術を吸収したりすることが，国内企業の生産性の向上につながることを示唆している。しかし，これらの仮説は，実際の海外展開を成功させるための企業

戦略を立案するためには役に立たない。分析の対象を企業レベルに落とし，なぜ，どのようなメカニズムで，企業業績の向上が達成されるかについて，実際の企業行動に合わせた仮説の提示が求められる。

日本の経済成長に陰りが見え始め，一方でアジアを中心とした新興国における成長の著しさから日本企業の海外での成長を主張する者も多い。例えば，松島（2012）の『空洞化のウソ』という本のメッセージは，本のタイトルにあるように空洞化は実際には起こらない，恐れずに成長市場であるアジアへの展開をすべきであるというものである。確かに国内志向にとらわれてきた企業でかつ海外で成功しうるポテンシャルを持つ企業に対し，海外という新たな市場への進出を訴えることは重要であろう。しかし，一方で海外進出すれば，自動的にプラスの効果が得られるということはない。そこには成功に至る企業の行動があり，論理がある。海外展開をすることによってどのような効果が生まれるのかを整理する必要があるのだ。海外に展開しても，不本意な撤退は多く起こり得るからである。この点を配慮の上，議論を進めていく。

1.2　海外展開している諏訪地域中小企業は国内の業績も良い

本稿では諏訪地域を対象に，海外展開の国内拠点の影響について論ずる。諏訪地域は，古くは精密機械産業の集積地であり，現在はさまざまな産業へと転換を果たし，広域から需要獲得を行っている競争力の高い地域である（商工総合研究所，2008；中小企業基盤整備機構，2010）。海外展開にも積極的に着手しており，中小企業の海外展開のモデルとして本地域に着目した。

まず，データの説明をする。ジェトロ長野貿易情報センター「長野県海外進出企業名簿」を用いて，諏訪地域において海外直接投資を行っている企業・事業所は，62社存在することを確認した。長野県総務部情報統計課「工業統計調査結果報告書」によると，諏訪地域には，2005年1961事業所が存在しており，3.61%の企業の現象を扱う。その中で，卸売業，商社は除外した。大企業もデータから除外している。卸売業/商社（非製造業）は6社，大企業は7社，倒産は2社であった。上記の除外企業を除き，東京商工リサーチ『CD・Eyes50：TSR企業情報ファイル 500000 corporate data eyes』からデータの入手できた41社の合計で，1166億円（1995年）の売上高であった。

表1を見ると諏訪地域の総製造品出荷額において，海外展開企業の国内売上高

の占める割合が増加していることがわかる。1995年には、総製造品出荷額に占める海外展開企業の国内売上高は13.9%であった。2000年には、16.2%、2005年には、18.7%とその比率は増大している。しかも、1995年から2005年にかけての売上高変化（表2）を見ると、海外進出企業の大半が売上高を増加、ないし維持している。10%以上の売上高の増加を示した企業は41社中、21社であり、±10%以内の変化であった企業は、11社であった。合わせて78%の企業が売上高を増加ないし、維持しているといえる。

諏訪地域の海外進出企業では、空洞化論で言われるように海外に進出したことで、国内生産が減少したとは一概には言えないことがわかる。むしろ、海外展開している企業が地域においてプレゼンスを増しており、海外展開がマイナスの効果を与え、国内の売上高を下げるとは必ずしもいえない。

表1　諏訪地域における海外進出企業の売上高が製造品出荷額に占める割合

単位：万円	1995年	2000年	2005年
諏訪地域総製造品出荷額(1)	83745486	86566187	83500321
諏訪地域海外進出企業総売上高(2)	11660333	14008837	15616786
総製造品出荷額に占める海外進出企業の総売上高比率(2)/(1)	13.9%	16.2%	18.7%

（出所）ジェトロ長野貿易情報センター「長野県海外進出企業名簿」、東京商工リサーチ（各年）『CD・Eyes50：TSR企業情報ファイル 500000 corporate data eyes』より、筆者作成。

表2　1995-2005年における売上高変化

1995年-2005年の売上高増減	企業数	割合
0	11	27%
−	9	22%
＋	21	51%
総計	41	100%

（注）売上高増減率＝（2005年売上高-1995年売上高）/1995年売上高
0は±10%の変化/　＋は11%以上の変化/　−は−11%以下の変化
（出所）ジェトロ長野貿易情報センター「長野県海外進出企業名簿」、東京商工リサーチ（各年）『CD・Eyes50：TSR企業情報ファイル 500000 corporate data eyes』より、筆者作成。

2. 考えられる仮説と利用する事例

では、なぜ海外展開を行った企業は、国内業績[注2]が良いのだろうか。大きく、2つの影響が想定できる。直接的な効果と間接的な効果である。直接的な効果とは、海外拠点を設立したことによって、国内拠点の業績の向上に直接つながる効果のことである。間接的な効果とは、海外拠点を設立したことによって、別な要因に影響を与え、その後、国内拠点の業績向上がもたらされたという効果である。

それぞれの効果において、どのようなメカニズムで国内業績の向上につながったかの仮説を構築する。本稿で取るアプローチは、Eisenhardt（1989）で提唱される事例研究をもとに仮説を構築する仮説構築型研究である。

利用する事例としては、諏訪地域海外展開企業4社である。バネ製造のA社（国内従業員数80名）、金属加工業のB社（国内従業員数240名）、切削加工と半導体実装のC社（国内従業員数455名）、FA装置製造のD社（国内従業員数50名）である。A社は、1990年マレーシア、1996年中国・上海、2001年中国・大連にバネ加工の生産拠点を設立している。B社は、1995年中国・深センに時計部品加工の生産拠点、2008年ベトナムに金属加工の生産拠点を設立している。C社は、2003年中国・蘇州に半導体実装と部品加工の生産拠点を設立している。D社は、2003年中国・蘇州にFA機器組み立ての生産拠点を設立している。2011年7月から2012年8月にかけて、各企業に対して、国内拠点、海外拠点の両拠点を訪問し、経営者に対してヒアリングを行った[注3]。海外展開後の事業展開において、海外展開が与えた影響を時系列で聞き取りを行うことが目的である。

3. 海外展開が直接的に国内拠点の業績の向上に寄与する効果

本節では、各事例から見られた、直接的な効果について述べていく[注4]。3つの効果が見られた[注5]。

3.1 グローバル受注（開発、設計、生産準備を日本、量産は海外）

第一に見られた効果は、「グローバル受注」である。開発、設計、生産準備を日本国内で行い、量産は海外で行うという機能分業がもたらされることによって、受注量を伸ばしたというものである。顧客の開発拠点が国内にあり、顧客の

量産生産拠点が海外に立地している場合に，調達施策として国内で製品開発を行い，量産時に顧客の海外拠点近くで生産ができるサプライヤーへ発注することが多い。なぜなら，開発の段階ではコミュニケーションが取りやすい国内拠点同士でやり取りができるからであり，量産時に使用する部品に関しては，リードタイム，在庫上の問題から現地調達が求められているからである。

具体的な事例としても，いくつかの企業で見られた。A社は，ある大手電機企業と取引をする際に，海外での量産を行うことを前提に国内拠点で受注することがあった。また，C社でも，ある企業から製品の受注を受けて国内で立ち上げを行っても，いずれは海外で量産を行うように受注当初から要請を受けることがあるとのことである。

しかし，現在のところ「グローバル受注」が国内拠点の売上に与える影響は大きくはない。現在国内で売上を上げている顧客を見ると，多くは国内拠点で量産を行うことで上げてきたからだ。企業が受注を獲得しても，国内の売上にとっては，海外で量産をするまでの一時的なものでしかない。「グローバル受注」により，国内の売上を伸ばすには，受注の数を伸ばすか，1件の受注額を上げるしかない。「グローバル受注」型の受注数を伸ばすには，国内で企画，設計，開発，量産立ち上げまでの業務を効率的にこなす組織体制が必要となる。すくなくとも事例の4社は，現在，国内で量産を行うことで自社の売上を上げており，組織体制も国内量産に合わせた体制となっている。ただ，日本企業のグローバル化，現地調達率の上昇を見ると，「グローバル受注」型の受注獲得は増えていくものと思われる。しかし，現時点では国内の売上向上に直接役に立ったということは見られなかった。

3.2 営業拠点機能（海外拠点の顧客の紹介により，国内拠点の顧客増加）

第二に上げる効果としては，「営業拠点機能」である。「営業拠点機能」とは，海外の拠点が営業・販売を行う拠点であるという意味ではない。海外拠点は国内同様，生産機能を持つ。国内でもともと取引のなかった顧客と海外で取引が開始されることで，今まで知らなかった自社の実力を，海外拠点を通じて知らせる結果となり，国内でも取引を開始させることである。中小企業においては地域密着性が高く，顧客関係の限定性があるために，発注側から見ると埋もれていた企業が再発見されることになる。

「営業拠点機能」は，A社で見られた。大手電子部品メーカーαとの取引で，マレーシア拠点で最初に取引が開始された。これまで国内拠点とは取引がなかったが，その後α社の国内拠点から発注をうけて，A社の国内拠点が受注した。

しかし，効果としては見られたものの，国内拠点の売上高増加に対する影響は限定的であった。各企業の現在の顧客ポートフォリオを見ると，海外拠点からの紹介によって得た顧客が，国内拠点の主要顧客となったという事例は見られていない。顧客のほとんどは従来から国内で取引のある企業や国内独自で営業し獲得した顧客である。例えば，A社では，現在，文具，電子電機，半導体関連と3つの分野の顧客と取引をしているが，海外拠点を通じて獲得した顧客は現在，取引先とはなっていない。こちらもやはり一時的なスポット取引としての効果でしかないようである。

3.3 利益移転（配当・技術使用料を得る）

第三の効果は，利益移転である。利益移転とは，海外拠点の上げた利益を，配当や技術使用料として国内拠点へ分配することである。この効果は，海外拠点を設立し，現地で上げた利益を国内拠点へ移転することによって，国内拠点の利益の向上に寄与する。利益の移転は，利益の向上には寄与するが，売上の向上には直接的には関係がない。したがって，売上の増加の要因とはなっていないのだが，広く，業績の向上ととらえ，その効果がどの程度であったかを検討した。

こちらの効果も限定的であるといわざるを得ない。事例の4社すべての企業では，国内の利益は国内の事業活動から上げており，海外拠点の利益から得たということはなかった。なぜ，このように利益移転がなされないのか。それは，海外で利益を上げたものは，初期投資の返済や海外で再投資に回し，国内へ移転がすぐには難しいことが一つの原因である。また，国ごとの法制度が利益移転を難しくしている状況にもある。特に中国においては利益移転が難しい状況にあるといわれている。

3.4 本節まとめ：海外拠点が直接的に与える影響は現時点では大きくない

これまで，海外拠点を設立したことで，直接的に国内へ与える効果を整理し，そのインパクトについて論じてきた。どの直接的な効果を見ても，受注をスポット的に得てはいたが，持続的な売上の拡大にはつながっていなかった。

4. 海外展開が間接的に国内拠点の業績の向上に寄与している

次に間接的な効果について分析を行う。本節で提示される間接的な効果は，海外拠点への生産移管により営業を活発化させ，特徴的な技術力を向上させることで，国内拠点の再強化につながったというものである[注6]。海外拠点を設置することによって，なぜ，どのように国内拠点の業績の向上が行われたかについて，述べていく。結論を先取りすると，海外に拠点を設置することによって，国内で生産していたある機種の生産が無くなり，一時的に生産量が減少する。あるいは減少する見込みが立つ。生産量減少の危機感により，営業活動を活発化させる。営業活動において，国内に残る仕事を獲得するために，技術力を向上させるという，さまざまな影響の連鎖で実現する効果である。本稿では，この間接的な効果を「触媒効果」と名付け，以下で詳しく述べる。

4.1 海外展開後にとった，2つのアクション

海外展開を行った後に，2つのアクションを取った企業が国内業績の向上を果たした。第一に，営業活動を活発化させたことで，顧客を獲得したこと[注7]。第二に，自社の特徴的な技術を向上させたこと[注8]である。

(1) 営業活動を活発化させる

海外展開後に国内の業績の良い企業は，海外展開をしただけで直接的に，自動的に，国内の業績が良くなったわけではない。海外展開という一大プロジェクトを行っている最中にも，同時に国内の業績向上のためのアクションを取っていたのである。

そのアクションの一つ目が，営業活動を活発化させることである。海外で生産展開をすることによって，これまで国内で製造していた製品の売上の減少が見込まれる。その際に，無為無策でいるのではなく，積極的に営業部門を強化したり，営業活動を活発に行い，新しい顧客を得る活動をしていたのである。

国内で営業活動を活発化させるといっても，やみくもに営業活動をしていたわけではない。営業を実施するターゲット顧客は，国内で製品の量産が安定的に行われる顧客である。そうした顧客を対象に営業をすることで，国内の生産活動で，直接的な収益源を確保できる。国内で量産が安定的に行われる顧客は，競争力を持っている場合が多い。顧客の側も国内で製造する製品は，国内で製造してもコ

スト競争力を持つほどの優位性のある製品しか製造できないのである。こうした製品に関しては、国内で生産が行なわれる。また、製品のライフサイクルの初期の段階、すなわち、生産を立ち上げて間もないもの、まだ、本格的に製品化できていないものに関しても、しばらくは国内生産が行なわれる可能性が高い。ただ、製品化されても、芽が出ないことも多い。しかし、こうした製品は、一度製品化され、その製品が売れ続けている限りは、最初に試作設計に関与していた企業へ継続的に部品発注を行う可能性が高い。こうした顧客へ向けて、最適な製品を提供することで、顧客を獲得するのである。その他にも、国内需要向けの製品の生産も国内で生産する傾向にある。例えば、A社の主要の製品の一つは文具に活用される。生産された文具の多くは国内需要向けの製品であった。

しかし、ただ営業活動をすれば、受注が取れるというわけではない。受注を取るために、もともと持っている生産面での技術能力や受注を取るための設計、開発における技術能力を上げることが必要となる。これらの活動とセットになって、新たな受注が獲得されるようになるのである。

受注を広げた企業の営業展開の仕方にも特徴がある。それは、一度受注した顧客関係をきっかけに、他の企業へと営業展開をしているということである。

A社の例が顕著である。一度獲得した文具メーカーからの受注をもとに、他の文具メーカーにも営業を行った。類似製品に対する生産実績があるので、受注が獲得しやすくなる。なぜなら、一度その製品の設計や開発を行っている経験があるため、製品設計や金型設計をアレンジがしやすいからである。アレンジして製品を製造しさえすれば、競合他社へ類似製品の生産をすることに問題はない場合が多い。したがって、全く類似製品を製造したことがない企業と比べ優位性を持ち、受注獲得がしやすいのである。その結果、A社はボールペンチップ用バネ[注9]についてのシェアは日本で70％になった。日本のみならず、世界中で営業を行い、世界シェアも50％となった。このように1社受注獲得に成功した結果、似たような製品を製造する企業へ国内国外問わず営業活動を行うことで、効率的に多くの顧客を獲得できることがある。

(2) 自社の特徴的な技術力を向上させる

国内拠点の業績向上に成功している企業は、営業活動を活発化させながら同時に、自社の技術力を向上させる方策を取っている。しかも、それらは独立に行われているわけではなく、業績向上への駆動の両輪となって行われた。

営業活動で仕事を取ってくるためには，顧客の要求に合わせて技術力を蓄積していく必要がある。事例の企業のような中小企業では，大規模な投資で新技術を得るということはなかなか難しい。実際の製品製造を通じた経験の蓄積によって，徐々に技術の蓄積を果たしていく。どのような技術を獲得していくかといえば，自社のこれまで蓄積してきた技術の特徴に合った仕事を選択することによって，さらなる技術蓄積を果たす。逆に自社の技術の特性に合わない仕事をしないということによって，自社の特徴というものがさらに磨かれていく。

　さらに，技術蓄積の方向性にも特徴がある。顧客の製品の試作，設計段階が行なわれつつある分野で必要とされる技術である。先ほど，営業活動において，国内に残る仕事を獲得する上でターゲットとなるのは，国内で製造しても競争力を持つ製品か，製品ライフサイクルの初期の段階の製品か，国内需要向けの製品であると述べた。そこで必要となる技術をキーワードでいえば，微細，精密，軽薄といった，他の国では製造することが難しい，高度な技術が必要なものである。

　それ以外にも，カスタマイズへの対応といった設計，生産，組織など多面的な意味での技術も求められる場合が多い。製品の立ち上げ段階においては，頻繁に製品設計の変更が行われる傾向にある。それに対応するために，組織上あるいは技術上の工夫が求められる。例えば，頻繁に設計変更に対応するために，チームで生産を行うことで，対応速度を早めるという仕組みを構築したり，設備に設計変更の対応がしやすい機能を付随させたりすることによって，カスタマイズに対応する。こうした，いわゆる機能や性能のみならず，カスタマイズという柔軟性に対応することも技術に含めると，蓄積という要素がカギになる。単に高精度の設備を購入すれば実現できる技術ではないからだ。これまで蓄積してきた経験やノウハウを組織や設備に体化させ，今国内で顧客から求められている製品の要求に答えることで新たな受注獲得につながるのである。

4.2　海外展開は2つのアクションが取りやすくなる変化への触媒的な効果を果たした

　これまで，海外展開をすることによって，営業活動が活発化し，同時に技術力の向上を行うことを述べてきた。しかし，海外展開を行うと何故それが実現するのかに関しては述べてこなかった。ここでは，海外展開を行うことで，なぜ，営業活動を活発化させ，技術の向上がなされるのかについて述べる。

海外展開によって2つのアクションが取りやすくなる理由は2つある。

第一に，生産能力を海外へ拡大することによって国内での生産能力余剰が生まれるためである。物理的に仕事をこなす余地がなければ営業活動を活発化させても意味がない。海外展開によって，物理的に他の仕事を入れ込む余地が生まれるということが，国内で営業活動を活発化させる誘因になった。国内拠点で製造している製品は，信用にかかわるために，よほどのことがない限りはその製品の製造をやめることができない。いつかは，海外で生産されるようになると分かっていても，また，コスト低減によって採算性が下がってきても，海外で生産されるまでは生産し続けることになる。生産能力に余剰があれば，他の仕事に着手できるが，こうした仕事を抱えることによって，事例の企業は生産能力余剰がむしろなかった。海外展開を行うことで，現在の製品を海外拠点へ移転し，意図的に国内の生産能力の余剰を作ったといえる。意図的な切り離し，かつ自社海外拠点への受注の取り込みで，生産の外延的な拡大ともいえる。その結果，国内拠点の生産能力の余剰によって，新規の仕事を入れ込む余地ができた。

第二に，危機感が2つのアクションを促したという理由である。国内の仕事がなくなるというプレッシャーが，存続のためにあらゆる手を尽くすといった形で組織に対して，危機感を煽った。危機感により，今まで遠慮していた手段を積極的に行った。例えば，顧客の同業他社への営業には，顧客関係を長期的に維持することを考える組織にとっては難しいことであった。しかし，自社の存続のためにそれをしなければならないという圧力が，海外展開をすることによって生まれた。その結果，営業組織の行動に影響を与えた。そして，営業獲得する仕事の評価基準を変化させることになった。試作，量産立ち上げだけの業務で国内での継続的な売上につながらない仕事は評価されなくなった。国内で受注が続き，それによって国内の売上が継続的に続くような仕事を獲得してくることが評価されるようになる。そうした仕事は，競争力がある顧客，製品のライフサイクルの初期の段階の仕事，あるいは国内需要向けである。こうした仕事を獲得するには，技術的にレベルの高いものが求められる。そのために，技術的な特色を作る必要性が出てきて，国内の技術力強化のための意思決定とつながるのである。

これまで見てきたように，海外展開によって，物理的な仕事量の減少，あるいは減少の見込み，それによる組織の危機感の発生，営業活動の活発化，技術力の向上が連鎖することによって実現していった。海外展開が，国内の営業活動，技

術力の活性化という変化を果たすうえで「触媒」のような役割を果たしたといえる。こうした「触媒的効果」が，海外展開をすることによって生まれ，そして企業が変化することによって国内拠点の業績の向上が実現されるのである。

これまで述べてきた，国内へ与える影響はあくまで変化をするための「触媒」的な効果に過ぎない。つまり，その変化を自社が受容し，変化を促進していかなければ，海外展開によって国内拠点の業績がよくなるというわけでない。海外展開をてこに，自社を変えていくという決意を持った，経営者の選択によって，国内拠点の業績が向上するのである。

5．結論

本稿では，国内拠点の好業績が実現した背後には，海外展開によって生まれた生産能力余剰と危機感により，「自社で顧客開拓，技術蓄積を実行する能力」の向上をもたらす「触媒的効果」があったという仮説を提示した。

これまでの既存研究では，海外拠点を設立すると自動的に得られる直接的効果を主に論じられてきた。たしかに，一部にこうした効果がありうるのは間違いない。しかし，事例を見てみるとインパクトはそれほど大きくないようである。

また，海外展開はマイナスな影響を与えると主張する研究がある。例えば，小林（2003）では，日本へ製品を持ち帰ることを目的に海外進出を行うことが，国内生産の空洞化を導きうると述べている。本稿では，海外展開で，一時的に国内生産量が減少したとして，それを契機に国内の生産拡大を導きうる論理を示した。

本稿の貢献としては，海外展開後にとった企業の国内拠点に対する能動的アクションこそが，業績向上の根源的な要因であり，競争優位の源泉となっていることを指摘したことである。つまり，海外拠点の成功だけ考えればよいのではないのだ。これまで，海外に出さえすれば国内拠点の業績が上がるということが主張されてきた。しかし，実際には，海外展開に際し，能動的にアクションを取ることで自社の業績が向上しているのである。海外展開後，国内の業績が向上することは，自動的には起こらない。これが最も主張したいポイントであった。

また，一方で限界もある。少数の事例から仮説を提示する探索型研究であるために，一般化可能性はまだ，検討できていない。1980年代から親企業の地域からの退出が始まり，早くから産業転換を行ってきた諏訪地域の企業であるために，

海外展開によって減少した生産を回復する素地の高い企業を事例として扱っている。こうした，諏訪地域の特殊性も，間接的効果に影響している可能性がある。他地域の海外展開企業の事例を増やすことで，仮説の妥当性を検証する必要があると思われる。今後の研究課題としたい。

〈注〉
1　海外展開は，一般的に輸出と直接投資を指す。本稿の分析では，直接投資を分析の対象とし，特にケーススタディでは，生産投資に焦点を当てる。海外展開が与える効果としては，空洞化などネガティブな効果を与えうると想定されてきた。しかし，海外へ生産を移管することが国内拠点には実はプラスの効果を与えうるということを示すことが目的であるために，生産投資に着目した。
2　以下の分析では，「業績」を主に「売上」と捉えるが，一部「利益」についても論じている。具体的には「利益移転」に関する箇所である。
3　訪問日程については，以下の通りである。各拠点2時間程度のヒアリングを行った。A社中国拠点2011年7月27日，日本本社2011年8月18日，B社ベトナム拠点2012年8月23日，日本本社2011年9月6日，C社中国拠点2011年9月23日，日本拠点2011年11月10日，D社中国拠点2011年9月23日，日本本社2011年8月18日。
4　直接的効果が起こるためには，海外拠点が事業として成立している必要性がある。どのような条件（例えば，進出時期，進出地域，進出形態）で海外拠点が事業として成立するかについては，本稿では分析を行っていない。今後検討すべき論点であると考えている。
5　天野（2005）など先行研究で取り上げられている，中間財を海外拠点から輸入することによるコストダウン，あるいは国内拠点から中間財を輸出することによる生産量の増大は，本事例からは見られなかった。
6　海外展開がもたらした間接的な効果を端的に述べる下記のような発言がある。
「（中国・大連進出）当時，日本が大変であった。本社は，自分たちが作るものを見失っている。海外の拠点から仕事をもらってくるのではなく，奪われるということがあった。そうした中，アメリカの展示会へいった。海外の企業からの多くの引き合いがあった。まだまだ日本の技術力はあり，そうしたニーズはある。日本は自分たちで作って売る。世界中，売れる場所で売るということをやることにした。（2011年7月27日　A社　董事長）」
7　海外展開を契機にした，営業活動について以下のような発言がある。
「香港事務所設立の2年後に中国で工場をつくったので，日本で仕事がなくなってしまうので，日本でもなんとかしなくてはいけないということで，その頃から日本で営業をし始めた。（B社　2011年9月6日　代表取締役社長）」
8　海外展開を契機とした自社の技術力の強化については以下の発言があった。

「1995年に中国で工場をつくると,日本でやるものがなくなってしまう。そうすると新しいものを日本でやらなければならなくなったので,長期計画で「精密への挑戦」ということを言い始めた。時計部品の仕事が無くなるという危機感があったため,他では出来ないオンリーワンを目指して微細なものを求めた。(B社　2011年9月6日代表取締役社長)」

9　ボールペンの先端のボールを支えるバネである。非常に微細でかつ液漏れのしないばねを開発した。

〈参考文献〉

1　天野倫文（2005年）『東アジアの国際分業と日本企業：新たな企業成長への展望』有斐閣
2　中小企業庁（2010年）『中小企業白書　2010年度』経済産業調査会
3　中小企業基盤整備機構（2010年）『平成21年度　ナレッジリサーチ事業　技術とマーケットの相互作用が生み出す産業集積のダイナミズム：諏訪地域では,なぜ競争力維持が可能だったのか』中小企業基盤整備機構経営支援情報センター
4　Eisenhardt, K. (1989). Building Theory from Case Study Research. *Academy of Management Review*, 14 (4), pp532-550
5　小林英夫（2003年）『産業空洞化の克服　産業転換期の日本とアジア』中小新書
6　松島大輔（2012年）『空洞化のウソ　日本企業の「現地化」戦略』講談社
7　商工総合研究所（2008年）『諏訪地域の工業集積と地域経済活性化への取り組み』商工総合研究所
8　戸堂康之（2011年）『日本経済の底力　画龍が目覚めるとき』中公新書
9　若杉隆平・戸堂康之・佐藤仁志・西岡修一郎・松浦寿幸・伊藤萬里・田中鮎夢（2008年）『国際化する日本企業の実像－企業レベルデータに基づく分析－』RIETI Discussion Paper Series

（査読受理）

中企業が女性従業員の活用を推進するうえでの課題と克服策
－小企業との比較を中心に－

日本政策金融公庫総合研究所　松井　雄史

1．はじめに

　少子高齢化の進展に伴って労働力人口の減少が見込まれるなか，労働力の新たな担い手として女性の力が注目されている。商工総合研究所（2012）は，「近年では，女性の労働力活用をダイバーシティの観点から捉え，新たな企業価値の創造を目指す経営戦略として，その取り組みが促進されている」（p.132）と指摘している。

　一方で，女性従業員の活用を進めるにあたり，その推進を妨げるような問題点が明らかになることがある。厚生労働省（2012）は，それらの中で，「どうしても取り組まなければなければならないものを課題として内容を把握し，解決のための方向性を定め，具体的な解決策を講じていく必要がある」と主張する。

　それでは，それらの課題と解決策について，企業規模別にみた場合に違いはあるのだろうか。本稿では，従業者19人以下の企業を小企業，同20人以上の企業を中企業と定義する[注1]。そのうえで，中企業に注目し，女性従業員を活用するうえでの課題と解決策について，小企業との共通点，相違点を明らかにする。比較を通して中企業が女性を活用するうえでの課題と解決策を探ることにより，中企業の競争力強化に貢献することとしたい。

　以下ではまず，女性従業員の雇用と企業の取り組みについて，先行研究でどのように議論されてきたのかを整理する。次に，アンケート調査および女性従業員の活用に積極的な中企業の事例研究を通じて，女性従業員を活用するうえでの課題と解決策について考察していくこととする。

2．先行研究

2.1　中小企業における女性雇用の実態

中小企業において女性従業員が重要な労働力であることは，雇用統計やアンケート調査，それらを踏まえた多くの先行研究によって明らかとなっている。武石（2008）は，総務省「就業構造基本調査」のデータを用い，規模が小さい企業ほど女性就業者の比率が高い傾向がみられると分析している。日本政策金融公庫総合研究所編（2011）では，独自のアンケート調査結果にもとづき，従業者規模が小さい企業ほど管理職に占める女性の割合は高いことを明らかにした。中小企業で女性雇用の重要性が高い理由として，中小企業庁編（2005）や百瀬（2011）は，中小企業では思い通りの人材を獲得することや人材を中長期的に育成することの難しさを指摘している。また，佐藤・武石編（2008）は，女性従業員を念頭に置いたうえで，少子高齢化などが問題となるなか，「限られた人材に，いかに生産性高く働いてもらうか」が企業の持続的成長に不可欠と認識され始めており，「社員の生産性をいかに高めるか」「いかに組織の財産となる人材を確保するか」という課題解決の一つとして，仕事と家庭の両立支援策を位置づけている。

2.2　女性従業員の活用と企業業績

女性従業員を活用することで企業業績にどのような影響を与えるのだろうか。川口（2003）は，女性従業員比率が上昇すると営業利益率が上昇するとしている。厚生労働省雇用均等・児童家庭局編（2003）は，女性活躍への取り組みや女性社員の管理職への登用が進んでいる企業ほど，企業業績は良好としている。

女性の活躍を推進する企業の取組が業績にプラスになるという研究も多数みられる。坂爪（2002）は，ファミリーフレンドリー施策（仕事と育児・介護を両立できるようにする施策。以下，ファミフレ施策）は，①従業員の働きやすさ，②女性の離職率抑制にプラスの効果をもたらすとした。児玉・小滝・高橋（2005）は，「男女均等活用型の人事・労務管理施策が，女性比率を高め，かつ企業業績も高めている[注2]」とした。経済産業省（2003）は，女性比率を高め，企業業績も高めるうえでは，能力・成果重視の人事評価制度や多様な働き方を取り入れるなど，人事・労務管理上の取り組みが重要であるとしている。佐藤・武石編（2008）は，新卒採用，中途採用ともに両立支援策の「制度導入」によって質・量ともに人材

確保にプラスの効果があることなどを示している。
　中小企業に焦点をあてたものとして，山本・松浦（2011）は中小企業のデータを用いて，労働の固定費用の大きい企業を中心に，非正規社員の正社員への転換制度を導入するなどの人材活用で，企業の生産性が中長期的に高まることを明らかにした[注3]。中小企業庁編（2006）は，「従業員の定着，新規の人材確保，従業員のモチベーションアップによって企業経営にプラスに寄与する[注4]」とした。

2.3　中小企業における女性活用の課題と解決策

　中小企業が女性従業員を活用するうえでの課題とその解決策も，いくつか示されている。厚生労働省（2012）は，女性活躍を進めるうえでの課題や解決方法，取組方法について整理している。
　企業規模別にみた場合の望ましい推進体制として，中小企業庁（2007）は，より規模の小さい企業では経営者が主体となって取り組んでいる一方，規模の比較的大きい企業では組織的な対応が求められるなど，企業規模ごとに向いている推進体制や成功のポイントを整理している。中小企業庁編（2006）は，両立支援について，「従業員規模が大きい企業ほど制度の整備により対応しており，従業員規模が小さい企業ほど制度は設けずに柔軟に対応している[注5]」としている。
　日本政策金融公庫総合研究所編（2011）は，小企業において，女性が活躍するうえでの阻害要因として「仕事と家庭の両立の難しさ」「代替要員の不足」「経験・意欲の不足」を上位3つにあげている。そのうえで，「仕事と家庭の両立の難しさ」には「①制度や設備の充実，②仕事時間の分割，③雇われない働き方の提供」，「代替要員の不足」には「①従業員の多能工化，②チーム制の導入，③作業者に対するサポート体制の整備」，「経験・意欲の不足」には「①男性の仕事という先入観の払拭，②当事者意識の向上，③業務プロセスの見直し」が解決策とした[注6]。

2.4　研究の視点とフレームワーク

　以上，先行研究からは，中小企業の女性従業員活用と企業の業績には正の相関関係があること，また，女性従業員活用のための施策には企業規模による違いがあることなどが示された。
　そこで本稿では，アンケート調査を基に課題を抽出し，事例調査で解決策を示すことにより，中企業が女性を活用するうえでのポイントを考察する。比較対象

とする小企業のデータは，日本政策金融公庫総合研究所編（2011）を用いる。

3．研究方法

3．1　アンケート調査

本稿では，2011年8月に日本政策金融公庫中小企業事業の取引先8,280社に対して行った「企業経営と従業員の雇用に関するアンケート」を用いた。調査方法は，無記名によるアンケートで，調査票の発送・回収ともに郵送により行った。回収数は2,951件で回収率は35.6％である。集計した企業の属性は次の通りである。なお，従業員数は19人以下の企業が25％を占めているが，本稿の調査結果においては，従業者数19人以下の企業を集計から除外した。

①業種：製造業21.0％，サービス業18.5％[注7]，小売業16.6％，建設業16.0％，卸売業13.9％，宿泊・飲食サービス6.0％，運輸業4.5％，情報通信業3.5％
②従業者数：19人以下25.5％，20人以上49人以下39.2％，50人以上99人以下20.9％，100人以上14.4％

3．2　事例調査

事例調査は，日本政策金融公庫総合研究所（2012）にある女性従業員の活躍に取り組んでいる中企業の中から5社を抽出した。いずれも，特定の職種あるいは複数の職種で女性が複数人活躍しており，かつ，女性従業員の活躍を促すうえでアンケートにて抽出された課題にも独自の取り組みで解決している企業である。

4．調査結果

4．1　アンケート調査

女性が活躍するうえでの阻害要因を規模別にみると，「特にない」という回答割合が中企業では10.6％と，9割近くの企業が何らかの阻害要因を感じている[注8]。具体的には，「家事や育児の負担を考慮する必要がある」（43.4％）という回答割合が最も高く，「結婚や出産で退職する女性が多い」（37.4％），「残業・出張・転勤をさせにくい」（32.9％）を合わせた「仕事と家庭の両立の難しさ」が第1の要因である。次に，「女性が就ける職種が限られている」（37.5％），「活躍を望む

女性が少ない」（25.4％）があげられた。「女性従業員に経験や知識が不足している」（12.5％）と合わせ，「経験・意欲の不足」が第2の要因となっている。最後に，「休業した場合に代替要員の確保が難しい」（22.5％）が第3の要因である。

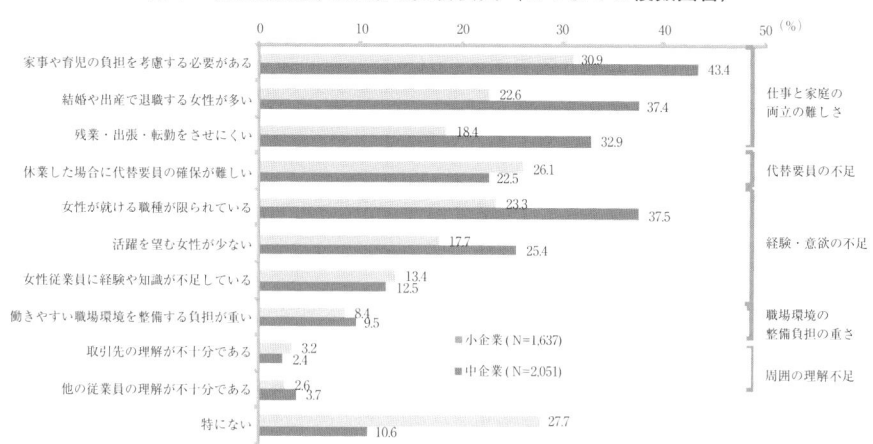

図1　女性従業員の活躍の阻害要因（3つまでの複数回答）

阻害要因	小企業(N=1,637)	中企業(N=2,051)	分類
家事や育児の負担を考慮する必要がある	30.9	43.4	仕事と家庭の両立の難しさ
結婚や出産で退職する女性が多い	22.6	37.4	
残業・出張・転勤をさせにくい	18.4	32.9	
休業した場合に代替要員の確保が難しい	22.5	26.1	代替要員の不足
女性が就ける職種が限られている	23.3	37.5	
活躍を望む女性が少ない	17.7	25.4	経験・意欲の不足
女性従業員に経験や知識が不足している	13.4	12.5	
働きやすい職場環境を整備する負担が重い	8.4	9.5	職場環境の整備負担の重さ
取引先の理解が不十分である	3.2	2.4	周囲の理解不足
他の従業員の理解が不十分である	2.6	3.7	
特にない	27.7	10.6	

資料：日本政策金融公庫総合研究所「企業経営と従業員の雇用に関するアンケート」（2011年）（中企業）
　　　日本政策金融公庫総合研究所「企業経営と従業員の雇用に関するアンケート」（2010年）（小企業）
(注)　1　「女性従業員の活躍推進を妨げる要素」を尋ねたもの。
　　　2　小企業のデータは，女性従業員（経営者本人および家族従業員を除く）がいる企業に尋ねたもの。
　　　3　中企業は全社について集計。

4.2　事例調査
(1)　A社

　A社（資本金4,000万円，従業員数284人（うち女性235人））は和菓子および洋菓子の製造小売業者で，自社店舗で一般消費者を顧客としている。

　A社では，女性が店舗管理や接客を行う主要な戦力であるが，人員の入れ替えが激しかったことから，経験や知識の浅いパート社員が店舗に多数いる状況が続いていた。一方，仕事内容は覚えることが多く，人材の育成には時間を要するため，A社としては「なるべく長く勤務してほしい」と考えていた。そこで，①仕事と家庭の両立支援制度の制定，②パート社員の正社員化による女性従業員の固

定化,③作業手順のマニュアル化,④人事考課基準の明確化を行ったのである。
　現在は,①雇用の安定化が実現し,人の入れ替わりが少なくなっているとともに,②応募者の増加により,優秀な人材の確保が容易になっている。

(2) B社
　B社（資本金3,000万円,従業員数110人（うち女性57人））は,照明器具の開発・製造・販売業者で,自動車計器板用電球付ソケットを手掛けている。
　1970年代は生産管理全般に問題があり,リードタイムが長期化していた。一方で経営資源が不足しており,新たな従業員の採用も困難だったため,経営改善のためには既存の女性社員を活用するほかなかった。そのため,「安心して休める職場環境づくり」と従業員のモラールアップが必要だったのである。そこで,①自社コンピューターシステム構築,②仕事と家庭の両立支援制度の制定,③多機能集約治具による作業の標準化および集約化,④多能工化による人材開発を行った。
　現在は,①応募者の増加により人材確保が容易になっているとともに,②生産性が向上し生産リードタイムの短縮化,在庫削減を実現している。

(3) C社
　C社（資本金9,000万円,従業員数142人（うち女性30人））は,荷役から配送まで総合的な物流サービスを提供する運送業者である。
　C社は当時の社長の考えから,1980年代以降にトラックドライバー,フォークリフト作業者に女性を積極的に採用しているとともに,その後,管理職への女性の登用も進めている。その際,運送業者という男性中心の職場環境の中で,①女性が作業面,環境面の両面でドライバーやフォークリフト作業者として継続的に働くことができる職場環境づくり,②女性を管理職に登用するための仕組みづくりが必要となった。そこで,①作業方法の改善,②家庭と仕事の両立支援制度の制定,③研修制度などの人材育成の仕組みづくり,④小集団活動を実施している。
　現在は,男女平等に働くことができる環境づくりを実現させ,①社内の雰囲気向上,②従業員相互の成長・育成,③顧客満足度向上,④社内の整理整頓,④作業改善による仕事の効率化などの効果が得られている。

(4) D社

D社（資本金7,050万円，従業員数239人（うち女性134人））は，文具・書道用品の製造業者である。市場環境の変化に合わせ主力製品をシフトさせてきており，現在はスクラップブッキング用品などの製造，販売に注力している。

D社が女性従業員活用に取り組んだきっかけは，①同分野の顧客は女性ユーザーが大半を占めるため，②女性の中にも優秀な人材が多くいるためである。しかし，結婚・出産を機に退職する女性が半数近くに達した。そこで，①仕事と家庭の両立支援体制の確立，②ワーク・ライフ・バランスを図るための仕事の効率化，③男女平等の評価制度と人材育成を実施している。

現在は，結婚・出産による退職者はほぼゼロになり，女性従業員が商品企画・マーケティングなどの中核業務で活躍しているほか，管理職候補者に育っている。

(5) E社

E社（資本金4,400万円，従業員数102人（うち女性12人））は，自動車部品などのアルミニウムをはじめとした非鉄金属鋳物の製造業者である。

E社は，2000年代に入り，それまで目を向けていなかった新卒の女性を積極的に採用するよう採用方針をシフトした。その理由は，①鋳造業は3K職場といわれていること，②近隣地域は食品産業が集積しており求人が逼迫していたこと，などから男女問わず就職希望者が少なかったためである。

しかし，女性の新卒者を実際に採用してみると，男性中心の職場環境に慣れなかったため，定着率は低い状況が続いた。そこで，①働きやすい職種（検査工程）への配置，②家庭と仕事の両立支援制度の制定，③性差ない処遇・評価の徹底，④人材育成の制度化を行った。現在は，①応募者の増加と定着率の向上による人材の確保，②社内の活性化を実現している。

5．考察

5.1 女性活用を促進するうえでの課題

まず，女性を活用するうえでの課題を，中企業と小企業の規模別に考察する。アンケート調査では，中企業，小企業ともに「仕事と家庭の両立の難しさ」「経験・

意欲の不足」「代替要員の不足」が上位3位を占めるが，中企業は第2の要因に「経験・意欲の不足」，第3の要因に「代替要員の不足」がくる一方，小企業は，「代替要員の不足」が第2の要因，「経験・意欲の不足」が第3の要因となっている。

小企業において，「代替要員の不足」が第2の要因にあげられているのは，中企業に比べて小企業の方が，1人が休業した場合の業務に与える影響度が大きく，代替人員の確保も難しいためと考えられる。小企業では，「すぐに代わりの人材が集まるわけでもなく，普段から余剰人員を抱えるような余裕もない」のである（日本政策金融公庫編総合研究所編，2011，p.96）。

一方で，中企業において，「経験・意欲の不足」が第2の要因にあげられているのは，運輸業や建設業，製造業などの現業において，中企業のほうが従業員数が多いために，女性を組織的，継続的に活用することに難しさを感じていることが理由と考えられる。実際に，事例企業においても「建設業の現場技術職として女性が定着することは難しい」「製造ラインに女性が入ることに現場の抵抗感が強く，また，取り組み初期は定着率が低かった」などの声が聞かれた。

5.2　解決策

一方で，女性の活用については，小企業，中企業ともに何らかの効果を感じている（日本政策金融公庫総合研究所編，2011など）。それでは，明らかになった課題に対し，どのような解決策をとっているのだろうか。「中小企業でWLB施策を導入する際には，企業の特性や施策の種類によっては企業の生産性を高めることにも低めることにもつながりうるため」（山本・松浦，2011，p.18），中企業同士でも同一の解決策をとるわけではない。しかし，課題ごとにとられる解決策を中企業と小企業で比較すると以下のような共通点，相違点を見出すことができる。

(1)　仕事と家庭の両立の難しさ

「仕事と家庭の両立の難しさ」に対して，中企業は解決する必要性が出たとき，あるいは必要性が出る前に組織として制度を制定する一方，小企業は必要性が出たときに都度柔軟に対応する傾向にあるという違いがある。

本稿の事例でとりあげた中企業はいずれも仕事と家庭の両立支援制度を整備することで，女性の就業継続を促している。各社とも出産・育児休業制度，短時間勤務制度，残業削減の取り組みなどを制定しているうえに，B社はパート社員同

士による出勤日調整の制度化，D社は事業所内託児所の設置を行っている。

　また，中企業は業務の効率化による残業を削減することで，従業員が家事や育児の時間を確保できるようにもしている。C社では，残業時間が多い部署があれば，作業の洗い出しを行い，効率化および部署間での業務平準化を行っている。D社ではメールの文章量および電話時間の削減，打ち合わせや会議の所要時間制限などの業務の効率化を図り，原則18時に退社するようにしている。

　一方，小企業のなかには，「制度や設備の充実」，「仕事時間の分割」などを行っている企業もみられる（日本政策金融公庫総合研究所編，2011，pp.98～99）。しかし，「小企業にとって，労務管理制度や事業所内託児施設などの設備をきちんと整備するのは負担が大きい」（日本政策金融公庫総合研究所編，2011，p.55）。「そのため小企業の多くが，制度や設備がなくても，必要性が出てきたときには柔軟に対応している」（日本政策金融公庫総合研究所編，2011，p.55）。小企業には経営者と従業員との近接性があるため，経営者自身が従業員1人ひとりの顔をみて就業ニーズを把握し，迅速に対応する意思疎通の容易さや小回りの良さがあるためである（日本政策金融公庫総合研究所編，2011，p.56）。

(2) 経験・意欲の不足

　「経験・意欲の不足」に対して，中企業は業務方法の変更や人材育成などで組織的に経験・意欲の不足を解消している一方，小企業は障害を1つずつ取り除いていくという違いがある。

　中企業は，従来男性が中心だった仕事を見直し，作業改善や機械化を通して業務の効率化・標準化を行い，女性でも作業可能にしている。B社では3つの作業工程を1つに集約できる機械を開発し，作業の効率化と標準化を進めた。C社では荷物の積み下ろしを，パレットを利用したフォークリフト作業に改善するとともに，トラックをウイング車に更新したことが，女性を活用できる背景となった。

　また中企業は，人事評価基準の明確化，男女の区分なく評価される仕組みづくりにより，女性従業員の意欲を向上させている。各社とも男女の区別なく評価する仕組みを整えているとともに，A社は，接客技術，作業手順が記載されている「プロ販売員ハンドブック」をパートも含め全社員に配布して，その習熟度合いで販売員の評価を行っている。D社，E社は，目標管理シートを採用し，性別も年齢も関係なく評価されるという人事評価制度を導入している。

併せて中企業は，経験や知識の向上のために人材育成にも力を入れている。C社は従業員を積極的に外部研修に参加させて能力開発に努めているとともに，職制を変更して新たにチームリーダー職を設け，同職に女性を意識的に就けることで，管理職登用に向けての人材育成を行っている。D社は資格取得などの自己啓発を奨励しており，費用がかかる場合は50％の補助金を出しているほか，それを人事評価の対象としている。E社は通信教育の制度化，外部セミナー参加の制度化にて人材育成を図っている。

一方，小企業は，「従来男性の仕事という固定観念」のある職種への女性の登用，職務充実や職務拡大による「意欲喚起」，「業務プロセスの見直し」による「経験の壁」の除去を行っている（日本政策金融公庫総合研究所編，2011，pp.101～103）。これらは，女性従業員1人ひとりに対し，障害となるものを1つずつ取り除くことで，課題を克服していると言えるだろう。

(3) 代替要員の不足

「代替要員の不足」に対しては，中企業，小企業とも解決策には共通点が多く，休業者が出ることを事前に見越して組織的に対策をとっている。

中企業は1人が複数の仕事をできるようにすることで，急な休業者が出ても対応可能にしている。B社では，職掌・多能工化表を用いて多能工を育成しており，休業者が出た場合でも他の人が仕事を代替できるようにしている。C社では，誰がどの作業までできるか個人の力量を管理している。急な休業者が出た場合は，作業可能な者が代替する体制を整え，休みやすい職場環境の整備に努めている。

また中企業は，エリア制を導入し，そのエリア内で休業に対応している。A社では，店舗を7つのエリアに分けたうえでエリア長が人員配置を管理するエリア制度を設けている。育児休業，介護休業などで人員不足が発生した場合は，近隣店舗からの配置換えを行っている。

一方，小企業も，「多能工化」「チーム制の導入」により対応しており（日本政策金融公庫，2011，pp.100～101），中企業と小企業の相違点は少ないといえる。

5.3 相違点，共通点の背景

以上，女性活用を行ううえでの課題と解決策を中企業と小企業で比較した。それでは，解決策において，なぜ「①仕事と家庭の両立の難しさ」と「②経験・意

欲の不足」では相違があり，「③代替要員の不足」では共通しているのだろうか。それは，従業員数と課題の重要度で整理できると考える。

まず，従業員数で整理する。従業員が少なく企業規模が小さい時は，経営者と従業員の意思疎通が容易であるため，従業員の就業ニーズを把握し，それに迅速に対応することが可能である（日本政策金融公庫総合研究所編，2011，p.56）。しかし，従業員数が増加し企業規模が大きくなると，課題を予測し，大部分の従業員の満足と企業の費用がバランスするような解決策を事前に準備する必要がある。よって，中企業においては，課題に対して事前に組織的に制度を制定しているのである。事例企業のヒアリングにおいても，「経営者が課題を想定して人事制度を制定してあるので，従業員はそれに基づいて制度を使っている」という言葉が聞かれた。また，人材を採用する際には，「人事制度が整っていないと，応募者側から辞退されることもある」のも，制度を事前に整える要因であろう。

次に，課題の重要度で整理する。重要度が低い課題に対しては，実際にその問題が起こった後に企業が対応しても，業務遂行に与える影響は少ないと考えられる。しかし，重要度が高い課題に対して，問題が起こった後に対応すると企業活動に与える影響が大きくなる。よって，重要度が高い課題に対しては，問題が起こることを想定して事前に解決策をとっておくことが必要になる。小企業が「代替要員の不足」という課題に対して，中企業と同様の解決策を事前にとっていたのは，その課題の優先度が高く，それが起こった時の影響が大きいためであろう。

6．研究の結論と課題

これまでにも，中小企業における女性雇用の重要性や，女性の活躍を促すうえでの課題などが示されてきた。しかし，その多くが「中小企業」をひとくくりにとらえており，そのなかでの性質の違いについては必ずしも明らかにされてこなかった。

本稿では，中企業を小企業と比較することで，中企業が女性を活用するうえでの課題が何であり，それをどう解決すればよいか考察した。その結果，小企業が「仕事と家庭の両立の難しさ」「経験・意欲の不足」という課題にはその都度対応し，「代替要員の不足」という重要度の高い課題には，事前に制度化による準備をする一方，中企業は，「仕事と家庭の両立の難しさ」「経験・意欲の不足」「代

替要員の不足」というそれぞれの課題に対して，「両立支援制度の制定と組織的な業務の効率化」「組織的な人的資源管理」「多能工化とエリア制（チーム制）による代替人員の確保」などの制度を事前に準備していることを示した。中企業に企業規模が大きくなるにつれ，「事前に」「制度化」することが重要になるのである。

　本稿の結論は，中企業が女性人材を確保・活用し，自社の競争力を強化していくうえでの示唆となるだろう。もっとも，武石編（2009）が指摘するように，どんな有能な女性でも「辞めるかもしれない」不安は必ずつきまとい，それが払拭されないかぎり，いつまでも本格的な女性の採用や活用は生じてこない。そのため，企業側の努力だけではなく，政府としても女性の定着を促すワーク・ライフ・バランス施策やファミフレ施策を促す政策をとる必要があろう。

　最後に，本稿の課題をあげておきたい。本稿の結論は，限定された事例調査に基づき小企業と比較したものである。事例数を増やすとともに，大企業と比較することで，類型化が進み，中小企業が女性活用を促進していくうえでのポイントがさらに明らかになるものと考えられる。加えて，今回のアンケート調査では，労働の質的問題に関する設問を設けなかったため，同問題には触れられなかった。今後は，以上の点を精緻化してさらなる研究を進めていきたい。

〈注〉
1　中小企業基本法の小規模企業の定義とは異なる。この区分は，日本政策金融公庫総合研究所（2011），日本政策金融公庫総合研究所（2012）と同じである。
2　児玉・小滝・高橋，2005，p.3
3　一方，山本・松浦（2011）は，労働保蔵の小さい企業や正社員比率の低い企業では，ワークライフバランス施策（仕事と生活の調和を促す施策。以下，WLB施策）を導入することで生産性が低下する懸念もあると指摘している。
4　中小企業庁編，2006，p.233
5　中小企業庁編，2006，p.225
6　日本政策金融公庫総合研究所編，2011，pp.97〜103
7　サービス業は「個人向けサービス業」「事業所向けサービス業」「医療，福祉」「教育，学習支援業」を合計したもの。
8　小企業は女性従業員（経営者本人および家族従業員を除く）がいる企業に尋ねている一方，中小企業は全社に尋ねており，集計データに違いがあるが，中小企業において女性がいない企業からの回答数は1社であるため，結果に違いはない。

〈参考文献〉
1 中小企業庁（2007年）『中小企業における次世代育成支援・両立支援の先進事例集』
2 中小企業庁編（2005年）『中小企業白書2005年版』ぎょうせい
3 中小企業庁編（2006年）『中小企業白書2006年版』ぎょうせい
4 川口大司（2003年）「性差別のマーケットテスト」『わが国企業における統治構造の変化と生産性の関係に関する調査研究（3）』pp.157-176
5 経済産業省（2003年）『女性の活躍と企業業績』
6 児玉直美，小滝一彦，高橋陽子（2005年）「女性雇用と企業業績」『日本経済研究』No.52．pp.1-18
7 厚生労働省（2012年）『中堅・中小企業の経営者のための女性社員の戦力化』
8 厚生労働省雇用均等・児童家庭局編（2003年）『平成14年版女性労働白書』21世紀職業財団
9 百瀬恵夫（2011年）「中小企業の人材活用戦略」『商工金融』第61巻第10号pp.5-19
10 日本政策金融公庫総合研究所（2012年）「中小企業の女性雇用に関する実態調査」『日本公庫総研レポート』No.2012-1
11 日本政策金融公庫総合研究所編（2011年）『女性が輝く小企業』同友館
12 坂爪洋美（2002年）「ファミリー・フレンドリー施策と組織のパフォーマンス」『日本労働研究雑誌』No.503．pp.29-42
13 佐藤博樹，武石恵美子編（2008年）『人を活かす企業が伸びる』勁草書房
14 商工総合研究所（2012年）『中小企業の『人財』戦略』商工総合研究所
15 武石恵美子（2008年）「マイクロ企業と女性の就業」国民生活金融公庫総合研究所編『小企業で働く魅力』中小企業リサーチセンター，pp.67-97
16 武石恵美子編（2009年）『女性の働き方』ミネルヴァ書房
17 脇坂明（2009年）「中小企業におけるワーク・ライフ・バランス」『学習院大学経済論集』第45巻第4号，pp.337-367
18 山本勲，松浦寿幸（2011年）『ワーク・ライフ・バランス施策は企業の生産性を高めるか？』

（査読受理）

中小企業従業員の自発的行動とその規定因
― 大企業との比較による実証研究 ―

中小企業基盤整備機構　渡辺　孝志

1．はじめに

　中小企業は経営者の能力に企業の存続・成長を大きく委ねる傾向にある。しかし，グローバル化の進展やSNSなどに見られる情報技術の進展など中小企業経営を取り巻く環境の変化はますます多様化しており，企業経営にもいっそう多様な発想と行動が求められている。寺岡（2003）は，小規模な企業の成長過程における創業者のワンマン経営の限界を指摘し，高石（2012）や二場（1996）は，近時の経営環境下で中小企業が存続・成長していくためには，全社的な改善・改革に向けた不断の努力を積み重ね，従業員の自発性に基づいて可能な限り多様な知恵と活動を効果的に組織すべきことを指摘している。このように，中小企業の存続や成長にとって，「従業員の意識や行動は極めて重要な要因の一つ（文能照之，2008，p.4）」となっていることから，中小企業における経営者への高い依存の特質を再考し，従業員行動についてより積極的な理解をすることが必要であると考えられる。しかし，中小企業における従業員行動に関する研究は極めて希少であり，十分な研究蓄積があるとは言えない。そこで，本研究では，組織の有効性に貢献する従業員の自発的な行動に着目し，職務行動と併せて，その実態と規定因を定量的に把握し，大企業との比較においてその特質を明らかにすることを目的とする。

2．先行研究

2．1　中小企業における経営者への高い依存体質とその問題点

　我が国では，欧米との行動様式の違いなどに起因したあいまいな職務範囲の中で構成員が自発的にあいまいな部分を補い合うシステムが企業に有効性をもたらし，企業の成長を支える一因となってきた。守備範囲が広く，自発的に職務のあいまいさを埋める気配りある働きぶりは日本企業の従業員の特徴的な行動として取り上げられ，日本の経営方式の海外通用性の前提にもなってきた（間，1963）。

　従業員の自発的行動は，職務のすき間を埋めて職場の機能を円滑化・効率化する行動に留まらず，より企業全体に影響を及ぼす革新的な行動を含むものである（Katz & Kahn, 1966）。従業員による革新志向の行動が企業レベルの成長や競争力に大きく貢献する関係は，従業員の提言が中小企業の経営革新の成否に影響を及ぼすという実証データからも伺える（中小企業庁編，2005）。しかし，中小企業研究では従業員行動が注視されてきたとは言えず，専ら経営者の役割や行動に注目が集まってきた（末松，1953；寺岡，2003；中小企業庁編，2005）。

　中小企業における経営者への高い依存の積極的側面として，意思決定が敏速・柔軟であり，経営者の注意が経営体の隅々までよく行き届き，機動性が高く小回りの利く企業行動を実践できることなどが指摘されている（寺岡，2003；港，1996）。一方，消極的側面として，経営者の能力の偏りが経営管理の偏りに現れ，それを補う適切な人材が得られないために数多くの企業が経営に失敗しているという問題も指摘されている（小林，1996；寺岡，2003）。さらに，経営者依存体制のもとでは，「自発的に企画し改善する創造的な人材は現れにくく，各部門・各階層が自律的に動くいきいきした組織にはなりにくい（二場邦彦，1996, pp.74-75）」として，従業員の自発的行動を抑制する問題も指摘されている。

　これらの指摘を踏まえると，これまで注目されることが少なかった中小企業の従業員行動について，より積極的な理解が必要となっていると言える。

2．2　従業員の自発的行動

　組織の有効性に貢献する従業員の自発的行動についての研究は，組織行動論や産業・組織心理学の分野で多くの蓄積を重ねている。Katz & Kahn（1966）は，組織機能と有効性に必要とされる個人の行動について，①組織への加入と残留，

②組織の中で与えられた役割を果たす行動,③組織機能達成のための,要求される役割を超える行動,の3次元の概念を提唱している。

従業員の自発的行動研究のなかで,より企業レベルの革新に貢献すると考えられる革新志向の自発的行動概念として,提言(Van Dyne & LePine, 1998),率先(Morrison & Phelps, 1999),創造性(Zhou & George, 2001)などが提唱されている。近年では,従業員による革新志向の自発的行動の発展的な概念としてプロアクティブ行動が提唱されており(Grant & Ashford, 2008),従業員の自発的で能動的な改善・革新行動が注目を集めていることが伺える。

加えて,組織の経営革新には従業員の能力開発が大きく貢献すると考えられる(Katz & Kahn, 1966)。自己開発行動は,職務関連の技能や知識を拡大しようとして自主的に行う行動とされており(Organ, Podsakoff, & MacKenzie, 2006),自発的行動に関する多くの先行研究に同様の要素が含まれてきた概念である。

本研究では,先行研究の概念を参考に多面的に従業員行動を捉えることとし,中小企業の存続や成長に必要な従業員の自発的行動として,改善行動,創造的行動,自己開発行動を取り上げることとする。また,Van Dyne & LePine(1998)は,従業員の裁量に任された自発的な行動(extra-role behavior)は,組織から要求され,期待される行動(in-role behavior)と弁別されることを指摘し,その関係を実証しているが,本研究においても自発的行動との比較のために役割内行動を取り上げ,自発的行動の対比概念として職務行動と位置づけたうえで,自発的行動と職務行動の規定因の異同を検討することとする。本研究では,従業員個人の自発性や裁量の高さに応じてこれら4つの行動次元を表1のように整理し検討する。

表1 本研究における従業員の自発的行動の構成次元の概念図

【自発的行動】	自己開発行動	高 ↑ 自発性・裁量 ↓ 低
	創造的行動	
	改善行動	
【職務行動】	役割内行動	

2.3 従業員行動の規定因

(1) 上司との関係,組織コミットメント

本研究ではまず中小企業における組織成員数に着目し,自発的行動の規定因として,直属の上司との関係性および組織コミットメントを検討する。Katz & Kahn (1966) は,自発的で革新的な行動の発揮には成員個々の組織及び仕事との同一化の状態にあることが必要であると指摘しており,組織や上司に対する個人的態度が従業員の自発的行動を規定することが考えられる。

上司との関係は,LMX (leader-member exchange) の概念で研究が蓄積されている。LMXは,上司と部下との間の垂直的かつ社会的な交換関係の質を表す概念であり,現在の上司との関係の質が従業員の自発的行動に影響を及ぼすとされている (Botero & Van Dyne, 2009)。中小企業では,大企業と比較して人事異動の頻度が少なく,同一部署での在任期間が長いことに加え(中小企業庁編,2009),異動した場合においても組織成員数が少ないことに起因して異動先での上司・部下関係は相互に既知の関係になることが多いことから,従業員と上司との関係の緊密さが従業員の自発的行動により強く影響を及ぼすと考えられる。

また,組織コミットメントは,所属組織への帰属意識の強さを表す概念であり,その下位概念の1つに組織への愛着の強さを示す情緒的コミットメントが提唱されている (Allen & Meyer, 1990)。大企業と比較した場合,組織成員数の少ない中小企業では,直属上司との関係のみならず,従業員が有する組織への愛着の強さを示す情緒的コミットメントが従業員の自発的行動により強く影響を及ぼすと考えられる。

上司との関係および情緒的コミットメントが従業員の自発的行動に影響を及ぼす関係は,Podsakoff, MacKenzie, Paine, & Bachrach (2000) によるメタ分析によっても実証されているが,企業規模による影響の差異についての研究は見当たらない。これらを踏まえ,次の2つの仮説を設定する。

仮説1-1 中小企業では,自発的行動は上司との関係により,大企業と比較して相対的に強い正の影響を受けるであろう。

仮説1-2 中小企業では,自発的行動は情緒的コミットメントにより,大企業と比較して相対的に強い正の影響を受けるであろう。

(2) ワーク・モチベーション

次に，従業員の行動を規定する有力な概念のひとつとして，ワーク・モチベーションに着目する。角山（1995）は，仕事場面において高業績をもたらす変数として，能力と並んでモチベーションを挙げている。モチベーション理論は数多くの研究蓄積を有するが，その1つに，Deci（1975）の内発的動機づけ理論が挙げられる。内発的動機づけは，「ある活動をすること自体を自己目的的に求める欲求（市川伸一，2001，p.34）」であり，外発的動機づけは，一時的欲求の充足が目標で因果律所在の認知が外的にあるものである（市川，2001）。

ワーク・モチベーションと従業員行動の関係について，Katz & Kahn（1966）は，組織人としての最低限の行動や現状維持に向けた行動は強制や報酬といった外的要因に基づき，自発的で革新的な行動の発揮は組織及び仕事との同一化の状態といった内的要因に基づくことを指摘している。同様に，Piccolo & Colquitt（2006）は，内発的に動機づけられた個人は多くの仕事量をこなすだけでなく，その仕事に関連するスキルの取得を高め，その結果仕事の質にも影響を及ぼすとしたうえで，そのような従業員は高次の欲求を満たすために，または個人の価値と仕事を一致させるために，公式に要求される仕事の範囲を超えて自発的な行動を行うことを指摘し，その関係を実証している。これらから，次の仮説を設定する。

仮説2　企業規模に関わらず，職務行動は外発的モチベーションにより正の影響を受け，自発的行動は内発的モチベーションにより正の影響を受けるであろう。

一方，大企業と比較した場合，中小企業は相対的に人事評価制度の整備が不十分であるため（厚生労働省編，2011），外発的モチベーションが自発的行動に及ぼす影響は，中小企業と大企業とでは異なると考えられる（渡辺，2012a）。

相対的に人事評価制度が整備されている大企業では，プロセス評価を重視する観点から従業員の行動を評価基準に公式に組み込み，その基準が全社員に公開されるという事例も散見されるようになっている（瀬戸，2009）。これらの事例では，職務行動だけでなく自発的行動も人事評価項目に組み込まれており，このような人事評価制度のもとでは自発的行動が自身の評価につながることを従業員が期待しうることから，自発的行動も外発的モチベーションによって影響を受けることが想定される。一方，中小企業は，大企業と比較して人事評価制度の整備が進ん

でいないため，自発的行動が自身の評価につながることを従業員が期待しづらい環境にあり，外発的モチベーションによる影響を受けないか，その影響が相対的に弱いことが想定される。これらから，次の仮説を設定する。

仮説3 　中小企業では，自発的行動は外発的モチベーションにより影響を受けないか，大企業と比較して相対的に弱い正の影響を受けるであろう。

2.4 分析モデル

以上のレビューから，次の分析モデルを設定した（図1）。

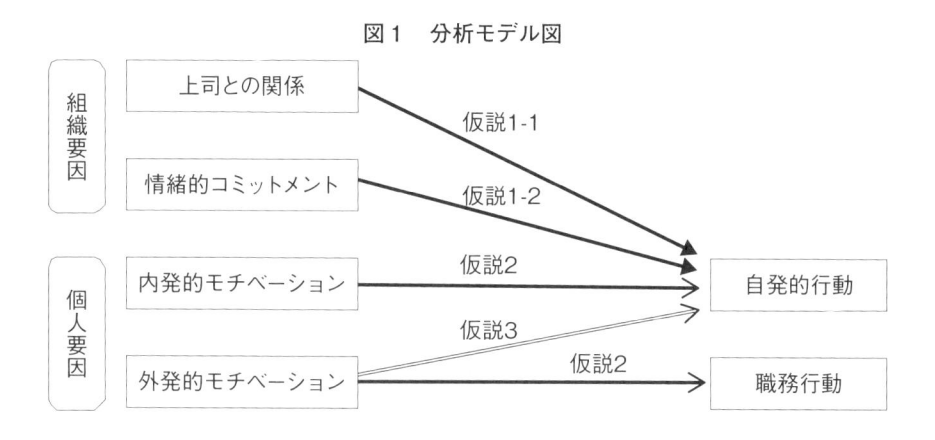

図1　分析モデル図

組織要因
- 上司との関係 —仮説1-1→ 自発的行動
- 情緒的コミットメント —仮説1-2→ 自発的行動

個人要因
- 内発的モチベーション —仮説2→ 自発的行動
- 外発的モチベーション —仮説3→ 自発的行動
- 外発的モチベーション —仮説2→ 職務行動

（注1）墨矢印の線は，大企業と比較した場合に中小企業で強く生じると想定した関係。
（注2）二重線は，大企業と比較した場合に中小企業では生じないか，弱く生じると想定した関係。

3．方法

3.1 調査対象と手続き

調査は，財団法人中小企業総合研究機構の調査研究事業の一環として行った。平成23年9月21日から10月4日までの期間に，民間調査会社の登録モニターに対しWEB画面での回答を依頼した。調査対象は，民間企業に勤務する企画職の非管理職従業員とした。対象者の選定を経て726名に対して調査依頼を行い，有効回答は445名（有効回答率61.3%）であった。本研究では，当該調査データのうち，従業員数5人以上10,000人未満の企業規模データ367名を使用し，従業員数300人

未満の企業を中小企業，300人以上の企業を大企業とした。回答者の属性は，企業規模別では中小企業183名，大企業184名，職位別では係員・一般社員級228名，主任級66名，課長補佐・係長級73名，性別では女性77名，男性290名，年齢別では20歳代84名，30歳代104名，40歳代99名，50歳代80名（平均年齢39.5歳，SD = 9.6），転職経験の有無ではなしが188名，ありが179名，業種別では製造業172名，卸売業21名，小売業・飲食店15名，サービス業39名，建設業15名，情報通信業52名，運輸業6名，その他47名であった。

3.2 測定尺度
(1) 従業員行動

改善行動，創造的行動および役割内行動は渡辺（2012a），自己開発行動は渡辺（2012b）により作成された尺度を使用した。
・改善行動 「自分の仕事のやり方を改善しようと努める」など7項目。
・創造的行動 「チャンスが与えられると仕事で創造性を発揮する」など5項目。
・自己開発行動 「職務の改善のための自己啓発を行う」など5項目。
・役割内行動 「職務として規定されている職責を常に果たす」など4項目。

(2) 上司との関係

Graen & Uhl-Bien（1995）のLMX7尺度を参照し筆者が一部加工して使用した。「私は上司を十分信頼しており，上司が下した決定を遵守する」など7項目。

(3) 組織コミットメント

田中（2004）の情緒的コミットメント尺度を筆者が一部加工して使用した。「会社の理念や価値観は，自分にとっても大切なことである」など4項目。

(4) ワーク・モチベーション

Tremblay, Blanchard, Taylor, Pelletier & Villeneuve（2009）のIntrinsic Motivation尺度およびExternal Regulation尺度を参照し，筆者が一部加工して使用した。「私がいま仕事をしているのは，新しいことを学ぶ喜びがあるからである」「私がいま仕事をしているのは，収入のためである」など各3項目。

なお，上司との関係では「強くそう思う」から「まったくそう思わない」の5点リッカートスケールを，それ以外の設問では「とてもよくあてはまる」から「まったくあてはまらない」の5点リッカートスケールを用いた。

4. 結果

まず，従業員行動の構造を確認するために探索的因子分析を行った。想定どおりの因子が抽出されたため，先行研究に倣い改善行動を「率先提言行動」とし，それ以外の行動は測定尺度名どおり扱うこととした。各因子の信頼性係数 α は，率先提言行動.93，創造的行動.93，自己開発行動.92，役割内行動.91であった。

次に，中小企業と大企業にデータを分割し，各変数間の関係を検証するために相関分析を行った。その後，統制変数として職位，性別，年齢，転職経験を投入したうえで，従業員行動を喚起する要因についての仮説を検証するために，独立変数にLMX，情緒的コミットメント，内発的モチベーション，外発的モチベーションを投入し，従業員行動を従属変数とした階層的重回帰分析を行った（表2）。

表2 LMX・情緒的コミットメント・内発的モチベーション・外発的モチベーションを独立変数，従業員行動を従属変数とする階層的重回帰分析結果

	中小企業											
	役割内行動			率先提言行動			創造的行動			自己開発行動		
	step1	step2	step3	step1	step2	step3	step1	step2	step3	step1	step2	step3
職位	.05	.07	.05	.13	.16*	.15*	.08	.10	.11	.03	.05	.06
性別	-.01	-.06	.00	-.06	-.13	-.11	.03	-.03	-.05	-.04	-.12	-.11
年齢	.02	.05	.06	.03	.07	.07	.10	.14	.13	.11	.15*	.14*
転職経験	.24**	.20**	.17*	.18*	.11	.11	.19*	.14	.16*	.19*	.13	.14*
LMX		.17*	.14		.17*	.14		.20**	.17*		.15*	.10
情緒的コミットメント		.24**	.21*		.38***	.32***		.27***	.19*		.43***	.32***
内発的モチベーション			.01			.10			.19*			.21*
外発的モチベーション			.23**			.06			-.15*			-.04
R^2	.06	.18	.22	.05	.27	.28	.07	.22	.27	.06	.31	.34
Adj.R^2	.04	.15	.19	.03	.25	.24	.05	.19	.23	.04	.29	.31
ΔR^2	-	.12	.05	-	.22	.01	-	.15	.05	-	.25	.03
ΔF	-	12.36***	5.13**	-	26.37***	.82	-	17.08***	5.51**	-	31.43***	3.58*
F	2.96*	6.35***	6.27***	2.39	10.84***	8.32***	3.29*	8.29***	7.91***	2.96*	13.13***	11.03***

	大企業											
	役割内行動			率先提言行動			創造的行動			自己開発行動		
	step1	step2	step3	step1	step2	step3	step1	step2	step3	step1	step2	step3
職位	.02	.05	.05	.16	.05	.05	.11	.03	.04	.04	-.06	-.05
性別	-.03	-.02	-.02	-.01	-.01	-.01	.00	.00	-.02	-.02	-.02	-.06
年齢	.14	.20*	.18*	.10	.09	.06	.08	.13	.12	-.04	.04	.03
転職経験	-.03	-.04	-.04	.05	.03	.03	.01	-.01	-.03	-.01	-.01	-.04
LMX		.26***	.21**		.33***	.24**		.21**	.11		.30***	.16*
情緒的コミットメント		.10	.05		.21**	.11		.19*	.11		.19*	.11
内発的モチベーション			.08			.20**			.32***			.46***
外発的モチベーション			.28***			.26***			.10			.06
R^2	.02	.11	.19	.03	.22	.30	.03	.13	.20	.00	.17	.29
Adj.R^2	.00	.08	.15	.01	.19	.27	.00	.10	.16	-.02	.14	.26
ΔR^2	-	.09	.08	-	.19	.08	-	.10	.07	-	.16	.13
ΔF	-	9.23***	8.18***	-	21.72***	10.53***	-	10.57***	7.19***	-	17.17***	15.98***
F	.88	3.72***	5.06***	1.26	8.27***	9.50***	1.14	4.37***	5.30***	.11	5.81***	9.09***

***$p<.001$, **$p<.01$, *$p<.05$

（注1）職位　1：係員・一般社員級，2：主任級，3：課長補佐・係長級
（注2）性別　0：女性，1：男性
（注3）転職経験　0：なし，1：あり

全ての独立変数を投入した分析の結果（step3），中小企業ではLMXは自発的行動のうち創造的行動にのみ正の影響を及ぼしていたが（率先提言行動 β =.14, n.s.；創造的行動 β =.17, p<.05；自己開発行動 β =.10, n.s.），大企業では率先提言行動と自己開発行動に正の影響を及ぼしていた（率先提言行動 β =.24, p<.01；創造的行動 β =.11, n.s.；自己開発行動 β =.16, p<.05）。このことから，仮説1-1（中小企業では，自発的行動は上司との関係により，大企業と比較して相対的に強い正の影響を受けるであろう）は一部を除いて支持されなかった。また，中小企業では情緒的コミットメントが全ての自発的行動に正の影響を及ぼしていたが（率先提言行動 β =.32, p<.001；創造的行動 β =.19, p<.05；自己開発行動 β =.32, p<.001），大企業では全ての自発的行動に影響を及ぼしていなかった（率先提言行動 β =.10, n.s.；創造的行動 β =.03, n.s.；自己開発行動 β =-.03, n.s.）。このことから，仮説1-2（中小企業では，自発的行動は情緒的コミットメントにより，大企業と比較して相対的に強い正の影響を受けるであろう）は支持された。

次に，中小企業と大企業の双方で，役割内行動は外発的モチベーションから正の影響を受けており（中小企業 β =.23, p<.01；大企業 β =.28, p<.001），自発的行動については，大企業では全ての自発的行動が内発的モチベーションから正の影響を受けていたが（率先提言行動 β =.20, p<.05；創造的行動 β =.32, p<.001；自己開発行動 β =.46, p<.001），中小企業では率先提言行動にのみ有意な影響を確認できなかったものの，それ以外は内発的モチベーションから正の影響を受けていた（率先提言行動 β =.10, n.s.；創造的行動 β =.19, p<.05；自己開発行動 β =.21, p<.05）。このことから，仮説2（企業規模に関わらず，職務行動は外発的モチベーションにより正の影響を受け，自発的行動は内発的モチベーションにより正の影響を受けるであろう）は一部を除いて支持された。

最後に，大企業では自発的行動のうち率先提言行動は外発的モチベーションから正の影響を受けていたが，創造的行動および自己開発行動は影響を受けていなかった（率先提言行動 β =.26, p<.001；創造的行動 β =.10, n.s.；自己開発行動 β =.06, n.s.）。また，中小企業では率先提言行動および自己開発行動において外発的モチベーションから影響を受けておらず，創造的行動においては負の影響が確認された（率先提言行動 β =.06, n.s.；創造的行動 β =-.15, p<.05；自己開発行動 β =-.04, n.s.）。このことから，仮説3（中小企業では，自発的行動は外発的モチベーションにより影響を受けないか，大企業と比較して相対的に弱い正の影響

を受けるであろう）は一部のみ支持された。

5．考察

　分析結果から，情緒的コミットメントが中小企業と大企業の従業員行動の差異の説明に有用であること，およびモチベーションの2つの側面が職務行動と自発的行動の差異の説明に有用であることが確認された。

　仮説1-1によって検討した上司との関係は，中小企業では創造的行動にのみ正の影響を及ぼしており，大企業では率先提言行動および自己開発行動に対して正の影響を及ぼしていたことから，中小企業において従業員の自発的行動を十分に説明する要因であるとは言えないことが確認された。桑田・田尾（1998）や二場（1996）は，組織規模と組織構造との関係について，組織規模が大きくなるにつれ分業，権限の分散化が進み，現場管理者による従業員の管理が行われるようになることを指摘しているが，現場管理者が従業員に対する公式な権限を有し，かつ従業員の日常の態度や行動のマネジメントを担うようになるにつれ，上司・部下間の関係は双方にとって重要となり，従業員行動にも強く影響を及ぼすと解釈することができる。これを踏まえると，仮説が支持されなかった要因として，大企業では直属の上司との関係は従業員の自発的行動に強い影響力を持つことになり，他方で中小企業では経営者の影響力が大きいため上司との関係は大企業ほど強い影響力を持たないという解釈が考えられるが，結果は一貫しておらず，今後さらなる検討が必要である。一方，仮説1-2によって検討した情緒的コミットメントは，中小企業では全ての自発的行動に影響を及ぼしていたが，大企業ではいずれの行動にも影響を及ぼしていなかったことから，中小企業において従業員の自発的行動を説明する有用な要因であることが確認された。中小企業では，従業員と組織との結びつきが公私共に強いことに起因して，組織に対する情緒的コミットメントが自発的行動に影響を及ぼすものと考えられる。

　次に，仮説2によって検討した職務行動は，企業規模に関わらず外発的モチベーションから正の影響を受けており，自発的行動は，一部を除き企業規模に関わらず内発的モチベーションから正の影響を受けていた。これらの結果から，従業員個人の自発性や裁量に依存する割合が高い行動ほど内的報酬によって喚起されるという関係が，一部を除いて確認され，Katz & Kahn（1966）などの先行研究と

も符合する結果となった。これらから，モチベーションの2つの側面と従業員行動との間には条件適合的な関係があることが推察される。

　さらに，仮説3で検討した外発的モチベーションの自発的行動に対する影響については，中小企業では全ての自発的行動に外発的モチベーションが正の影響を及ぼしていなかったが，人事評価制度が整備された大企業であっても率先提言行動以外の自発的行動には外発的モチベーションは正の影響を及ぼしていないことが確認された。これらから，人事制度の整備によって外発的モチベーションを喚起して自発的行動を促進することには，一定の限界が存在することが考えられる。

　本研究の結果から，中小企業における従業員の自発的行動を促進するためのマネジメントとして，次の2つが挙げられる。1つは，これまで以上に組織に対する従業員の一体感やコミットメントを高めることである。中小企業においては，情緒的コミットメントが高いほど自発的行動も職務行動もともに喚起される関係にあることから，経営者の全人格的な魅力を示すとともに，業務専門性に係わる教育訓練だけでなく従業員の個別性に配慮した多様な教育訓練メニューを提供することにより従業員の成長を支援する施策や，ワーク・ライフ・バランスに配慮し個々の従業員の状況に適した働き方を提供する施策を講ずることが有用であると考えられる。中小企業においては，人材の多様性を活かす観点から，仕事の目標と個人の目標の両立を支援することは重要であり，組織が小規模である特性を活かして，従業員が組織と一体感を感じられるような施策を柔軟に講ずることが求められる。もう1つは，従業員に要求する行動の性質を正確に把握したうえで適切な対策を講ずることである。特に，事業変革などにあたって自発的な行動を喚起すべき状況においては，職務の再設計などにより内発的モチベーションを高める方策を講ずることが効果的であると考えられる。具体的には，担当ごとに分断されがちな職務分担を見直し，完結したまとまりのある職務を担当させ，最終顧客からのフィードバックを得られるようにすることにより自身の仕事の意義や役割を見つめ直す機会を提供すること，企画の提案や顧客の選定などの面で裁量の範囲を拡大することにより職務遂行の自律性を高めることなどが挙げられる。自発的な行動を喚起しようとして昇給や一時金などのインセンティブを提示することは，中小企業では逆効果になる可能性すらあり，注意が必要である。

　最後に，本研究では，中小企業における従業員行動の規定因を探索的に設定して分析を行ったが，本研究で扱った要因が大企業とは異なる中小企業固有の規定

因を網羅しているとは言い難い。また，本研究で大企業との差異が確認できた規定因についても，それらが直接的に従業員行動を規定するだけでなく，媒介・伸介する変数が存在することも考えられる。さらに，本研究で用いた中小企業の基準の妥当性については，さらなる検討が必要である。今後は，これらの課題を踏まえつつ研究を発展させていきたい。

〈参考文献〉
1　Allen, N.J., & Meyer, J.P. (1990) The Measurement and Antecedents of Affective, Continuance and Normative Commitment to the Organization. *Journal of Occupational Psychology*, 63, pp.1568-1587
2　Botero, I.C., & Van Dyne, L. (2009) Employee Voice Behavior : Interactive Effects of LMX and Power Distance in the United States and Colombia. *Management Communication Quarterly*, 23 (1), pp.84-104
3　文能照之(2008年4月)「中小企業におけるイノベーション促進要因」『中小企業季報』通巻第145号，pp.1-13
4　中小企業庁編（2005年）『中小企業白書2005年版』ぎょうせい
5　中小企業庁編（2009年）『中小企業白書2009年版』経済産業調査会
6　Deci, E.L. (1975) *Intrinsic Motivation*. Plenum Press., 安藤延男・石田梅男訳（1980年）『内発的動機づけ－実験的社会学的アプローチ－』誠信書房
7　二場邦彦（1996年）「中小企業の経営問題」藤田敬三・竹内正巳編『中小企業論〔第4版〕』有斐閣，pp.69-88
8　Graen, G.B., & Uhl-Bien, M. (1995) Relationship-Based Approach to Leadership - Development of Leader-Member Exchange (LMX) Theory of Leadership Over 25 Years. *The Leadership Quarterly*, 6 (2), pp.219-247
9　Grant, M.A., & Ashford, S.J. (2008) The Dynamics of Proactivity at Work. *Research in Organizational Behavior*, 28, pp.3-34
10　間宏（1963年）『日本的経営の系譜』日本能率協会
11　市川伸一（2001年）『学ぶ意欲の心理学』PHP新書
12　角山剛（1995年5月）「モティベーション管理の理論的背景」『日本労働研究雑誌』第422号，pp.34-44
13　Katz, D., & Kahn, R.L. (1966) *Social Psychology of Organizations*. John Wiley & Sons Inc.
14　小林靖雄（1996年）「中小企業経営の特質－大企業との比較において－」小林靖雄・瀧澤菊太郎編『中小企業とは何か－中小企業研究五十五年』有斐閣，pp.52-59
15　厚生労働省編（2011年）「就労条件総合調査平成22年版」労務行政
16　桑田耕太郎・田尾雅夫（1998年）『組織論』

17 港徹雄（1996年）「中小企業と大企業」清成忠男・港徹雄・田中利見『中小企業論』有斐閣，pp.35-74
18 Morrison, E.W., & Phelps, C.C. (1999) Taking Charge at Work : Extrarole Efforts to Initiate Workplace Change. *Academy of Management Journal*, 42（4），pp.403-419
19 Organ, D.W., Podsakoff, P.M., & MacKenzie, S.B. (2006) *Organizational Citizenship Behavior*. Sage Publications, Inc., 上田泰訳（2007年）『組織市民行動』白桃書房
20 Piccolo, R.F., & Colquitt, J.A. (2006) Transformational Leadership and Job Behaviors : The Mediating Role of Core Job Characteristics. *Academy of Management Journal*, 49（2），pp.327-340
21 Podsakoff, P.M., MacKenzie, S.B., Paine, J.B., & Bachrach, D.G. (2000) Organizational Citizenship Behaviors : A Critical Review of the Theoretical and Empirical Literature and Suggestions for Future Research. *Journal of Management*, 26（3），pp.513-563
22 瀬戸友子（2009年2月）「事例1　新日本空調 – 評価の目的を人材育成のためと定義し，成果と行動の両面を評価 – 」『企業と人材』通巻941号，pp.17-21
23 末松玄六（1953年）『改訂増補中小企業の合理的経営』東洋書館
24 高石光一（2012年4月）「中小企業における経営者の変革型リーダーシップと企業の戦略的柔軟性が社員の率先行動に及ぼす影響に係る実証研究」『中小企業季報』通巻第161号，pp.1-12
25 田中堅一郎（2004年）『従業員が自発的に働く職場をめざすために – 組織市民行動と文脈的業績に関する心理学的研究 – 』ナカニシヤ出版
26 寺岡寛（2003年）『スモールビジネスの経営学』信山社出版
27 Tremblay, M.A., Blanchard, C.M., Taylor, S., Pelletier, L.G., & Villeneuve, M. (2009) Work Extrinsic and Intrinsic Motivation Scale: Its Value for Organizational Psychology Research. *Canadian Journal of Behavioural Science*, 41（4），pp.213-226
28 Van Dyne, L.V., & LePine, J.A. (1998) Helping and Voice Extra-Role Behaviors : Evidence of Construct and Predictive Validity. *Academy of Management Journal*, 41（1），pp.108-119
29 渡辺孝志（2012a）（2012年11月）「中小企業における従業員の自発的行動に関する一考察」『富士論叢』第57巻第1号，pp.15-28
30 渡辺孝志（2012b）（2012年3月）「職員アンケート調査結果」財団法人中小企業総合研究機構『基礎自治体による地域活性化施策の動向と展開に関する調査研究』通巻第126号，pp.96-125
31 Zhou, J. & George, J.M. (2001) When Job Dissatisfaction Leads to Creativity : Encouraging the Expression of Voice. *Academy of Management Journal*, 44（4），pp.682-696

（査読受理）

小零細企業の経営と労働の実相
―妻の経営への参加過程に着目して―

北海道大学　徳井　美智代

1. はじめに

　小零細企業の経営は，業主とその家族が，仕事・役割を分担して担うことで成り立っている。徳井美智代（2009）による東京都大田区の小零細製造業での調査では，業主の家族とりわけ妻が，帳簿の記載，資金繰りなどを行い経営の一翼を担っている現状が明らかにされている。しかし，これまでの小零細企業研究を概観すると，妻の役割は主に補助労働としての側面で述べられており，妻の仕事そのものに焦点を当てた研究の蓄積は未だ少ない[注1]。それはなぜか。
　その理由としては，小零細企業に付与されてきた後進的位置づけとの関連が指摘できよう。家族労働を含んで存立していること自体が生業性と結び付けられ，「企業以前の経営」（山中篤太郎,1977,p.40）の論拠ともされてきた経緯を考えると，家族である妻が研究の主体となり得ないことは当然ともいえる。
　もうひとつ，女性労働が男性労働に対して常に「周辺」として位置づけられ，補完的立場としてとり扱われてきた女性労働研究の背景も無視することはできない（木本喜美子,2003,p.4）。しかし，本稿では，なぜこれまで妻の「仕事」が「見えなかった」のかというジェンダー視点からの問題意識からは距離を置き，小零細企業の特徴である生活と経営の不可分な関係性という視点から妻の仕事をみていく。そのうえで，これまで研究の主体とはなり難かった業主の妻にスポットをあて，仕事内容と経営における役割を明らかにすることが本稿の目的である。
　その際，妻の「仕事」の範囲を広く捉え，従業者への食事の世話や差し入れ，相談など，家族としての生活の延長ともいえる振る舞いも含めている。小零細企業における妻の役割を，総合的に把握したいからである。

さらに，時代背景にも着目し，動態的な視点を持ちながら，妻が経営に参加していくプロセスを追う。そのことが，「てかず」として補助労働と捉えられてきた妻の仕事と役割を位置づけなおすことにつながると考える。妻への視点を突破口として小零細企業の労働と経営の実相に迫り，小零細企業の存続メカニズムのひとつの側面に光を当てることを目指す。

2. 背景と視角

2.1 小零細企業の範囲

それではまず，小零細企業の範囲と研究上の位置づけからみていく。磯部浩一（1977, p.7）は，零細企業を「生業と企業との中間的存在」とし，生業から企業への段階を資本と労働の分化過程として表している（図1）。零細企業は第2，第3段階に位置し，家族従業者や賃労働者は労働市場で成立する賃金率ではないとする。業主と家族従業者の労働費用は即生活費用となり，家計と経営が未分離の場合が多く，事業への再投資は行われないとする。つまり，拡大再生産への移行の可能性が限定的であり，経営体として後進的であると位置付けているのである。

本稿で対象とするのは，図1の第3段階までに含まれる企業である。植田浩史（2004, pp.9-10）は，中小企業の範囲の下限について「従業者が少ない零細経営や一人だけで仕事をしているような自営業的な経営体も含めて中小企業と考えるの

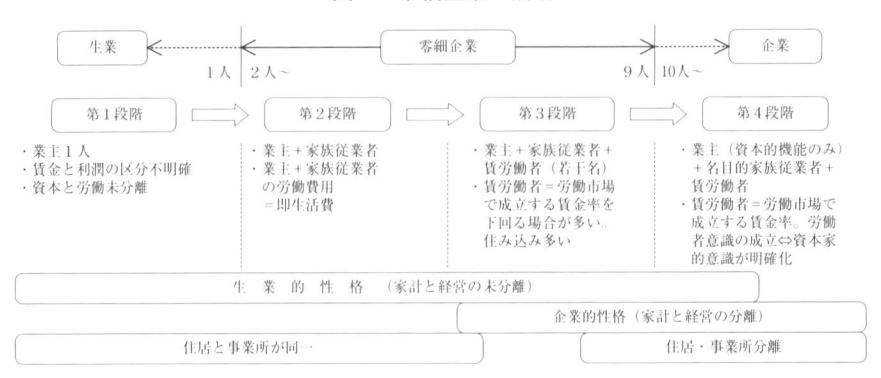

図1 零細企業の領域

	生業	← →	零細企業	← →	企業
		1人　2人～		9人　10人～	
	第1段階 ⇒	第2段階 ⇒	第3段階 ⇒	第4段階	
	・業主1人 ・賃金と利潤の区分不明確 ・資本と労働未分離	・業主＋家族従業者 ・業主＋家族従業者の労働費用＝即生活費	・業主＋家族従業者＋賃労働者（若干名） ・賃労働者＝労働市場で成立する賃金率を下回る場合が多い。住み込み多い	・業主（資本的機能のみ）＋名目的家族従業者＋賃労働者 ・賃労働者＝労働市場で成立する賃金率。労働者意識の成立⇔資本家的意識が明確化	
	生業的性格　（家計と経営の未分離）			企業的性格　（家計と経営の分離）	
	住居と事業所が同一			住居・事業所分離	

出所：磯部（1977）pp.6-9より筆者作成

が適当かどうかという問題」があり,「積極的に中小企業のなかに位置づけて考えようとはしてこなかった」としている。本稿では,これらのこれまでの中小企業研究の範囲では目が向けられ難かった対象に焦点をあて,位置づけを試みる。

2.2 家族従業者への分析視角

野村正實 (1998, p61) は,日本の就業構造の特徴として,自営業主と家族従業者が多い点を指摘している。さらに非農林業における家族従業者数が安定的であることを強調し (1998, p3),家族従業者を含めて成り立っている「独自の生存原理を持つ」(1998, p88) 自営業モデルとして提示している。

また,本稿では対象として含めていないが,農業研究の分野では,家族に着眼した実証研究も存在する[注2]。商業,商店研究の分野でも,近年,数は少ないが妻の役割に焦点を当てた研究も発表されはじめている[注3]。坂田博美 (2006) は,長期のフィールドワークに基づいて商人家族の実態分析を行い,夫婦協働型のジェンダー関係が確認できたとし,「夫婦のパートナーシップは必然的に対等性が求められ,互いに自立した関係である」(坂田, 2006, p.213) と結論づけている。夫婦協働の中に,妻の主体的選択と自立を見出し,家族従業者に与えられてきた受動的位置づけを乗り越えようと試みている。

また,深沼光 (2011) は,小企業における家族従業員の構成と役割について分析を行い,「家族のみ」で営んでいる企業の方が,「家族以外の従業員がいる企業」より黒字割合が高いことを明らかにしている。その理由として,家族従業員の給与の低さをあげ,同時に生活の満足度の高さも指摘する。家族従業員の心身両面からの支えを事業成功の一つの要因と述べているのである。では,その支えとは具体的にどのような内容を指すのか。

先行研究では,家族および妻の役割の重要性への言及はあるが,いずれも妻の「支え」の具体的内容にまで踏み込んでいない。よって本稿では,現場に降り立って「生活」と「経営」にまたがる「仕事」の内実をみる。小零細の経営体に家族の視点から接近し,存続メカニズムの解明に一歩近づくことを目指したい。

2.3 大田区製造業の構造変化から

(1) 大田区工場数の規模別推移

1983年に9,190あった大田区の工場数は,2008年には4,362となり,ピーク時の

47.5%にまで減少している。1〜3人の工場でみても、2008年は2,182であり、ピーク時4,070（1983年）の53.6％となっている。しかし、比率でみると、1〜3人の工場割合は、1973年に10人以上の工場割合を上回り、1975〜1979年の間、4〜9人の工場割合と拮抗した後、1980年以降現在まで大田区では最も多い割合を占めている。零細工場の比率が高まっている現状が浮かび上がる。

(2) 業種と経営組織

では、経営組織はどのようになっているのか。個人事業主数から、業種ごとの個人事業所割合を算出している（図2）。大田区と東京都を比較すると、卸売・小売業、建設業ともに大田区のほうが個人事業所割合が高いことがわかる。しかし、製造業に関していえば、1963年から一貫して東京都より大田区のほうが個人事業所割合が低い。1975年まではおよそ10％もの開きがある。この、大田区製造業の個人事業所比の低さ、つまり法人事業所率の高さは何を意味するのか。その要因を探る手がかりとして、製造業中分類から東京都と大田区の製造業の構成比を表1にまとめている。特徴としては、東京都では17％を占める印刷業が大田区では5.8％にすぎず、替わりに金属製品製造業、生産用・はん用・電気機械器具製造業の割合が高く、上位4業種までで58％を占めている。本稿では、この大田区に特徴的な小零細製造業の、特に割合の高い金属、機械器具製造業を対象の中心として、その内実を探ることを試みる。

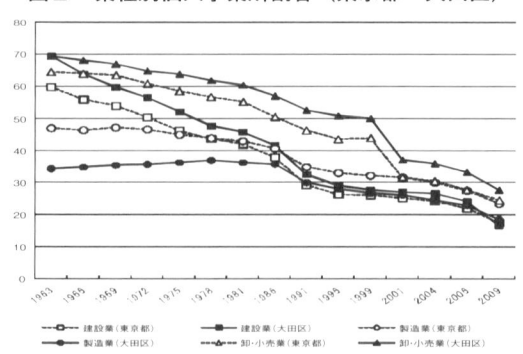

図2　業種別個人事業所割合（東京都・大田区）

(注) 1999年までは卸・小売業に飲食店が含まれているが2001年からは別項目となっている。
出所：総務省「事業所統計調査」（昭和47年〜平成3年），「事業所企業統計調査」（平成8年〜18年），「平成21年経済センサス」より筆者作成

3．研究の方法と対象

フィールドは東京都大田区とし，調査の対象は区内の小零細製造業の経営者，経営者の妻および家族とした。予備調査も含めた調査期間は2004年12月2日から2012年2月3日。その間，同じ趣旨の質問項目を用いて2008年1月17日から3月6日までに聞き取りを行った9社13名のデータと，2009年9月3日から2010年4月21日に聞き取りを行った13社14名のデータを中心に分析を行っている。聞き取りは全て筆者本人が一人で行い，内容はカセットもしくはICレコーダーに録音し，データ化し保存している。

4．東京都大田区の事例から

(1) 本稿における対象の分類定義
規模と構成員の属性によってⅠからⅣに分類した。

Ⅰ	業主1人
Ⅱ	業主+業主の家族（同居家族）
Ⅲ	業主+業主の同居家族+従業者（業主と非同居の血縁を含む）＝9名以下
Ⅳ	従業者10～20名（業主・家族含む）

(2) 業主と妻の仕事内容と分担
2008年1月17日～3月6日に行った聞き取り調査では，業主と妻それぞれに同じ質問票を使い仕事内容ごとの分担度を聞いた（表1）。

表1　仕事と分担に関する業主と妻の認識

	業主・配偶者のセットデータ								一方のみのデータ				
	Ⅱ-A社		Ⅱ-B社		Ⅲ-I社		Ⅳ-O社		ⅡC	ⅡD	ⅢH	ⅢJ	ⅢK
	主	妻	主	妻	主	妻	主	妻	主	子	妻	母	妻
会計業務	×	◎	×	◎	×	◎	×	◎	×	◎	◎	◎	◎
請求業務	×	◎	○	△	×	△	×	×	◎	◎	◎	◎	◎
支払い	×	◎	×	◎	×	◎	×	◎	×	◎	◎	◎	◎
銀行との交渉	×	△	△	◎	△	△	×	△	◎	×	◎	◎	◎
資金繰り等	×	○	▲	◎	△	◎	×	◎	▲	◎	◎	◎	◎

×＝やっていない　△＝一緒に(相談しながら)やっている　◎＝一人でやっている
○＝主に自分がやっている　▲＝主に配偶者(D社の場合母)がやっている　網掛けは女性
出所：徳井（2009）p.306を修正加工.

業主と妻の双方に聞き取りを行った4社のデータから，会計，請求，資金繰り等の項目は，主に妻が行っていることがわかる。さらに，資金調達の手順を詳細に聞き取ると，妻が管理している家計と資金繰りとが接続していることがみえてきた。妻が中心となって資金を繰り回していることがわかったのである[注4]。

5．妻の企業経営への参加過程と時代背景

では，妻はどのようにして企業へのかかわりを深めていくのだろうか。2009年9月3日から2010年4月21日に聞き取りを行った13社14名のデータを中心に，妻の企業経営への参加過程と，時代による仕事内容の変化を追う。

5．1　創業から現在までの企業分類の推移

聞き取り対象の妻が属している企業13社を創業年順に並べ，それぞれの企業について創業から現在までの企業分類の推移を表している（表2）。13社のうち11社が家族のみまたは業主1人から創業をスタートしている。また，拡大から縮小へと推移し現在に至っていることがわかる。

表2　聞き取り対象企業のデータ

会社名	業　種	創業	法人成り	規模	規模の推移（創業時～現在）
C(有)	金属製品製造加工	1935	1939	Ⅱ	Ⅱ→Ⅲ→Ⅳ→Ⅴ→Ⅳ→Ⅲ→Ⅱ
(有)F	精密部品製造加工	1940	1965	Ⅲ	Ⅱ→Ⅲ
(株)O	金属製品製造加工	1945	1970	Ⅱ	Ⅱ→Ⅲ
(有)E(E・E')	精密機械器具製造加工	1947	1953	Ⅱ	Ⅱ→Ⅲ→Ⅳ→Ⅲ→Ⅱ
(株)A	一般機械器具製造	1949	1960	Ⅲ	Ⅱ→Ⅲ→Ⅳ→Ⅲ
(有)M	プラスチック製品製造加工	1953	1998	Ⅲ	Ⅱ→Ⅲ→Ⅳ→Ⅲ
(有)B	金属製品製造加工	1956	1956	Ⅱ	Ⅱ→Ⅲ→Ⅱ
(有)G	紙製品製造	1959	1979	Ⅲ	Ⅱ→Ⅲ
(有)K	一般機械器具製造加工	1960	1989	Ⅲ	Ⅲ
D(株)	微細加工、三次元測定	1962	1962	Ⅲ	Ⅱ→Ⅲ→Ⅳ→Ⅲ
(有)L	機械設計・製造・加工	1969	1969	Ⅲ	Ⅲ
J(有)	金属製品製造加工	1979	1983	Ⅱ	Ⅱ→Ⅲ→Ⅱ
(有)I	金属製品製造加工	1979	1989	Ⅱ	Ⅰ→Ⅱ

（注）Ⅰ～Ⅳの企業分類定義はp5と同様　　出所：聞き取り調査より筆者作成

5．2　時代による妻の役割の推移

妻の就業開始時期に着目してソートしたのが表4-1である。妻の仕事の内容をaからeに5分類し（表3-1），就業開始時期の違いによる，妻の仕事内容の

差異を表している。さらに，業主に対する忖度の度合い，妻のスタンス，業務の権限，自立性，の観点から，「サポート型」「協働型」「自立型」の３つに類型し（表3-2），時代による類型の推移を年表として整理している（表4-2）。

表3-1　仕事内容の分類

a‐福利厚生：従業員の食事の世話、生活全般のケア、サポート等
b‐製造、配達等、現場の仕事
c‐経理・事務：伝票、帳簿記帳および入力、請求・支払業務、社保・雇保手続き等。資金繰りなし
d‐経営管理：資金繰り、銀行等打ち合わせ、決算打ち合わせ、資金計画
e‐対外活動：業界団体会合、商工会等地域団体の活動、勉強会等外部活動への参加

筆者作成

表3-2　妻のかかわり方の類型

①　サポート型：計画、判断は業主が行う。責任、権限も業主が持つ
②　協働型：自分が分担している業務に関しては、計画、判断も任されている。責任、権限も持つ
③　自立型：新しい仕事分野への進出企画、これまでの仕組みの見直し、再構築など、自らの発想で行動、計画し、判断も自分主導で行っている。責任、権限も持つ

筆者作成

(1)　サポート型 ‐ 高度成長期前就業開始の妻

　高度成長期以前から企業にかかわっているC，A，Eはいずれも従業員等の食事の世話が主要な仕事となっている。また，Eは経理・事務は行っているが，資金繰りや決算計画等は行なっていない。「自宅と寮が別々にありましたので。勤めてる者のご飯をしたりして，男性ばかり10人くらいいましたから。軌道にのるまではプレス踏んだり，いろいろしましたですね」(A)。

　いずれも仕事の権限は業主が持ち，計画，判断も業主が行なっている。夫である業主が会社の運営を円滑に進められるように手助けをしているというスタンスで仕事を行なってきたことが聞き取りから読み取れる。このタイプを本稿では「サポート型」と分類する。

(2)　協働型 ‐ 高度成長期就業開始の妻

　「とっぷりかかわってた20日過ぎになるともう資金繰りで頭一杯だけど　で

表4-1 妻の仕事と企業へのかかわり方の推移

年齢		結婚年齢就業年齢	従業上の地位・役職	結婚時 → 仕事の変化 → 現在			仕事内容	タイプ
C(86)	高度成長前就業開始	23歳 22歳	取締役→退職	従業員・家族の食料買出し、義祖父の介護・子育て(2人)	残業社員や取引先に食べ物の差し入れ、子育ての比重は義母に、PTAやボランティア、公職等、義母の介護	引退	a e	①
A(96)		27歳 36歳	なし→代表取締役→取締役→退職	従業員・家族の資料出し、寮の管理、従業員・家族の食事支度、子育て(4人)	自宅引越し、寮の管理、従業員・家族の食事支度、従業員、資産管理(別荘含)、子育て(4人)、1975年夫逝去により3年間代表となり、長男へ引き継ぐ	引退	a	①
E(81)		23歳 23歳	なし→正社員→退職	従業員・家族の食事支度(ご飯2升)、子育て(2人)	1956一経理(担当していた社長の弟が転勤)、MCの製造補助、子育て(3人)、義母から財布を委譲、預金・家族の食事支度、従業員の管理	79歳で引退	a c	①
B(89)	高度成長期就業開始	28歳 36歳	なし→取締役→退職	独立前から内職、独立後は経理、経理(給与・資金繰含)、寮の管理、従業員・家族の食事支度、預金、電話対応、従業員・家族の食事支度	製造、経理(給与・資金繰含)、寮の管理、従業員・家族の食事支度、預金、子育て(3人)	経理(支払い小切手と社長の給料計算)	a b c d	②→①
D(82)		19歳 36歳	専務取締役→取締役→退職	電話対応、雑用	設立3年目に会社倒産危機、借入をした親族による会議で資金管理を担当することに決定、経理(給与・資金繰含)、電話対応、請求業務、銀行交渉、従業員管理、社員旅行計画・実行、取引先への心づけ、預金、資産管理(別荘含)、子育て(10歳の養子迎える)	67歳で引退	a c d	①→②
F(68)		24歳	なし→取締役	製造補助、経理、食事支度、子育て(2人)	経理(給与・資金繰含)義母の介護、預金、子育て(2人)、従業員・家族の食事支度、資産管理	電話対応、納品、経理(給与・資金繰含)、銀行交渉、従業員にみそ汁(食事含む)、節約	a c d	①→②
G(67)		25歳	なし→取締役	納品、電話対応、経理	電話対応、経理(給与・資金繰含)、銀行交渉、請求業務、子育て(2人)、預金、従業員・家族の食事支度	経理(給与・資金繰含)、銀行交渉、請求業務、節約	a b c d	①→②
J(61)	高度成長期後就業開始	27歳 33歳	なし→取締役	子育て(2人)、製造補助、経理(給与・資金繰含)、請求業務、銀行交渉	製造補助、経理(給与・資金繰含)、請求業務、銀行交渉、預金、資産管理(賃貸アパート)	経理(給与・資金繰含)、請求業務、銀行交渉、預金、資産管理(賃貸アパート)、孫の面倒	b c d	②
I(62)		24歳 39歳	なし→取締役	子育て(2人)	工場と家を建築と同時に入社、製造補助、経理(給与・資金繰含)、請求業務、銀行交渉、預金、資産管理	経理(給与・資金繰含)、請求業務、銀行交渉、預金、資産管理	b c d	②
K(58)		22歳 28歳	なし→専務取締役	子育て(2人)	MC導入時に入社、電話対応、製造(MCプログラム入力、稼動)、経理(給与・資金繰含)、請求業務、銀行交渉、預金、経理、家族の食事支度、資産管理	電話対応、製造(MCプログラム入力、稼動)、経理(給与・資金繰含)、請求業務、銀行交渉、預金、経理、家族の食事支度のみ、資産管理、義父の介護、義母の面倒	(a) b c d	①→②
E'(58)		28歳 39歳	なし→正社員	子育て(1人)、結婚前の職(ファションコディネーターでパート、インテリアコーディネータの資格取得)	電話対応、雑用、MC製造補助(取りはずし、バリ取)、家族の食事支度、子供の受験対応	電話対応、雑用、MC製造補助(取りはずし、バリ取)、家族の食事支度	b	②
M(41)		28歳 28歳	なし→取締役	製造補助、経理、子育て(3人)	製造(MC部門責任者)、経理(給与・資金繰含)、銀行交渉、人事(募集、採用)、管理全般、営業、取引先との打合せ、子育て(3人)、資産管理、業界団体の仕事	製造(MC部門責任者)、経理(給与・資金繰含)、人事(募集、採用)、管理全般、営業、取引先との打合せ、宣伝、開発、子育て(3人)、資産管理、業界団体の仕事	b c d e	②→②
L(52)		24歳 39歳	パート→正社員→パート	子育て(2人)	パートとして入社、電話対応、経理、取引先からの入金確認業務、雑用、従業員、お客・家族の昼食支度	49歳から社員、電話対応、経理(給与・資金繰含)、銀行交渉、入金確認、昼食支度(手伝い程度)	c d	①→②
O(35)		25歳 26歳	正社員→取締役	内体制整備・子育て(2人)	営業、原価管理、在庫管理、社員、取引先との打合せ、納品までの社内体制を積極的に変革	営業、取引先からの情報を獲得、受注、納品、管理全般、業界団体等外部の会合・打ち合わせ	b c d e	③

聞き取り調査より筆者作成　出所：徳井(2011)p.17を修正加工

表4-2　年表

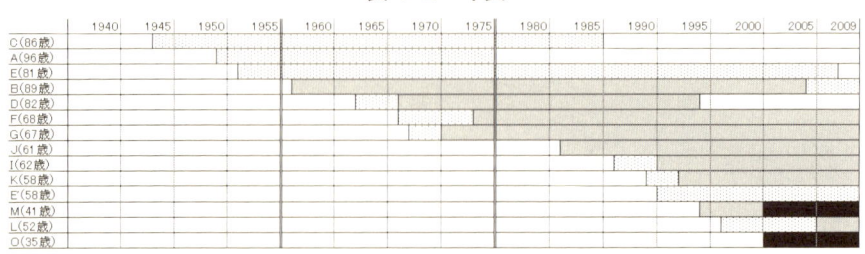

	1940	1945	1950	1955	1960	1965	1970	1975	1980	1985	1990	1995	2000	2005	2009
C(86歳)															
A(96歳)															
E(81歳)															
B(89歳)															
D(82歳)															
F(68歳)															
G(67歳)															
J(61歳)															
I(62歳)															
K(58歳)															
E'(58歳)															
M(41歳)															
L(52歳)															
O(35歳)															

▦ ＝①（サポート型）　▨ ＝②（協働型）　■ ＝③（自立型）

出所：聞き取りより筆者作成

も，それで楽しんでた。もう資金繰りは私しかやれないからね（中略）主人は全然知らない。もう売る一方だから。」(D)。結婚直後は「夫のため」にサポートするという意識で仕事を行なっていたが，資金の管理を行ない経営を把握するようになると，自分の仕事としての自覚が強まってくる。自分が分担している業務に関しては，計画，判断も任され，責任，権限も持っている。「夫のため」だけでなく，自分が責任を持っている「夫の会社のため」に夫と一緒に働いているという点で，「協働型」と分類する。

(3)自立型・高度成長期後就業開始の妻

従業員の食事の世話がなくなり，一部に自分の視点を活かして自分が主導して仕事を行なっていこうとする動きが出てくる。このタイプは，新しい分野の仕事への進出を目指し，これまでの仕組みの見直し，再構築等，自らの発想で行動し，責任，権限も持っている。「社長は丸もの，私は角もの。打ち合わせもそれぞれ。（中略）それから，新商品の開発も。（中略）コースターとか，フラワーベースとか…新しい分野にどんどん進出していきたいですね」(M)。業主からの要請により入社するが，時間の経過とともに，自立的に仕事と向き合っていくように変化していく上記のタイプを「自立型」と分類する。

5.3 「生活」と不可分な妻の「仕事」

妻の「仕事」は，時間的に明確な始業・終業の線引きが難しく，さらには金銭的にも生活費から融通するということがたびたび起こる。妻の「生活」と「仕事」が，どのように接続しているのか，事例からみていく。

(1) 創業前からのサポート

結婚した当初は，夫がまだ創業をしておらず工場に勤めていた場合であっても，妻は内職というかたちで，夫の仕事を手伝っているケースがあった。夫には独立開業の夢があり，妻にも製造の仕事を覚えてもらうことを求めている。「うちの主人は上（工場長）やってたでしょ。で，下の人に（楽で割の良い内職を）やって，下の人がこれはやらないって言うのだけうちへ持ってきて，で，やれって言うのね。（中略）品物穴あけたり，タップをたてたり，ネジをね。そういう仕事をしてたんですよ」(B)。妻は，面倒で割に合わない仕事であっても，将来の独立を見据えて積極的に取り組んでいた。内職で製造に関する仕事を覚えながら，将来の夫の独立に備えて資金を蓄えていたのである。

(2) 資金の工面

創業をしても，資金の工面は続く。資金繰りを担当していない妻の場合であっても，夫から要請があればすぐに出せるように，常に手持ち資金を蓄える努力をしていた。「昔は入ってくればもう，大事に持っててなるべく出さないように。うちの主人どっちかっていうと機械が好きですぐ買いたくなる人なんですよ。（中略）『あるか』っていうから。ないっていうのは嫌だから，あるっていうと，自分で銀行行っておろしてきて，で，機械買っちゃうんですよ」(E)。妻は，夫と取引先の会話や，電話の内容，従業員からの話，社内に置かれた資料（機械のパンフレットなど），訪問業者，などの情報から状況を敏感に感じ取り，「そろそろ来る（資金要請）とわかるようになる」という。日常生活の中でもアンテナをめぐらせ，危機に対応できるよう身構えているのである。

(3) 従業員の管理

事業資金の融通と相まって，従業員に関連することがらも，業主の妻に深くかかわってくる。「職人さんが入ってるでしょ，そういう人たちがよく貸してくれって言うでしょ。結局主人のところへ言わないで，私のところへ貸して欲しいって言ってくるから。子供の貯金下ろしてまでも貸したりもしてきましたけどね」(E)。人事や採用に関しての決定は業主が行っていたが，従業員から直接妻に申し出があると突き放すことができずに個々に対応をとるという状況があった。経営者と従業員としての関係が必ずしも標準化された社則に沿ったものということではなかったため，ときには「企業経営」の枠を超えたサポートが行われることもあった。こうして「企業経営」が妻の「生活」に乗り入れてきたのである。

5.4 妻の「仕事」の継承に向けての課題

前項から，妻の「仕事」には生活と不可分な領域があり，企業経営と生活との線引きをあいまいにしつつ，妻が自分の裁量で時間的にも金銭的にも柔軟に対応している様子が浮かび上がってきた。妻のやりくりは，時代・企業の経営状況・業主と妻との関係・妻のタイプによって仕事内容の比重は変化するが，①生活と接続している　②自らの裁量を持って自発的に行っているという点では，共通している。

では，この妻のやりくりは，事業継承とともに次代に引き継いでいくことは可能なのだろうか。表4-1の高度成長期就業開始の妻（母）4名を例に，妻の「仕

事」の継承状況をまとめたのが（表5）である。

Dのみ退職しているが，B・F・Gはいずれも現役で経理，資金繰りに関わっている。Dは退職した後，社長である息子が資金繰りを行うようになり，億単位で資金の融通を頼まれる状況に危機感を感じている。Dはかつての夫である業主とのやりとりを振り返り，「できれば妻が手綱を持つほうがよいのだけれど」と言いながら，実際それを息子や息子の妻に望むことには躊躇いを感じている。息子も自分の妻には「そんな大変なことはさせたくない」と言い，妻を経営に関わらせようとは考えていない。ヒアリング先の多くの企業で類似の例が見受けられた。生活と不可分な「仕事」を妻が担うことで成り立っている小零細企業の矛盾が，妻の「仕事」の継承の難しさに表出している。

表5　妻の仕事の継承状況

	年齢	役職	仕事の内容	類型	現在の仕事	現在のやりくり	仕事の継承状況	次代の業主妻へ継承の見通し
高度成長期就業開始の業主妻	B (89) 母	なし→取締役→退職	a b c d	2	経理（支払い小切手と社長の給料計算）	母	息子（社長）の妻が売掛管理，請求業務を行っている。経理はやりたがらないという。給料は今でも自分が社長に手渡す。資金が厳しいときは渡せないこともあるという。社長の妻は介護の仕事をしてパート収入を得ている。	△
	D (82) 母	専務取締役→取締役→退職	a c d	1→2	67歳で引退	業主	息子（社長）の妻は，会社に関わっていない。社長はかかわらせたくないと考えている。社長は，経営資金がショートするとむに借用を願い出る。億単位のまとまった資金を融通することもある。この状況をDは憂いており，妻が手綱を持つ（管理する）ことが重要と考えている。	×
	F (68) 母	なし→取締役	a c d	1→2	電話対応，納品，経理（給与・資金繰）銀行交渉，従業員にみそ汁（食事無し），節約	母	息子（社長）の妻とは，結婚当初は一緒に経理事務を行っていた。PCが得意で，売掛や経理のシステムを作成し，事務の合理化に貢献してくれた。しかし，次第に精神的に不安定な様子が見られるようになったため，今は会社にはタッチしないで家で静養してもらっている。「できるお嫁さん」に，「厳しい資金繰りの内情と切り抜ける方法を伝えること」にためらいを感じていたという。	×
	G (67) 妻	なし→取締役	a b c d	1→2	電話対応，経理（給与，資金繰含），銀行交渉，請求業務，節約	妻	息子が営業として会社に入っている。夫の後を継ぐことで周囲も認知している。自分がやっている「仕事」は家族でなければやれないことが多いと感じているため，将来的には息子のお嫁さんになる人が引き継いでくれるのが良いと思っている。息子は，「自分の嫁にはかかわらせたくない」「お袋がやめたら自分がやるしかないと思っている」と言っている。Gはいつまでこの状況が続くかはわからないが，できるところまで自分が頑張るしかないと思っている。	×

〇＝継承の見通しがある　△＝どちらともいえない　×＝見通しが立たない
聞き取り調査より筆者作成

6. まとめ

本稿では，小零細企業の内実と存立状況を明らかにするため，妻が果たしてい

る役割に注目し，高度成長期という時代背景との関係も視野に入れて検討してきた。結果，①妻の仕事・役割は高度成長期という時代の要請と関連している　②妻は，事業資金の調達と従業員のサポートを入口として次第に企業経営にコミットメントしていく。③妻の「仕事」は生活と接続しており，経営の状況に合わせて自分の裁量で時間的・金銭的にやりくりしながら対応している。④妻のやりくりは，妻自身が自分の「仕事」と役割を受け入れ，自覚していく過程と密接にかかわっているため，継承することが難しい，ということが明らかになった。

大田区製造業の場合，「腕一本」で独立した業主の職人としての製造技能に注目が集まる傾向があり，製造業務以外の妻の仕事はこれまで不可視であった。しかし，食事の世話などの従業員のサポートや経理，資金繰りなどのやりくりを仕事として捉え可視化することで妻の仕事の内実が明らかになり，妻が企業経営にとって不可欠な役割を担い続けてきていたということがわかってきたといえる。

一方で，妻たちが，生活と不可分な「仕事」に含まれる曖昧な手法，すなわち「やりくり」という「仕事」を，次代へ伝達・継承していくことに戸惑いを感じていることもみえてきた（表5）。業主と共に歩んでいく中で次第にコミットメントしてきた（納得し，自発的になってきた）過程を振り返るとき，伝票や収支計算に留まらない紙上外のテクニックを所与のものとして伝えていくことにためらいを感じている。そこに，「家族じゃなきゃやれない」（G）「仕事」すなわち「やりくり」を含みこんで成り立っている小零細企業の一種の矛盾が照射される。

以上，本稿の検討を通じて，妻がかけはしとなって「生活」と「企業経営」が接続しており，妻がやりくりをしながら企業経営を支えているという小零細企業の存立状況の一側面が明らかになったと考える。

本稿では，妻の企業との関わり方について主に業主の仕事との関係の影響という側面から「サポート型」「協働型」「自立型」と類型を行った。しかし，年代で整理すると（表4-2），「サポート型」は戦前に教育を受けた80歳以上，「協働型」は戦後に教育を受けた60歳代，「自立型」は1980年代に教育を受けた30歳代，40歳代が多いという傾向がみえてくる。つまり，社会背景や地域環境の変化という大きな潮流の中に妻の働き方の変化を位置づけるという視点を併せ持つことが必要であるといえるが，この点は今後の課題として残された。また，本調査研究では事業所単位に調査の視点が集中し，大田区という産業集積地の特質と業主妻の働き方との関連性について分析が及ばなかった。

今後は，上記課題を念頭に，業主の家族，妻の役割という視角から，小零細企業の存立状況のさらなる解明に迫っていきたい。そのうえで，業主の妻を中心としたネットワークの形成，妻を対象とした勉強会・セミナーの開催等，妻の能力形成・開発を進展させ得る提言へとつなげていきたい。

〈注〉
1　徳井美智代（2009年）注3参照
2　千葉悦子（2000年），渡辺めぐみ（2009年）等がある。
3　坂田博美（2006年），荒木康代（2009年）がある。
4　徳井美智代（2009年，pp.309‐310）参照

〈参考文献〉
1　荒木康代（2009年）「『自営』という選択‐戦前戦後の2人の女性商業者の事例から‐」『労働社会学研究』第10号，東信堂，pp.1-33
2　深沼光（2011年）「新規開業企業における家族従業員の役割」『調査月報』No.28,日本政策金融公庫,pp.4-15
3　磯部浩一（1977年）「零細企業の本質について」渡会重彦編『日本の小零細企業（上）』日本経済評論社，pp.5-16
4　木本喜美子（2003年）『女性労働とマネジメント』勁草書房
5　野村正實（1998年）『雇用不安』岩波新書
6　坂田博美（2006年）『商人家族のエスノグラフィー』関西学院大学出版会
7　谷本雅之（2002年）「近代日本の都市『小経営』」－「東京市市制調査を素材として」
8　千葉悦子（2000年）「農家女性労働の再検討」『現代日本の女性労働とジェンダー』ミネルヴァ書房，pp.86-123
9　徳井美智代（2009年）「小零細製造業における業主の妻の役割‐東京都大田区の事例から」『日本中小企業学会論集』第28号，同友館，pp.299-312
10　徳井美智代（2011年）「小零細企業において業主の妻が経営に果たす役割‐妻の仕事の歴史的展開に着目して」『労働社会学研究』第12号,東信堂,pp.1‐30
11　植田浩史（2004年）『現代日本の中小企業』岩波書店
12　氏原正治郎・高梨昌（1977年）「零細企業の存立条件」渡会重彦編『日本の小零細企業（上）』日本経済評論社，pp.43-75
13　渡辺めぐみ（2009年）『いきがいの戦略　農業労働とジェンダー』有信堂
14　山中篤太郎（1977年）「付　零細企業に対する諸見解」渡会重彦編『日本の小零細企業（上）』日本経済評論社，pp.40-42

（査読受理）

製材業の産業組織と中小規模層の
存立形態としての「大工出し」

森林総合研究所　嶋瀬　拓也

1. はじめに

　製材業とは，主に丸太を用いて，板や角材などの製材品を生産する産業部門をいう。林業の生産物である木材の最大の需要産業であるほか，人口や経済の規模が小さい農山村にとっては雇用面・経済面でも重要な意味を持つ。さらに，後にみるように，ある種の中小製材業者は，地方市場に存する地域完結的な住宅サプライチェーンの中で中核的な役割を果たしてきた。すなわち製材業は，農山村（地方部）にとって，とりわけ重要な産業部門の一つということができる。しかし，国内製材業においては，産業規模の縮小に加え，地域格差の拡大が進んでいる。そしてこれは，かつて各地に広く分布し，製材生産の大部分を担ってきた中小工場が急減する一方，地域集積の傾向を持つ大工場がシェアを高めていることによる。すなわち，大工場を中心とする産業組織へのシフトが，地域格差の一因になっているともいえる。これらのことから，急激な衰退に直面している中小製材工場にも，地域や市場との関わりに照らせば，なお今日的な役割があるのではないかと考えたのが，本研究の動機である。
　そこで本研究では，①国内製材業の展開を，特にその産業組織と空間構造に注目しつつ明らかにし，そこに中小規模層の存立基盤を位置づけること，②事例研究による実態把握を通じて，中小規模層における個別経営の現状と，層としての衰退要因を明らかにし，その存立条件を探ることの2点を課題とした。

2. わが国製材業の構造変化

2.1 製材生産・流通構造

わが国の製材工場数は，1960年代には概ね25,000工場の水準を保っていたが，1970年代に入る頃から減り始め，1980年代に入ると減少が加速した（図1）。以来今日まで，減少傾向に歯止めがかからず，2011年には6,242工場となっている。ところで，この推移を工場の規模別（製材用動力の出力階層別）にみると，1968年までは，最小の階層区分である7.5kW～22.5kW層のみが減り，その後も1980年までは，この層と，その次に小さな22.5kW～37.5kW層のみが減少していたが，1980年を境に，当時5つに区分されていたすべての階層で工場数が減り始めた。製材用動力の総出力数も1980年をピークに縮小に転じているので，製材業の産業組織は，この頃を境に縮小し始めたといえる。もっとも，製材用素材入荷量（図2），製材品出荷量は，ともに1973年にピークアウトしているので，この頃からすでに縮小が始まっていたとみることもできる。

このように，製材業が全体としては産業規模を縮小させる一方で，大規模層への生産集中が進んだ。1983年に新たに統計区分が設けられた300.0kW以上層は，同年には素材入荷量の18.3%（7,641千㎥）を占めるに過ぎなかったが，その後一貫して比率を高め，2011年には62.0%（10,012千㎥）に達している。

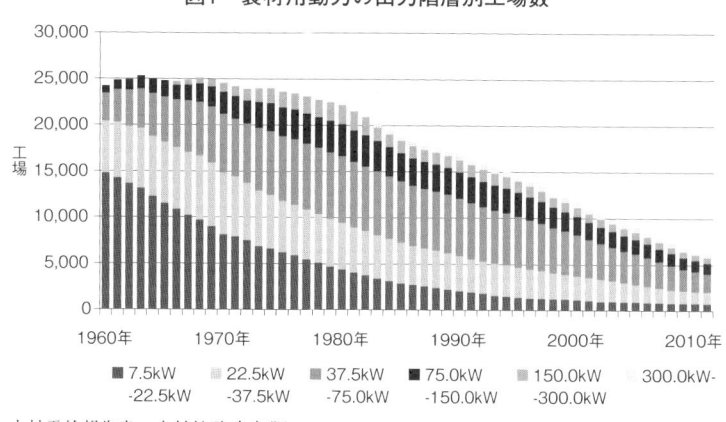

図1 製材用動力の出力階層別工場数

木材需給報告書、木材統計(各年版)

図2 製材用動力の出力階層別素材入荷量

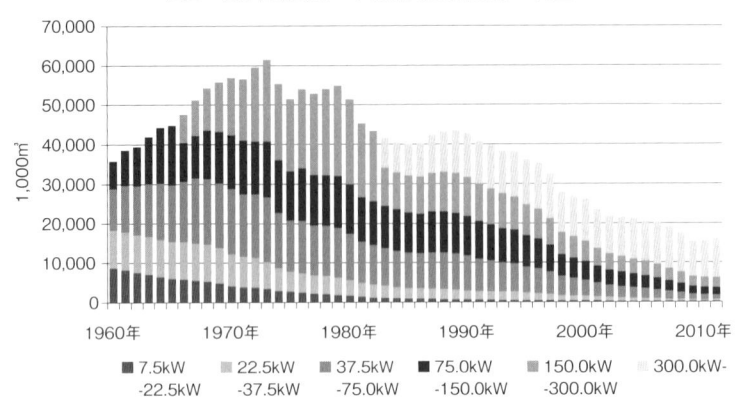

図1に同じ

図3 製材品の出荷先地域別出荷構成

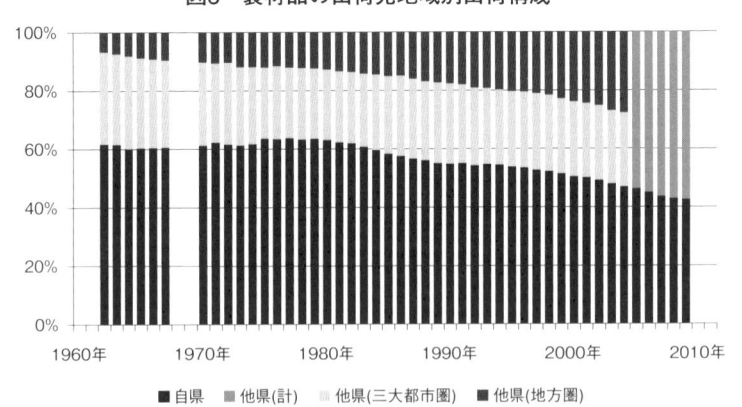

木材需給報告書(各年版)

　ところで，大工場の立地には，地域集積の傾向がある（嶋瀬，2005）。このため，大規模層への生産集中は，製材生産の空間的な集中にもつながっている。製材品出荷量に占める上位県のシェアは，1981年から2011年にかけて，上位5道県計が25.8%から38.5%に，上位10道県計が41.1%から56.7%に高まった。
　生産地と消費地の地理的関係にも変化がみられる（図3）。かつては，製材品

出荷量全体の6割強を自県向けが占め，他県向けについては大部分が三大都市圏向け^{注1)}であったが，しだいに地方圏向けの比率が上昇し，1980年代以降，地方圏向けを中心に，他県向けの比率が高まっている。

さらに，製材工場の年間販売金額規模別に出荷先業種別出荷量の構成変化をみると（図4～7），1991年調査までは，小規模なほど建築業者向けの比率が高く，大規模になるほど流通業者向けの比率が高いという傾向が鮮明であったのが，2001年調査では，中小規模層を中心として建築業者向けの比率が顕著に縮小し，2011年調査ではさらに落ち込んだ[注2]。

以上を簡単にまとめると，わが国の製材業には，1980年頃から，①産業規模の縮小と大規模層のシェア拡大，②特定地域への生産集中と広域流通（特に地方圏向け）の拡大，③建築業者向け直接流通の縮小といった変化が生じている。

2.2　製材業の存立形態—先行研究をもとに—

製材業の生産・流通構造に生じたこれらの変化の要因を考えるのに際して，製材業の存立形態に関する知見を振り返っておきたい。村嶌（1993）は，わが国の製材業を「小売主体型」と「産地型」とに分けて整理している[注3]。前者は，主に地元の大工・工務店（小規模住宅建築業者）に販売するもので，「自工場で生産したものと外から仕入れた製品でもって品揃えをし，大工・工務店に納めるという形」（村嶌，1993，p.275）をとる。典型的には「家族経営のほか2～3人を雇用する程度の零細工場」（同上）である。後者は，「問屋や市売・センターへ出荷する」（同上）もので，県外出荷，特に首都圏向けの出荷を特徴とする。特定の生産品目に特化した高能率の生産ラインを装備する大型工場が中心である。以上を簡単にまとめると次のようになる。

　　小売主体型：多品種—地元の大工・工務店向け（直接流通）—小規模

　　産　地　型：少品種—大都市の市場・問屋向け（間接流通）—大規模

学術的にも，政策的にも，これまで，「小売主体型」があまり注目されてこなかったこともあり，概念や用語の統一は十分ではない。例えば，村嶌（1978）では「製材工場Ⅰ」「製材工場Ⅱ」，佐々木（1993）では「地場大工工務店出荷型」「大

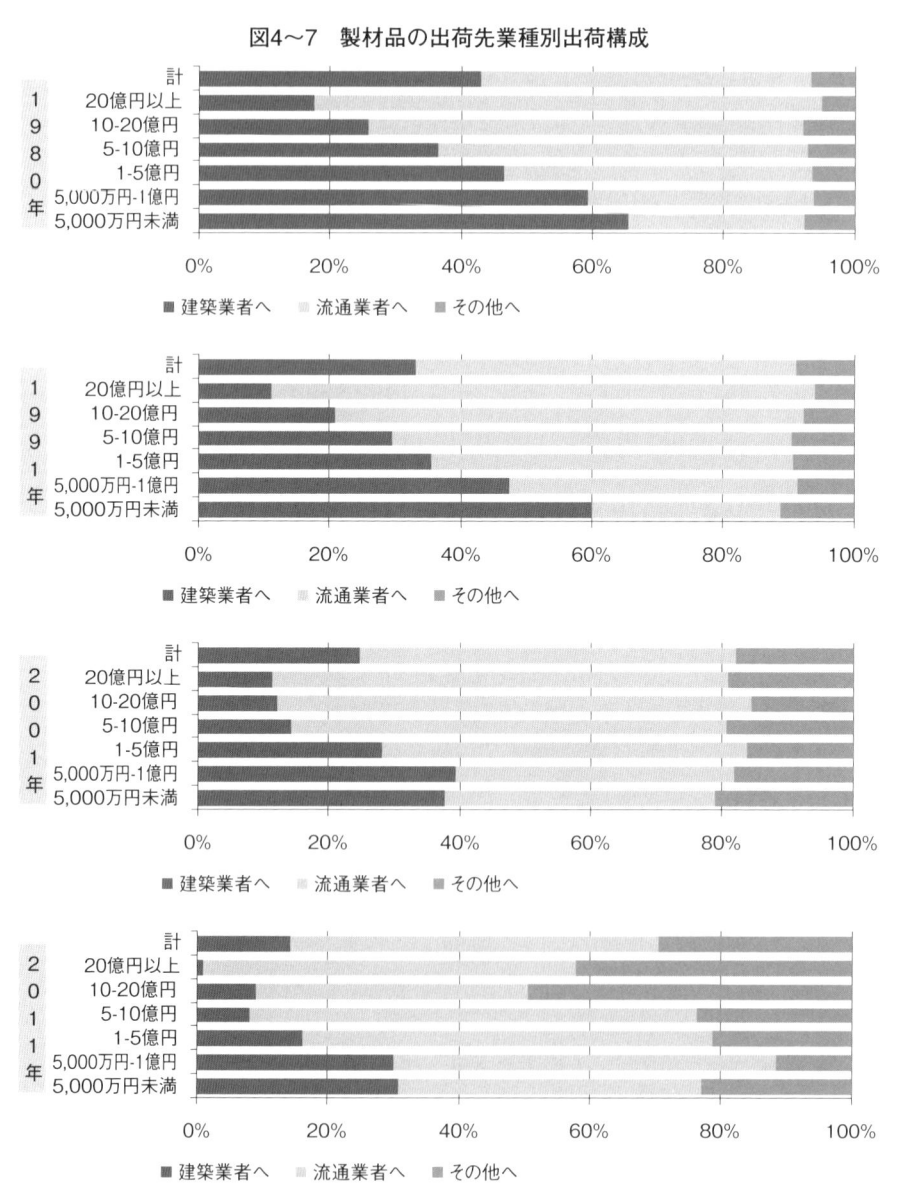

図4〜7 製材品の出荷先業種別出荷構成

1980年
- 計
- 20億円以上
- 10-20億円
- 5-10億円
- 1-5億円
- 5,000万円-1億円
- 5,000万円未満

■ 建築業者へ　□ 流通業者へ　■ その他へ

1991年
- 計
- 20億円以上
- 10-20億円
- 5-10億円
- 1-5億円
- 5,000万円-1億円
- 5,000万円未満

■ 建築業者へ　□ 流通業者へ　■ その他へ

2001年
- 計
- 20億円以上
- 10-20億円
- 5-10億円
- 1-5億円
- 5,000万円-1億円
- 5,000万円未満

■ 建築業者へ　□ 流通業者へ　■ その他へ

2011年
- 計
- 20億円以上
- 10-20億円
- 5-10億円
- 1-5億円
- 5,000万円-1億円
- 5,000万円未満

■ 建築業者へ　□ 流通業者へ　■ その他へ

木材流通構造調査報告書(各年版)

消費地市場出荷型」としている。業界では「小売製材」「卸売製材」という呼称が一般的で，後者はしばしば「送り製材」とも称される。今回の調査地である最上地方では「地場出し（または大工出し）」「市場出し」と呼ばれる例が多かった。上述のとおり，業界用語としては「小売製材」「卸売製材」の通りがよいが，「小売」は本来，消費者への販売を意味する用語であるため，以下，本稿では，簡潔で内容を捉えやすい「大工出し」「市場出し」の呼称を用いることとする。

2.3 1980年以降のわが国製材業に生じた構造変化とその要因

2.1でみた製材業の諸変化を上の形態分類に照らすと，次の推論が成り立つ。すなわち，製材業の産業組織に生じた諸変化が，大工出しと市場出しという2形態間の構成変化を反映したものだと仮定すれば，それぞれの変化を関連づけて，統一的かつ整合的に理解することが可能だということである。

大工出しは，住宅1棟分の部材を一揃いずつという，小ロットかつ煩雑な注文に応じる製材業である。小回りが利くことが重要なため，中小工場が優位性を持つ。自らが商業資本としての機能を果たすことにより，需要が個別分散的で流通機構が未整備な地方市場を存立基盤としえた。他方，市場出しは，他産地との間で産地間競争を繰り広げる製材業である。競争に勝ち残るためには供給力や生産効率を高めることが不可欠であり，それには生産品目を絞った上で量産化を図ることが有効である（嶋瀬，2005）。大量の生産物を捌くためには大きな市場（潤沢かつ稠密な需要）とよく整備された流通機構が不可欠なため，早くから木材市場や問屋などの木材流通機構が発達した大都市市場を存立基盤とした。

1980年頃までの状況は，以上のような構図を映したものと考えられる。そして，それ以降の構造変化については，次のように解釈しうる。1980年頃からわが国の製材品需要が縮小基調に転じる中で，同年代半ば以降，製品輸入が急増した。製材品供給量に占める輸入品の比率は，1985年から1995年にかけて15.4%から31.7%に高まっている。しかも，上位の揚港は，三大都市圏などの大都市部に集中しており[注4]，輸入製材品のターゲットは明らかに大都市市場にあった。市場出しは，市場の縮小と輸入品の攻勢により，大都市市場を追われていった。一方，初期には三大都市圏に集中していた木材市場・問屋が，やがて地方都市にも広まったこと，これにやや遅れて，独自の木材流通機構を持つハウスメーカー（住宅大手）やプレカット業（木造建築物の構造材にあらかじめ必要な加工を施す産業部門）

の地方進出が進んだ[注5]ことにより，市場出しにも地方市場への進出機会が広がり，大工出しを圧迫するようになっていった。

次節以降では，以上の推論を念頭に置きつつ，事例研究を通じて，製材業の構造変化を個別経営の立場から捉え，中小規模層の存立基盤を考えていきたい。

3. 事例研究

3.1 調査地の概要

最上地方は，山形県の東北部一帯を占める総面積180,362haの地域である。新庄市と最上郡の1市4町3村からなり，行政上は，最上総合支庁の管轄区域と一致する。森林面積は142,043haで，森林率は78.8％と高い（全国平均は67.3％）。国勢調査によれば，2010年10月1日現在の人口は84,319人，世帯数は25,526世帯である。就業人口は40,009人で，第一次産業が6,189人（15.5％），第二次産業が12,102人（30.2％），第三次産業が21,718人（54.3％）と，第一次産業の比率が高い（全国平均は4.2％）。ほかに製材業との関連で触れておくべき特徴として，域内には製材品を取り扱う木材市場・問屋が存在しないこと，住宅の木造率は76％（床面積ベース，全国平均は35％）と高く，人口規模に比して潤沢な建築用材需要があること，住宅の規模は国内有数で，長大材など特殊な部材が多用されること（安村，2006），全域が豪雪地帯対策特別措置法に基づく特別豪雪地帯に指定され，冬期は積雪のため建築活動が停滞することが挙げられる。

製材業についてみる。統計上の制約から古いデータになるが，2004年における本地域の製材工場数は34工場である。その製材用素材入荷量は91,000㎥で，うち国産材が83,000㎥（91％，全国平均は53％）を占める。製材品出荷量53,000㎥のうち建築用材が51,000㎥（96％，全国平均は81％）を占めるが，中でも板類は総出荷量の47％（全国平均は20％）を占め，際だっている。板類や羽柄材（垂木，貫，野地板など断面が小さな製材品の総称）に特化し，首都圏の木材市場・問屋に出荷する製材業の形態は，東北地方では一般的なものである（村嶌，1993；牛丸ら，1996）。ただし，「秋田杉」「吉野杉」「木曽桧」のような有名銘柄の確立にまでは至らず，産地としての展開も力強さを欠いた。潤沢かつやや特殊な地場需要もあり，大工出しと市場出しを併存させる形で製材業が発達した[注6]。

同じ地域に異なる形態の製材業が併存するということは，その地域に，両者を

ともに成立・存続させうる条件が揃っていたということにほかならない。そのような地域を事例とすることにより，地域ごとの諸条件の差異を排除しつつ両者を比較検討することが可能と考えた。このような地域は，全国に広く存在するものと思われるが，本地域（の金山町）がこうした性格を持つことは，先行研究によってすでに指摘されており（奥田ら，2004），筆者による調査の結果もこれを裏付けるものであったことから，事例として採用することにした。

3.2　調査結果の概要

調査は，最上地方の製材業者のうち，承諾を得られた9業者に対し，訪問面接方式により行った。2004年11月から2005年7月にかけて一度目の調査を，2008年2月から7月にかけて補足や追跡のために二度目の調査を実施した[注7]。半構造化した調査票を用い，概要と沿革，素材の調達と消費，製材品の生産と販売，製品戦略，市場展望などについて聞き取った。

調査の結果，これらの9業者は，主に生産品目と出荷形態の違いから，大工出し（4業者），市場出し（2業者），移行型（3業者）の3つに区分された（表1）。移行型は，本稿で独自に設けた区分で，1990年代後半から2000年代前半にかけて，地元大工・工務店向けから，都市部の市場向けに傾斜したものである。

また，本地域における製材業の展開は，概ね以下のようなものであった。1970年代末頃までは，大工出しと市場出しが拮抗していたが，この頃から，市場出しの業者に倒産・廃業が目立つようになった。このときは，大工出しの多くは存続した。1980年代中頃になると，大工出しの中に市場向けにシフトするものが現れ始めた。しかし，かつて大工出しでこの頃に市場向けへとシフトした業者は，1990年代末頃から市場退出を始め，以来今日までに大部分が姿を消した。

3.3　生産・出荷の現状

大工出し（A～D）は，地元大工・工務店から，住宅1棟分の建設に必要なすべての部材を「木材一式」として一括受注する。その中にはしばしば自身が生産しない部材も含まれるが，その場合，同業者や木材市場から仕入れて納品する。また，納品は通常，上棟工事，下地工事，造作工事というように，建築工事の進捗に応じて，何度かに分けて行われる。掛け売りが一般的で，代金回収は，完工後や，閑散期の冬期に行われる。Dは，出荷量の2割が市場向けであるが，これ

表1　調査結果の概要

		概要	生産内容と出荷先	生産・販売に対する考え方，取り組みなど
大工出し	(有)A製材所	①3,000㎡ ②9人 ③37.5-75.0kW* ④1910年頃 ⑤100% → 100%	【住宅部材一式】 　地元の大工・工務店	市場出しと地場出しではそもそも棲み分けがある。市場出しが100本挽く間に地場出しは20-30本。2008年，事業用地の買収提案を受けて廃業。廃業直前は販売不振で，用地買取の話がなければ市場向けを始めていたかもしれない。
	(有)B製材所	①2,800㎡ ②11人 ③180kW ④不明(3代目) ⑤100% → 100%	【住宅・社寺部材一式】 　地元の大工・工務店3割 　県内他地域の大工・工務店3割 　他県の大工・工務店4割	1995年の設備更新時に市場出しへの転換も検討したが，自身の強みは地場出しにあると考え直し継続。地元の有力工務店を大口の得意先とし，林産物認証の取得などによりこの工務店との一層の関係強化を図る。
	C森林組合	①1,900㎡ ②12人(全体) ③36kW ④- ⑤100% → 100%	【住宅・社寺部材一式】 　県内向けの産直住宅3分の2 　関東向けの産直住宅3分の1	単品では四国産や九州産にかなわない。地元で産出される大径材の利点を活かすためにも部材一式の生産・販売を重視。地元大工職人の冬期就労対策も兼ねて，1991年頃から産直住宅を開始。同時に住宅の地産地消も展開。
	(有)D製材所	①1,700㎡ ②6人 ③9kW ④1947年 ⑤80% → 80%	【住宅部材一式8割】 　地元の大工・工務店 【板2割】 　県内・東京の木材市場	利幅が大きい地場出しを優先。市場出しは作り置きをして地場出しで余った板のみ。2000年頃から地元の建築家や工務店と住宅の地産地消を開始。Aの廃業時にその要請を受け顧客を継承。
移行型	(株)E木材	①6,700㎡ ②22人 ③72kW ④1923年 ⑤50% → 10%	【住宅部材一式】 　地元の大工・工務店 　関東の建築設計事務所 【板】 　関東の木材市場	市場出しは確実に売れるが，羽柄材ばかりで単価が低い。地場出しだけで捌ききれるならそちらに集中したいが，地場需要の閑散期に出荷させてもらうため繁忙期にも市場の注文に応じている。
	F森林組合	①1,700㎡ ②19人(全体) ③39kW ④- ⑤70-80% → 50%	【住宅部材一式】 　地元の大工・工務店 【板】 　県内・仙台の木材市場	市場出しより大工出しの方がよほど儲かる。市場出しは加工が面倒な上に単価も低い。大工・工務店からの受注低迷のためやむをえず出荷している。市場向けが多くなる冬場は赤字。新たな販路としてDIY店向けに期待。
	G木材	①1,100㎡ ②3人 ③22.5-37.5kW* ④1982年 ⑤100% → 10%	【造作材8割・通し柱2割】 　県内の木材市場 　県内の大工・工務店等	大工・工務店向けは利幅の大きさが魅力だったが，手形決済を求める得意先が増え，代金回収に不安を感じて市場向けに転換。市場で買い手がつきやすいよう，より安価な丸太を使った製品に変更(米国産スプルース→国産スギ)。
市場出し	(株)H製材所	①48,000㎡ ②58人 ③1,000kW以上* ④1976年 ⑤50% → 0%	【羽柄材7割・構造材2割・板1割】 　関東甲信越の木材問屋92-93% 　県内のDIY店等7-8%	1986年までは地場出し専門だったが，代金回収がままならず，羽柄材生産のための設備を導入した上で市場出しに転換。その後も競争力向上のため設備投資を続け規模を拡大。
	(有)I製材所	①6,000㎡ ②14人(全体) ③不明 ④1960年 ⑤0% → 0%	【板】 　東京の木材市場85% 　県内の二次加工業者等15%	本業は素材販売で製材は副業の一つ。曲がり材など売れにくい素材を製材。かつては住宅部材一式を手掛けていたが，手間がかかることや得意先への配慮もあり1980年代後半に板に特化。

調査結果より筆者作成
(注) 概要は，①製材用素材消費量(年間)，②従業者数，③出力数(以上2005年頃)，④創業年，⑤大工・工務店向けの比率(1990年頃→2005年頃)。「*」は推定。

は手空きのときに挽き貯めた板類や小割材(羽柄材のうち特に断面が小さなもの)のうち，売れ残ったものである。市場向けは，域内の建築活動が停滞する冬期に多いという。

　移行型(E〜G)のうち，EとFの2業者は，1990年代中頃まで，上記のDと同じような内容であったが，その後2000年代半ばまでに，地元大工・工務店向けの比率を大幅に低下させた。いずれも，得意先である大工・工務店からの受注が低迷したためである。Gは，造作材(内装用の部材)専門の業者である。本稿でいう大工出しとはやや異なるが，需要者と直接取引をしたほうが市場に出荷するより利幅が大きいとして，地元大工・工務店などに直接販売してきた。しかし，1990年代に入ると，得意先に手形取引を求めるものが増え始め，代金回収に不安を感じて市場向けに転換した。

　市場出し(H，I)は，板類や羽柄材などに生産を特化している。出荷先は，首都圏の木材市場・問屋が中心である。住宅建築業者やプレカット業者といった需要者から直接受注することもあるが，その場合も商流上は必ず流通業者を経由させる。副業として製材業を営むIも域内では大規模な部類に属するが，専業のHは，域内では別格ともいえる規模を持つ。Hの経営者によれば，この規模で「ようやくハウスメーカーやホームセンターと商談することができる」レベルであり，首都圏で輸入品と伍していくためにはさらに大きな規模が必要としている。

　以上にみたように，市場出しは工業資本としての性格が強いのに対し，大工出しは工業資本的な性格に加えて商業資本(金融機能を含む)としての性格を有する。移行型は，かつては大工出しと同様，地元大工・工務店を主な得意先としていたが，その低迷のあおりを受けて市場向けにシフトした形態といえる。

3.4　市場対応行動

　先にみたとおり，本地域の製材業の市場対応行動としては，1980年代半ば以降に大工出しの一部にみられた市場向けへのシフトがまず挙げられる。しかしこのような対応行動をとった業者の多くは，すでに市場退出している。市場出しとして存続するH，Iも，この時期に市場向けへと全面転換したが，Iは，本業である素材販売への集中化を図るとしており，製材業には，売れにくい素材を，形を変えて販売する以上の役割を求めていない。他方，専業のHは，積極的な規模拡大戦略をとる。羽柄材に特化した生産能力の拡充と，「その日のメニューはその日

の朝に決める」という柔軟な事業実行体制で，短納期での特寸対応を得意とし，物流拠点の整備などによって，その強みの一層の強化に取り組んできた。

　大工出しの各業者は，その生産・出荷形態を維持すべく，新規顧客の開拓や既存顧客との関係強化を図っている。A，Bは，得意先からの受注減への対策や，一部の得意先への売掛債権の集中を避けるため，営業圏の拡大を含む新規顧客開拓に努めてきた。Aの場合，かつては最上地方に限っていた営業圏を村山地方にまで広げた。1997～98年頃に20～30であった顧客数が，廃業直前の2008年には70～80にまで増えていたという。Bは，2003年には最上地方5割，県内他地域・県外5割であった出荷構成を，2007年には最上地方3割，県内他地域3割，県外4割とした。Cは，1991年から産直住宅や住宅の地産地消を始め，Dも，2000年頃から地元の建築家や工務店との連携により，住宅の地産地消に取り組んでいる。このほか，地元の有力工務店を大口の得意先とするBは，この工務店との一層の関係強化や製品差別化を狙って，世界的な森林認証機関の林産物認証を取得した。大工出しは，これらの取り組みが奏功し，その形態を維持しえた類型とみることができる。

　移行型のうちE，Fは，得意先からの受注が低迷する中で，産直住宅などに取り組んだものの，十分な成果をあげることができず，意に反して市場向けの比率を高めた。設備投資など必要な準備を行った上での転換ではないため，低単価の製品を高コストで生産することとなり，市場出しへの全面転換を図ったHとは，同じ市場向けといっても，内容が異なるといわざるをえない。造作材専門のGは，市場向けへの転換に際し，設備投資こそ行わなかったものの，買いが入りやすいようにと，それまで主力であった高価な北米産スプルースから，より単価が低い国産スギへと利用樹種を切り替えた。出荷先と利用樹種の変更により製品単価は下がったが，売れ行きは好調で，増員して対応しているという。Gの場合，市場向けへの転換に必要な対応がとられたという意味では，Hと共通するともいえる。

4．おわりに

　大工出しは，かつては地方市場における木材流通機構の未整備や住宅建築業の零細性を補う役割を果たし，中小規模層の製材業者にふさわしい形態として合理的に存立しえた。このことは，わが国の製材生産が顕著に縮小した1980年代に

あっても，小規模層における建築業者向け直接出荷の比率が維持されたことが示している。最上地方でも，1970年代末頃から市場出しの業者に廃業や倒産が目立つようになる一方，大工出しの多くは存続したとされている。しかし，1990年代に入ると，大工出しの得意先である地元大工・工務店の受注が落ち込み，その存立基盤は崩れていった。結果，中小規模層は，単に層として縮小しただけでなく，大工出しとしての性格を維持できなくなり，変質していった。これが，移行型の発生メカニズムと考えられる。

事例研究の結果からはまた，大工出しやそこから変質を迫られた移行型さえもが，自身の強みを大工出しにあるものと捉え，これを維持しようとしてきたようすがうかがえる。スケールメリットが期待できない中小規模層にとって，商業利潤が得られる大工出しは，望ましい存立形態であったとみることができる。

一部の業者が，大工出しとして存続しえている要因について，今回の研究からだけでは十分なことはいえない。ただし，大工出しとして今日まで存続している3業者のうちB，Cは，市場としても，技術上も，住宅建築用材より特殊な社寺建築用材を手掛けている。また，Dは，住宅建築用材専門ながら，同業者の間でも評価が高く，Aが，廃業時に，自身の得意先をDに委ねたのも，そのためだとしている。市場や技術上の差異が存続を分けたという面はあるのかもしれない。

冒頭に述べたとおり，地域や市場との関わりに照らせば大工出しは今日もなお役割を有するものと考えられる。しかし現実には激しい縮小が続いており，存続を担保しうる十分な方法はまだ見出されていない。住宅サプライチェーンの構造変化を踏まえつつ，それに適応して存続しうるモデルの確立が求められている。

〈注〉
1　ここで三大都市圏は，東京圏・大阪圏・名古屋圏を，地方圏は，三大都市圏以外の区域をいうこととする。また，三大都市圏の各区域は，以下のとおりとする。東京圏：埼玉県・千葉県・東京都・神奈川県，大阪圏：京都府・大阪府・兵庫県・奈良県，名古屋圏：岐阜県・愛知県・三重県
2　紙幅の都合のため図示しなかったが，1968年，72年，75年の調査結果も，80年，91年とほぼ同様の傾向を示している。
4　例えば，1990年における米材製材輸入量をみると，上位5港（東京，大阪，名古屋，千葉，川崎）で73.2%を，上位10港（加えて，小名浜，仙台，苫小牧，博多，清水）で93.4%を占めている。

5　住宅金融普及協会編「住宅・建築主要データ（戸建住宅編）」によれば，地方圏（区域は既出のとおり）の戸建住宅新築工事における大手（年間受注実績300棟以上）のシェアは，1987年の14.7％から，2002年には28.4％へと上昇した。また，日本住宅・木材技術センターの推計では，プレカット率（在来工法住宅のうち，機械プレカットによって部材加工が行われた比率）は，1990年8％，2000年52％，2010年87％となっており，地方市場にも浸透が進んでいるとみられる。

6　奥田ら（2004）の試算によれば，最上郡金山町における2000～2001年度の製材品販売量4.5千㎥のうち，町外向けは3.0千㎥（うち2.3千㎥は「関東圏を中心とした県外」）を，町内向けは1.5千㎥を占める。町内向けは，町内の住宅建築に用いられた木材の8割を賄っており，奥田らはこれを同町における「住宅用木材の自給構造」と規定している。

7　本稿の執筆に当たり，2013年1月，電話などにより，可能な範囲で追跡調査を実施した。Iは，2008年7月の調査時以降に倒産した。B～Hの7業者は存続している。Cは，関東向け産直住宅の比率を3～4割に高めつつ，生産量をほぼ維持している。Eは，生産量を2～3割程度縮小し，大幅な人員削減を行った。Hは，設備投資をさらに進め，年間素材消費量を70,000㎥に拡大している。

〈参考文献〉

1　村嶌由直（1978年）「木材関連産業の成長と市場構造」林業構造研究会編『日本経済と林業・山村問題』東京大学出版会，pp.29-104
2　村嶌由直（1993年）「木材産業の市場体系」船越昭治編著『転換期の東北林業・山村』日本林業調査会，pp.267-287
3　奥田裕規ほか（2004年5月）「金山町における『住宅用木材自給構造』の成立要因」『日本森林学会誌』第86巻第2号，pp.144-150
4　佐々木孝昭（1993年）「岩手県気仙地域における産地形成の取り組み」船越編著前掲書，pp.288～298
5　嶋瀬拓也（2005年8月）「製材品流通の地理的変化と製材業大手の供給戦略」『林業経済』第58巻第5号，pp.1-16
6　牛丸幸也・西村勝美・遠藤日雄編著（1996年）『転換期のスギ材問題―住宅マーケットの変化に国産材はどう対応すべきか―』日本林業調査会
7　安村直樹（2006年6月）「金山杉がもたらす住宅の地域特性」『森林科学』第47号，pp.48-50

（査読受理）

韓国における受託製造加工の効率性に関する決定要因分析

追手門学院大学　稲葉　哲

1．はじめに

　近年，巨大グローバル企業だけでなく，工場を持たない企業形態であるファブレス企業が活躍するようになっている。その要因の一つとして，受託製造企業の存在があり，委託側企業は，企画，開発，設計などに経営資源を集中し，製造工程は受託側企業に任せるという形で経営することが可能となっていることがある。

　韓国においても，専業的に受託製造する企業は，これまでにもさまざまな産業と企業規模で広範に存在していた。後の分析で使用する韓国統計庁「鉱業・製造業調査」のデータの定義によると，受託製造（賃加工）収入とは，「原材料（または中間製品）や原材料費を他の製造業企業から供給され加工処理した対価として受けた収入額」であるため，企画・設計や購買でも強みを発揮して収入を得ている企業に比べると，こうした受託製造収入を得ている企業は，価格，品質，納期等での決定権が小さくなるというデメリットはあるが，企画設計・開発の時間や，原材料費の負担が節約できる分だけ，経営資源の少ない中小零細企業にとっては相対的にメリットの大きな分野だともいえる。そのため，受託加工で収入を得ている中小零細企業は多く存在するが，同一産業内の受託企業同士でもそのパフォーマンスには格差が存在すると考えられる。

　本研究では，受託製造加工に焦点を当てて分析を進めていくが，こうした分析が必要な理由としては，①今後も製品製造企業によるアウトソーシングの活用が進むことが予想される一方で，それとともに高い生産効率を実現する必要性のあ

る受託企業側の研究がこれまでにほとんどなされてこなかったこと，②多くの産業で見られる中小企業の主要な事業分野として受託製造加工を分析しておくことは，中小企業支援策の観点からも重要であると考えられること等が挙げられる。

製造加工に特化した事業形態である受託企業においては，研究開発よりも，効率的な生産技術の利用や適切な工程管理が重要視されると考えられる。それゆえ，効率性に焦点を合わせて分析することは受託企業のパフォーマンスを評価する上で必要不可欠であるといえよう。受託製造の効率性に焦点を合わせて韓国製造業を捉えた場合，どのようなことがいえるか。そもそも製品製造と受託製造を区別する必要があるのか。こうした疑問に答えるためにも，韓国経済を支える主要産業の中で，受託製造が重要と考えられる産業を選び出し，効率性の決定要因を分析する。

本稿の論文構成は次のようになる。次節では，韓国における効率性と受託製造に関連する先行研究について触れる。第3節では，データを概観し，分析方法と効率性の決定要因に関する仮説を設定して，第4節では，実証結果を示す。最後に，第5節で実証結果を要約し，今後の課題について述べる。

2．先行研究

韓国の効率性に関するマイクロデータによる実証研究は，これまで，個別産業分析，製造業全体の分析，財閥・非財閥，大企業・中小企業の対比分析から，生産性向上の要因分析，産業比較分析，立地環境分析等により行われてきた[注1]。

チョン・チョ（2000）は韓国信用評価株式会社等の資料を使用し，自動車会社の技術的効率性の測定と決定要因を分析したが，生産規模の拡大は効率性を高め，サムソン自動車参入後の生産拡大競争が効率性を悪化させる方向に働いたことを明らかにしている。

キム（2001）は上場企業財務諸表を使用し，6産業における効率性の決定要因を分析したが，企業規模に関しては，どの産業においても規模が大きくなるほど効率が高まることを示したが，外部資本比率，研究開発比率，輸出比率に関しては，産業により効率に対する効果が異なることを示している。

チェ（2004）は産業別資料として「鉱業・製造業統計調査」を，企業財務データとしては韓国信用評価「KIS-LINE」を使用して，効率性の決定要因を分析し，

財閥，企業年齢，輸出比率が高いほど効率は高くなるが，企業規模（販売シェア）に関しては，規模が大きすぎると非効率になることも明らかにしている。

事業所データを使用し集積との関係を分析した研究もある。確率的生産フロンティア分析による「効率性」の分析ではないが，ミン・キム（2003）は「鉱業・製造業統計調査」を使用して，「労働生産性」に対する集積の効果を分析し，おおよそ，どのような分析においても，産業の多様性よりも同一産業の集積のほうが，生産性との間のプラスの効果が大きいことを明らかにしている。

キム，ピョン，イ（2009）は「鉱業・製造業統計調査」のマイクロデータを使用し，効率性に関する分析を，大田の機械産業，光州の光産業に適用し，研究開発や地域産業政策が効率性向上に結びついていると主張している。

ペ（2009）は，「鉱業・製造業統計調査」のマイクロデータを使用し，部品産業や素材産業の成長主導要因を推定したが，技術進歩と効率性との関係に関しても分析し，産業別の平均効率性の違いを明らかにしている。

一方，同一産業内の受託企業と一般企業との違いを見た分析もある。ムン（2001）は，首都圏の電子産業を対象にして，産業集積や地域が企業の革新遂行にどのような影響を及ぼすかを分析しているが，そのなかで受託製造（ムン（2001）の論文内では賃加工という言葉を使用）が革新的活動をする傾向がないことを明らかにし，研究開発が活発に行われている電子産業においても，受託製造か製品製造かによって必要とされる技術が異なる可能性があることを示している。

稲葉（2009）は韓国製造業における受託製造企業の特性を分析した研究であるが，女性労働や生産労働依存が高く，国家産業団地や産業集積地ほど受託製造加工の重要性が高まることを示している。しかしこうした企業特性や集積が企業の効率性にどのような影響を与えているのかに関しては分析していない。

以上の先行研究から，産業分類は同一でも製品製造と受託製造（あるいは下請け）などによる区別をしていないこと，また，受託製造を行う企業に関しては，効率性の研究がないこと，さらに，そもそも受託企業や産業団地に焦点を当てた分析自体がほとんどないこと等が明らかになった。

3. 韓国の受託製造と技術的効率性決定要因モデル

3.1 データセット

データは，韓国統計庁「鉱業・製造業統計調査」の2006年度製造業事業所マイクロデータを使用する。これは，従業員数5人以上の事業所の全数調査データであり，財務データを使用した先行研究に比べると，中小零細企業を多数含めることができること，また，産業分類が3桁産業分類，行政区分も市・郡・区レベルのデータであるため，詳細産業別に集積など立地環境に関する変数を含めて分析できるというメリットもある[注2]。

3.2 韓国の受託製造加工

受託製造（賃加工）収入の定義は，第1節で述べたとおりであるが，製品製造との違いは受託製造が「他の製造業企業から原材料（費）の供給を受けて加工処理した対価を受けること」にあるため，受託製造は一般的な下請けよりも範囲が狭く，他の製造業企業からの依頼なく原材料を調達し，製造加工している下請企業は製品製造にカウントされる可能性があることも否定できない。そのため，製品製造データの使用においてはこうした点にも留意すべきである。

出荷額全体に占める製品製造と受託製造の割合を見ると，製品製造の割合は96.1％であり，受託製造は3.5％にすぎない。一方，事業所数全体に占める製品製造と受託製造の比率を見ると，製品製造で収入を得ている事業所の割合は77.4％，受託製造は26.4％で，受託製造は出荷額レベルでみるとそれほど大きくはないが，事業としては多くの企業が携わっていることがわかる。これらをさらに専業企業で見ると，出荷額比率では，製品製造が74.9％，受託製造が2.8％，事業所数比率は，製品製造が71.5％，受託製造が22.5％である。

専業企業に絞り込んでも，事業所数比率では，製品製造，受託製造ともにそれほど大きな低下は見られず，製品製造，受託製造で収入を得ている企業のほとんどが製品製造専業企業，受託製造専業企業ということがわかる。

それゆえ，製品製造や受託製造の特徴を明確にするためには，製品製造と受託製造の専業企業のみを分析対象としたほうがよいと考えられる。第4節の実証分析においては，全出荷額に占める受託製造と製品製造による収入額が100％の場合だけ，純粋な受託製造企業と製品製造企業とみなし分析することとする。

3.3 確率的生産フロンティアモデル

効率性の分析は，生産要素の投入に対してもっとも効率的な生産量を表す生産フロンティアをデータから導き出し，その効率的な技術水準に比べて，実際の各企業の産出水準がそこからどれだけ乖離しているかによって技術的非効率の度合いを計測するものである。以下で使用する確率的フロンティア分析は，効率的な生産要素の投入と産出との関係が天候や機械の調子などにより確率的に変動しうること，そしてその生産フロンティアと実際の各企業の産出量との乖離部分である技術的非効率も，企業特性などさまざまな要因によって相違が生じる可能性があることを想定して分析するものである。

以下では，Battese and Coelli（1995）を参考に，一時点のトランスログ型フロンティア生産関数と非効率性の決定要因の同時推定を行う。トランスログ型フロンティア生産関数は（1）式のとおりである。

$$lnY_i = \beta_0 + \beta_K lnK_i + \beta_L lnL_i + \beta_M lnM_i + 1/2\,\beta_{KK} lnK_i^2 + \beta_{KL} lnK_i lnL_i + \beta_{KM} lnK_i lnM_i \\ + 1/2\,\beta_{LL} lnL_i^2 + \beta_{LM} lnL_i lnM_i + 1/2\,\beta_{MM} lnM_i^2 + V_i - U_i \quad (1)$$

ここで，βは生産関数のパラメータ，V_iは生産フロンティアを変動させる誤差項であり，U_iは非効率性を表している。分布に関しては，V_iは正規分布$N(0, \sigma_v^2)$に従う確率変数，U_iはゼロで切断された非負の正規分布$N(z_i\delta, \sigma_u^2)$に従う確率変数であり，これらは互いに独立と仮定される。なお，Z_iは（2）式に出てくる非効率に影響を与える変数ベクトル，δはそのパラメータである。

また，lnY_iは，第i企業の生産額の対数，lnK_i，lnL_i，lnM_iはそれぞれ，第i企業の資本，労働，中間財の対数である。なお，生産額は「鉱業・製造業統計調査」のデータをそのまま利用するが，資本は土地と建設仮勘定を除いた年平均有形固定資産額を，労働は月平均従業員数を，中間財は原材料費，燃料費，電力費，用水費，外注加工費の合計を使用する。

$$U_i = \delta_0 + \sum_{j=1}^{n} \delta_j z_{ji} + w_i \quad (2)$$

（2）式の技術的非効率U_iに関しては，企業特性や立地特性を表す説明変数と誤差項の関数で表される。誤差項w_iは，平均ゼロ，分散σ^2の切断正規分布に従う確率変数である。そして非効率を表すU_iが確率変数であるという仮定を満たしつつ生産フロンティアが決定されるよう（1）式と（2）式の同時推定を行う。また

第 i 企業の効率性指標は,

$$TE_i = \exp(-U_i) \tag{3}$$

で表され，効率的であれば1を，非効率であれば0に向かって乖離していく。なお，分析においては，最尤法を用いた同時推定が行われるが，尤度関数は，$\sigma^2 \equiv \sigma_v^2 + \sigma_u^2$ と $\gamma \equiv \sigma_u^2/\sigma^2$ のパラメータとで表わされる（Battese and Coelli (1993) のAppendixを参照）。

次に技術的非効率の説明変数を見ていく。企業特性を表す説明変数の第一は，企業年齢である。経験とともに効率は高まる，すなわち，非効率は縮小すると考えられる。そのため，企業年齢と「非効率性」との間には負の関係が期待される（以下，どの変数も効率を高めるかを検証するので，この変数同様，符号上は負の関係を期待する）。調査年度から創業年度を差し引いて算出したものを使用する。

第二は，法人企業ダミーである。個人企業より法人のほうが，信頼性も高く，人材や資金も集まりやすくなるため，生産効率が高いことが予想される。個人企業は0，それ以外の法人組織形態は1をとるダミー変数である。

第三は，販売シェアである。シェアが高い場合，効率性を高める努力を怠る可能性もあるが，一般的には十分な受注が得られれば稼働率が高まり，他企業よりも生産効率が高まると考えられる。当該産業における受託出荷額（製品出荷額）全体に占める個別企業の受託出荷額（製品出荷額）の割合を使用する。

第四は，非生産職比率である。この変数は労働の質の高低を表す変数として使用されるが，生産職依存の高い受託企業の場合，適切な量のホワイトカラーを確保できておらずそれが効率性にも影響を与えている可能性がある。そのため，非生産職比率が高いほど効率も高いと考えられる。月平均非生産職従業員数を月平均従業員数で割ったものを用いる。

次に集積の効果をみるため，詳細な地域区分である市・郡・区データにより算出された「事業所数ベースの特化係数」と「地域別事業所数」を加える[注3]。事業所ベースの特化係数は，同一産業に属する企業が集積して，相互関連した活動や交流を通じて創出される外部経済効果を，一方，地域別事業所数は，同一産業ではなく，多様な産業に属する企業が集積して，活動することで発生する外部経済効果を見るものである。両変数で効率を高める結果が得られるかを確認する。

さらに，産業団地に関するダミー変数も導入する。韓国においては，これまでも産業団地が産業政策において重要な役割を果たしてきた。また，近年，産業団地クラスター事業から，産業団地広域クラスター構築戦略という産業団地の広域間連携という流れのなかで，地方産業団地や農工団地の機能を強化しようという動きも出てきており，現時点で地方産業団地と農工団地が効率性に対してどのような影響を与えているのかを分析することは興味深い。産業団地を国家産業団地と地方・農工団地に分けて，入居企業を1，そうでない企業を0とする国家産業団地ダミーと地方・農工団地ダミーを導入する。産業団地の効果に関しては，重化学工業育成拠点として役割を果たしてきた国家産業団地は企業の生産効率を高める環境にあると考えられるが，地方経済活性化のために地方自治体によって造成された地方産業団地や，農漁村地域の所得対策のために造成された農工団地は効率性を高める環境とはなっていない可能性がある。

最後に委託企業ダミーである。多くの製品製造企業において付加価値の低い分野，自社の技術蓄積とは関連のない分野で効率化のために外注利用が行われている。受託企業同士でも分業は行われているが，それが効率性にプラスの影響を与えているかどうかを確認する。外注加工費を計上している企業を1，そうでない企業を0とするダミー変数である。

以下，受託製造や製品製造が重要と考えられる産業，事業所数が十分に存在する産業を選び出して分析する[注4]。分析対象産業は，産業番号174.繊維染色，181.縫製衣服，252.プラスチック，289.組立金属加工，291.一般機械，321.半導体，343.自動車部品，351.造船である。なお，効率性の分析においては，Coelli（1996）の統計ソフト，FRONTIER Version 4.1を使用する。各変数が効率性を高める方向に働いているか，すなわち，非効率性との間に負の効果が現れるかを検証する。

4. 実証結果

第1表はモデル選択と非効率性パラメータに関する尤度比検定の結果を示したものである。コブ・ダグラス型の生産関数，OLSモデルがどの産業においても有意水準5％で棄却され，トランスログ型の生産関数と確率的フロンティアモデルが採択されている。

次に，受託製造企業と製品製造企業を区別する必要があるかどうかを確認する。第1図，第2図は，(1)式のトランスログ型フロンティア生産関数を各生産要素の対数で微分してその平均値で評価した労働投入弾力性，資本投入弾力性，中間投入弾力性と規模に関する収穫を産業別に示したものである[注5]。受託製造の場合は労働投入弾力性が，製品製造の場合は中間投入弾力性が高く，受託製造と製品製造では生産要素の貢献度が異なり，利用されている生産技術が大きく異なることを示唆している。また，規模に関する収穫に関しては，どの産業においてもほぼ1に近い値となっており，その意味ではフロンティア生産関数からみた産業の特異性は確認されない。

第3図は，同時推定の結果，導出される効率性の平均値を受託製造と製品製造で示したものである。どの産業においても効率性の平均値が受託製造のほうが低く，効率的な企業と非効率な企業との格差の問題は受託製造においてより大きなものと推察される。

第2表は，8つの産業における非効率性の決定要因の推定結果であり，5％有意の結果に色付けがしてある。

まず，企業年齢は，受託製造，製品製造のどちらにおいてもおおよそ負であるが，受託製造で特に有意の結果が多くなっており，経験の蓄積とともに生産効率が高まる（非効率が低下する）ことが示されている。法人ダミー，販売シェアは，製品製造は必ずしも負の効果を示していないが，受託製造は販売シェアで負であり，販売シェアが高まるほど効率性も高まることが示されている。また，非生産職比率は，製品製造では正の結果が多く，これも必ずしも負の効果を示していないが，受託製造では負となっており，受託製造では非生産職の割合が高まるほど効率性も高まることが示されている。さらに，委託企業ダミーは，受託，製品ともにおおよそ負であり，製品製造側だけでなく，受託製造側でも外注利用が効率性において重要な役割を果たしていることがわかる。

立地に関する変数を見ると，特化係数，地域企業数ともにおおよそ負で，受託製造，製品製造の効率性を高める役割を果たしているといえるが，製品製造はすべての産業において地域別事業所数が負となっており，製品製造にとっては同一産業集積よりも異業種も含めた企業集積のほうが相対的に重要であると考えられる。一方，国家産業団地ダミーは，製品製造では明確な傾向が見られないが，受託製造でおおよそ負となっており，特に重化学工業分野や，公害産業である染色

第1表　モデル選択と非効率性パラメータに関するテスト

	受託製造					製品製造				
	トランスログ 対数尤度	コブ・ダグラス 対数尤度	LR test	$\gamma=\delta_0=\delta_1=...=\delta_9=0$ 対数尤度	LR test	トランスログ 対数尤度	コブ・ダグラス 対数尤度	LR test	$\gamma=\delta_0=\delta_1=...=\delta_9=0$ 対数尤度	LR test
289.組立金属加工	-846.94	-1366.42	1038.97	-1037.76	381.64	829.70	363.08	933.25	397.18	865.04
291.一般機械	-137.97	-203.52	131.09	-183.23	90.52	714.01	497.51	433.00	161.41	1105.19
321.半導体	-390.86	-516.18	250.63	-472.76	163.78	-305.15	-460.93	311.56	-422.05	233.81
343.自動車部品	-357.72	-518.20	320.95	-443.61	171.77	267.90	-238.98	1013.78	-140.58	816.96
351.造船	-222.52	-334.11	223.19	-284.59	124.15	-44.06	-114.47	140.82	-274.35	460.58
174.繊維染色	-343.60	-350.91	14.61	-407.16	127.12	68.17	19.99	96.36	5.46	125.41
181.縫製衣服	-1910.90	-2287.68	753.55	-2263.78	705.76	-218.58	-290.99	144.83	-281.33	125.51
252.プラスチック	-288.42	-320.75	64.67	-352.10	127.36	700.70	438.33	524.73	119.46	1162.46

第1図　受託製造のフロンティア生産構造

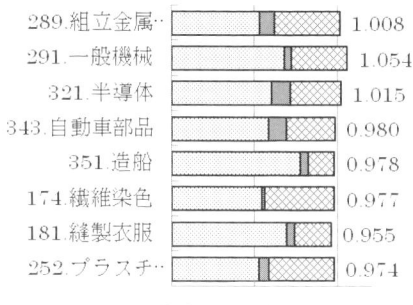

289.組立金属…	1.008
291.一般機械	1.054
321.半導体	1.015
343.自動車部品	0.980
351.造船	0.978
174.繊維染色	0.977
181.縫製衣服	0.955
252.プラスチ…	0.974

□労働投入弾力性　■資本投入弾力性　☒中間投入弾力性

第2図　製品製造のフロンティア生産構造

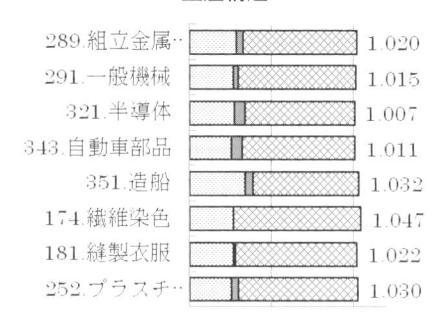

289.組立金属…	1.020
291.一般機械	1.015
321.半導体	1.007
343.自動車部品	1.011
351.造船	1.032
174.繊維染色	1.047
181.縫製衣服	1.022
252.プラスチ…	1.030

□労働投入弾力性　■資本投入弾力性　☒中間投入弾力性

第3図　効率性平均比較

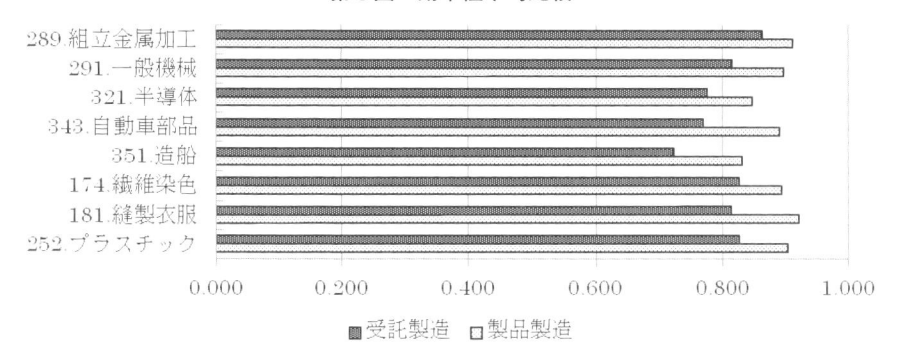

■受託製造　□製品製造

第2表　非効率性の決定要因の分析結果

	289.組立金属加工		291.一般機械		321.半導体		343.自動車部品	
	受託製造	製品製造	受託製造	製品製造	受託製造	製品製造	受託製造	製品製造
企業年齢	-0.01 ***	0.00	-0.13 ***	-0.02 ***	-0.11 ***	-0.04 ***	-0.14 ***	0.00
	(-5.22)	(1.18)	(-3.58)	(-7.39)	(-2.65)	(-4.25)	(-14.61)	(-1.19)
法人	0.24 ***	-0.01	1.07 ***	-0.46 ***	-1.55 ***	0.68 ***	0.20	-0.03
	(6.53)	(-0.31)	(3.99)	(-5.35)	(-5.04)	(2.78)	(1.18)	(-0.77)
販売シェア	-44.58 ***	-15.57 ***	-1.74	3.52 ***	-2.80 ***	6.10 ***	-4.58	6.74 ***
	(-15.31)	(-11.73)	(-1.41)	(2.64)	(-2.01)	(4.63)	(-0.97)	(4.50)
非生産職比率	-0.70 **	1.95 ***	-2.66 ***	-0.28	-2.71 ***	2.21 ***	-2.63 **	-0.01
	(-2.20)	(29.15)	(-3.05)	(-1.60)	(-4.65)	(7.51)	(-2.41)	(-0.08)
委託企業	-2.72 ***	-1.96 ***	-1.13 ***	-1.93 ***	-1.05 ***	-2.50 ***	-0.69 ***	-2.36 ***
	(-19.21)	(-61.06)	(-4.39)	(-15.78)	(-4.38)	(-13.06)	(-3.86)	(-19.39)
特化係数	0.18 ***	-0.15 ***	-0.12	-0.19 ***	-0.27 ***	-0.30 ***	-0.23 ***	-0.14 ***
	(7.17)	(-11.40)	(-1.21)	(-6.10)	(-3.09)	(-3.25)	(-5.49)	(-9.72)
地域別事業所数	-0.81 ***	-0.20 ***	0.30 **	-0.08 *	-0.22 ***	-0.23 ***	-0.89 ***	-0.47 ***
	(-19.82)	(-11.22)	(2.27)	(-1.69)	(-3.23)	(-3.06)	(-5.96)	(-7.29)
国家産業団地	-0.28 ***	-0.02	-1.10 ***	-0.03	-1.34 ***	0.21	-0.11	-0.40 ***
	(-4.60)	(-1.65)	(-4.05)	(-0.80)	(-5.88)	(0.91)	(-0.58)	(-2.76)
地方農工団地	1.17 ***	0.61 ***	0.20	0.61 ***	-2.53 ***	-0.42	-0.40 ***	-0.35 ***
	(14.09)	(21.53)	(1.02)	(14.28)	(-4.94)	(-1.11)	(-2.67)	(-3.69)
定数項	2.14 ***	-1.20 ***	-1.69 *	-1.42 ***	1.05 *	-2.11 **	5.77 ***	-0.19
	(14.81)	(-5.34)	(-1.74)	(-4.45)	(1.86)	(-2.43)	(6.58)	(-0.36)
σ2	0.93 ***	0.42 ***	0.55 ***	0.55 ***	1.37 ***	1.08 ***	0.96 ***	0.79 ***
	(22.58)	(31.22)	(7.23)	(29.53)	(6.25)	(18.18)	(6.83)	(18.02)
γ	0.39 ***	0.92 ***	0.87 ***	0.94 ***	0.94 ***	0.95 ***	0.19 ***	0.96 ***
	(324.03)	(264.40)	(32.40)	(439.85)	(75.66)	(362.78)	(57.97)	(281.36)
対数尤度	-846.94	829.70	-137.97	714.01	-390.86	-305.15	-357.72	267.90
サンプル数	4127	6185	386	5494	808	1548	715	2724

	351.鋳造		174.繊維染色		181.縫製衣服		252.プラスチック	
	受託製造	製品製造	受託製造	製品製造	受託製造	製品製造	受託製造	製品製造
企業年齢	-0.22 ***	-0.03 ***	-0.03 ***	-0.01	-0.08 ***	0.00	-0.11 ***	-0.01 ***
	(-10.57)	(-4.54)	(-2.92)	(-0.97)	(-8.42)	(-1.29)	(-12.69)	(-4.57)
法人	-0.15	-0.26 *	-1.05 ***	0.52 ***	0.07	-0.03	-0.27 *	-0.29 ***
	(-1.07)	(-1.69)	(-3.57)	(3.20)	(0.53)	(-1.63)	(-1.71)	(-4.71)
販売シェア	-2.49	-1.72	-4.15 *	-3.80 ***	-18.31 ***	-0.28	-3.52 **	-9.59 ***
	(-0.48)	(-1.30)	(-1.96)	(-2.88)	(-3.09)	(-0.69)	(-2.30)	(-7.97)
非生産職比率	-1.26 **	5.92 ***	-1.30 ***	0.01	-3.66 ***	-0.20 ***	-4.80 ***	1.55 ***
	(-2.23)	(13.84)	(-3.76)	(0.05)	(-18.21)	(-6.08)	(-28.74)	(19.24)
委託企業	-0.14	-4.35 ***	-0.38 ***	-2.17 ***	0.11 *	0.02	-0.16	-1.50 ***
	(-0.88)	(-14.77)	(-3.90)	(-5.23)	(1.91)	(1.35)	(-1.58)	(-40.16)
特化係数	-0.01 ***	-0.03 ***	0.01 ***	0.00	-0.16 ***	-0.01 ***	-0.55 ***	0.05 **
	(-2.74)	(-4.40)	(2.57)	(-0.08)	(-10.34)	(-2.85)	(-7.59)	(2.51)
地域別事業所数	-0.06	-0.34 ***	-0.10 ***	-0.55 ***	-0.40 ***	-0.05 ***	-0.61 ***	-0.26 ***
	(-0.56)	(-3.40)	(-2.94)	(-5.81)	(-8.71)	(-8.06)	(-6.41)	(-17.14)
国家産業団地	-0.20	0.60	-0.43 ***	-0.47 *	-0.34 *	-0.04 ***	0.53 ***	0.06
	(-1.37)	(1.51)	(-3.08)	(-1.96)	(-1.81)	(-4.09)	(5.38)	(1.15)
地方農工団地	0.35	2.14 ***	-0.22 ***	0.79 ***	0.21	-0.04	-0.92 ***	0.31 ***
	(1.39)	(7.18)	(-3.08)	(4.62)	(0.80)	(-0.64)	(-2.65)	(6.32)
定数項	1.41 *	-1.89 **	0.82 ***	2.49 ***	1.38 ***	0.53 ***	4.27 ***	-1.57 ***
	(1.80)	(-2.38)	(3.25)	(6.42)	(5.16)	(10.29)	(8.51)	(-7.23)
σ2	0.50 ***	1.38 ***	0.24 ***	0.34 ***	0.75 ***	0.07 ***	0.59 ***	0.48 ***
	(5.32)	(6.72)	(7.34)	(7.08)	(16.94)	(33.88)	(10.68)	(22.73)
γ	0.83 ***	0.97 ***	0.73 ***	0.93 ***	0.91 ***	0.01 ***	0.84 ***	0.93 ***
	(19.52)	(171.19)	(16.03)	(71.88)	(142.27)	(3.40)	(58.06)	(248.98)
対数尤度	-222.52	-44.06	-343.60	68.17	-1910.90	-218.58	-288.42	700.70
サンプル数	422	342	1315	334	5831	2168	682	6786

注）1. 非効率性の決定要因の結果のみ掲載（確率的フロンティア関数の結果は省略）。
2. 括弧内はt値（*は10％、**は5％、***は1％有意）。
3. 5％有意の結果を色付けして表示。

のような産業で負の効果が明確に現れている。地方・農工団地に関しては，製品製造では自動車部品を除いて正であり，受託製造においても負の効果を示している産業はあるものの，正の効果を示す結果もあり，明確に効率性を高める環境にあるとはいえない。なぜ産業や産業団地類型により効果が異なるのか，今後，集積に関する実態調査を通じて明らかにしなければならない。

さらに，以上の分析結果を産業別に見ると，半導体の受託製造のように企業特性を表す変数でも立地に関する変数でも負で，規模や集積の重要性が高い産業があることが示された一方で，こうした結果が得られていない産業も多くあり，受託製造の効率性を見るうえで，産業による違いを考慮すべきことが明らかになった。

5. おわりに

韓国においては，政府の産業政策や大企業は注目されてきたが，中小企業が注目されることはほとんどなかった。そのため，多くの中小零細企業が存在する受託製造の特徴を，製品製造と比較しながら明らかにしようとした本研究はそれなりに意義があったと考えられる。

本稿は，まず，韓国の効率性に関する研究の蓄積に言及し，また受託製造に関する若干の先行研究についても触れた。次に，受託製造や製品製造に関するデータを概観し，分析方法と効率性の決定要因に関する仮説を設定した。そして，受託製造と製品製造の違いを生産技術の違いから明らかにするとともに，技術的効率性の決定要因についても産業団地に関する変数なども含めて考察した。

実証分析の結果，受託製造に関しては，企業年齢，販売シェア，非生産職比率などの低さが，低い効率の要因になることが明らかになった。特に，受託企業は生産職依存が高いのが特徴であるが，効率性を高めるうえでも生産職以外の人材活用が課題となることが示唆された。外注利用に関しては，受託企業においても外注利用と高い効率性との関係が明らかになった。これは近年，韓国で外注利用が増加してきた理由を裏付ける結果でもある。

集積の効果に関しては，製品製造は異業種も含めた集積が重要な役割を果たしていたが，受託製造は国家産業団地が主に効率性を高める役割を果たしていることが明らかになった。また，同一産業集積は受託製造，製品製造の両者でおおよ

そ効率性を高める効果を示しているが，地方産業団地や農工団地は製品製造だけでなく，受託製造でもいくつかの産業で効率性を高める役割を果たしていないという結果になっている。

近年，クラスター政策による産業団地の研究開発拠点への転換，中小企業政策による研究開発型企業支援など，研究開発力強化に政策の重点が置かれている。こうした環境下では受託企業は政策の対象になりにくいが，今回，受託と立地との関係が明らかになったことから，中小企業支援策の観点からも受託企業の集積地（産業団地）への移転を勧めるなど産業立地政策との連携を深める必要があると考える。研究開発型企業だけでなく，受託企業の効率性を高めることが，一国全体としての競争力強化につながるからである。

本研究の課題としては，分析が2006年の単年度データによるものであること，製品製造のデータに関しては留意すべき点があること，また，集積の利益とは具体的に何かが明らかになっていないことが挙げられる。これらに対しては，パネルデータや下請け，製品製造データ等の充実を図り，再度分析を試みる必要があり，また，集積の利益については集積地のインタビュー調査などでこうした問題を補足していく必要がある。これらに関しては，今後の課題としたい。

〈注〉
1 韓国以外の近年の地域研究としては，ブラジルの分析をした劉，西島（2010），インドの製薬産業を分析した藤森，上池，佐藤（2010）などがある。
2 しかし，分類が詳細になれば欠損値も多く出てくるため，分析できない産業も出てくる。
3 A 地域における i 産業の事業所ベースの特化係数＝（A地域のi産業事業所数／A地域の製造業合計事業所数）÷（全国のi産業事業所数／全国の製造業合計事業所数）で算出する。地域別事業所数は地域別の製造業事業所数の対数である。
4 生産額，月平均従業員数，平均有形固定資産額，中間投入額，給与額がゼロのデータを不適切データとして除去した後の受託・製品製造専業事業所数は，受託製造が25,510，製品製造が81,197である。また，産業番号222.印刷.印刷関連は受託製造企業数は多いが，製品製造企業数が少ないため，分析対象から除外した。
5 第 j 投入要素（j ＝L労働，K資本，M中間投入）弾力性は，$\beta_j + \beta_{jL}\overline{lnL_t} + \beta_{jK}\overline{lnK_t} + \beta_{jM}\overline{lnM_t}$ で算出する。フロンティア生産関数の推定結果と，投入要素の対数の平均を使用する。

〈参考文献〉

1 Battese G. E. and T. J. Coelli (1993) "A stochastic frontier production function incorporating a model for technical inefficiency effects", *Working Papers in Econometrics and Applied Statistics No 69*, Department of Econometrics. University of New England. Armidale
2 Battese G. E. and T. J. Coelli (1995), "A model for technical inefficiency effects in a stochastic frontier production function for panel data", *Empirical Economics* Volume 20, Number 2, pp.325-332
3 Coelli T. J. (1996), "A Guide to FRONTIER Version 4.1: A Computer Program for Stochastic Frontier Production and Cost Function Estimation", *CAPA Working Paper 96/07*, Department of Econometrics, University of New England, Armidale
4 Coelli, T. J., D. S. Prasada Rao, C. J. O'Donnell, G. E. Battese (2005), *An Introduction to Efficiency and Productivity Analysis*, Second edition. New York: Springer
5 稲葉哲(2009年)「韓国における受託加工の分析−事業所データを利用した実証分析−」RIEB KOBE UNIVERSITY Discussion Paper Series No.J110
6 藤森梓,上池あつ子,佐藤隆広(2010年)「インド小規模製薬企業の技術的効率性に関する実証分析:非組織部門事業所統計の個票データを用いて」國民經濟雜誌202(2),pp.67-88
7 劉文君,西島章次(2010年)「確率的フロンティア分析を用いたブラジル企業の生産性の実証研究」DP2010-J01
8 キムサンホ(2001年)「韓国製造業の技術的非効率性とその決定要因:パネル資料を使用した確率的辺境モデルの適用」国際経済研究7,2pp.199-220(ハングル)
9 キムヨンス,ピョンチャンウク,イサンホ(2009年)『地域産業の生産性と政策効果分析方法研究』産業研究院(ハングル)
10 ペミギョン(2009年)「韓国部品・素材産業の成長主導要因の推定」韓国経済研究第27巻pp.5-44(ハングル)
11 チェホンギュ(2004年)『韓国製造業の技術的効率性に関する研究:確率的フロンティ生産関数推定を通じた分析』成均館大学学位論文(博士)(ハングル)
12 チョンヨンソ,チョビョンテク(2000年)「韓国自動車会社の技術的効率性測定および決定要因に関する研究」産業組織研究8,1 pp.183-198(ハングル)
13 ミンギョンヒ・キムヨンス(2003年)『地域別産業集積の構造と集積経済分析』産業研究院,年次報告書481号(ハングル)
14 ムンミソン(2001年)「首都圏の産業集積が企業の革新遂行力に及ぼす影響−電子通信機器産業を事例として」,大韓国土・都市計画学会誌,「国土計画」,第36巻,第3号pp.193-212(ハングル)

(査読受理)

シンガポール中小企業の医療機器産業参入プロセスにおける多重性

東京経済大学　山本　聡

1. 問題意識と本論文の貢献

　国内製造業では長らく大手完成品企業を頂点とした安定的・固定的な受発注関係が成立していた。その中で，多くの中小企業が「高度な成形・加工技術を有し，最終製品につながる部品を供給するサプライヤー」として位置付けられてきた。これは中小企業が売上を国内大企業＝国内市場に依存してきたことを意味する。ところが近年，人口減少や大手企業の海外展開・相対的な国際地位の低下，アジア製造業の発展が進む中で，中小企業が国内市場に依存する余地は急激に少なくなっている（山本（2012-b））。一方，シンガポールは1990年代後半以降，アジア通貨危機や中国のWTO加盟といった要因から経済環境が大きく変化する。人口規模が非常に小さく，内需が寡少だったため，大企業の海外展開も急速に進展した。しかし，シンガポールでは製造業の維持・発展に成功し，現地中小企業も事業継続を実現している。これは一体，なぜなのだろうか。国内中小企業の現況を考えれば，この問いに解答することには大きな意義がある。

　山本（2012-a）では聞き取り調査による探索的な研究から，シンガポールの中小企業が取引面の国際化を強く志向・実現し，短期間で国内市場依存から脱却したことを明らかにした。また，幾つもの事例企業が医療機器産業など新たなハイテク産業に参入した事実も指摘した。本論では当該研究につなげるかたちで，シンガポール中小企業の医療機器産業への参入プロセスに着目する。関連する既存研究は国内にはほとんど存在せず，国外でも少ない。また，幾つか存在する既存文献もシンガポール政府による医療機器企業の誘致や関連法制を指摘するのみで

ある。よって，本論で当該参入プロセスを解明することには妥当性がある。その際，現地中小企業の取引面の国際化を分析軸とする。

2．既存研究の系譜と分析視点の構築

　本節では，既存研究を紐解きながら，シンガポールの中小企業における医療機器産業の参入プロセス解明のための分析視点を構築する。ハイテク産業は個々の企業の技術的な優劣が顕在化しすく，企業の受発注関係が多国間に跨り易いといった意味で国際化の程度が高い（Jolly et al（1992））。必然的に，中小企業も海外企業からの受注獲得，すなわち取引面の国際化の程度が高くなる。医療機器産業では，米国や欧州，日本の多国籍企業が操業し，その開発・生産拠点や市場は世界全体に広がる。よって，シンガポール中小企業の視点からは，医療機器産業参入と取引面の国際化は表裏一体の関係にあると言えるだろう。

　それでは，企業の取引面における国際化の要因を既存研究から見る。まず，①市場要因である。企業は，自国の市場規模が小さかったり，経営環境の変化・不確実性あったりすると海外市場を志向するとされている（Oviatt and McDougall（2000）など）。次に，②技術的要因を見る。Westhead, Wright and Ucbasaran（2001）は「優れた技術・製品が当該企業の国際化を進展させる」と指摘している。技術的な優位性は企業の取引面での国際化を促すのである。また，③経営陣の国際経験と付帯する海外企業とのネットワークも重要である（中村（2008），Reuber and Fischer（1997））。経営陣の国際経験・ビジネスノウハウ，そして海外企業の担当者との人脈＝ネットワークから，海外販路開拓は推進される。加えて，「ベンチャーキャピタル（以下，VC）による新たな知識・ノウハウの移転」や「政府の支援」といった外生的要因も企業の取引面を含む国際化を促す（Mäkelä and Maula（2005），楊・伊藤（2004））。以上より，本論では，山本（2012-a）で示した，シンガポール中小企業の取引面の国際化プロセスに関する仮説的分析枠組を図1のように一部修正して用いることにする。

3．シンガポールの製造業の発展プロセス

　次に，シンガポールの製造業の総体的な発展プロセスとその中での医療機器産

図1．本論における仮説的分析枠組み

先行要因	多国籍企業の立地→海外展開	
独立変数	技術	多国籍企業からの移転
	経営陣の国際経験	多国籍企業での在職経験
	ネットワーク	経営陣の国際ネットワーク、現地営業人材の活用
	ベンチャーキャピタル	ベンチャーキャピタルからのノウハウ移転
	政府の支援	技術面・取引面
従属変数	医療機器産業への参入	

出所：山本（2012-a）のモデルを修正

業の位置付けを提示する（Wong（1999）参照）。シンガポールは周辺諸国と比較して，人口がはるかに小さく，1人当たりGDPははるかに高い。すなわち，企業の海外展開が容易に生じる経済的・地理的基盤が存在する。こうした状況下で，1965年にマレーシア連邦から独立して以来，政府や企業は外資の搬入を強く志向してきた。1982年には米国系企業 Seagate Technologyがシンガポール経済開発庁に誘致され，英語が話せる多数の優秀なシンガポール人技術者を目的に同国に進出した。そして，現地生産拠点を設立し，Hard Disk Drive（以下，HDD）の組立・部品生産を開始した。Seagate Technologyの生産展開が成功したことで，欧米の様々な企業が生産拠点を設立し，HDD産業が集積する。HDD産業の規模は1996年にピークを迎える。当時のシンガポールの製造業では生産金額全体の内，HDDなど電機産業が全体の80％以上を占めていた。そこで，幾つもの中小企業が創業し，欧米や日系企業の生産拠点・量産工場に部品を供給するようになった。ところが，他のアジア諸国の発展，1997年のアジア通貨危機や2001年の中国WTO加盟から，量産工場が東南アジア諸国や中国に海外展開する。すなわち，製造業の空洞化が現出したのである（図2）。このような中で，シンガポール政府および企業は医療機器産業の誘致・振興を選択した。2000年6月からはBiomedical Science Initiativeという政策により，医療産業を国内経済の柱の一つにすると企図した。その結果，シンガポールにおける医療機器の2010年の生産金

図2．シンガポールの製造業の従業員推移（単位：万人）

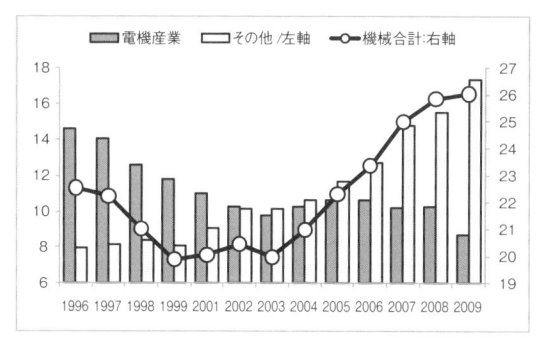

(注) ここでの製造業は一般機械，電気機械，輸送機械，精密機械の合計。（2010年から産業分類が変更）出所：Statistical Yearbook of Singaporeより作成。

図3．シンガポールの医療機器産業の生産金額推移（単位：シンガポールドル）

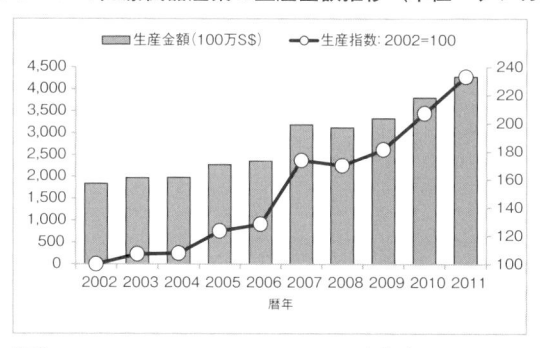

出所：Statistical Yearbook of Singaporeより作成。

額はおよそ3,500百万シンガポール・ドルに達した。2002年から8年間という短い期間で，生産金額の水準が2倍以上まで伸長したのである（図3）。こうした施策の下，シンガポールの製造業の規模縮小（従業員ベース）は2003年に底を打ち，2009年には以前の産業規模を上回るまでに至った。それでは，シンガポールの中小企業はどのように医療機器産業に参入したのだろうか。次節で，多面的な事例分析から明らかにする。

4．事例分析

4.1　対象企業と調査項目

本事例分析は，医療機器産業に参入したシンガポールの中小企業を調査対象に設定している。主な調査項目は①創業時からの沿革と事業概要，②医療機器産業への参入のきっかけとプロセス，である。また，シンガポールの医療機器産業と現地中小企業の関係を多面的に分析するため，欧米系の医療機器企業，VCおよび政府系機関も分析対象に設定している。2011年9月に聞き取り調査実施，調査件数は10件，インタビューの合計時間は20時間以上に上る。

(1)　欧米系医療機器企業
① 米国系医療機器企業A社（従業員数：60名）

A社は1966年にシンガポールに医療機器の営業拠点を，1999年に生産拠点を設立する。2009年に粉末吸入システムなどの治験・改良を目的とした研究部門を以下の要因から設立した。まず，医療機器の治験の結果は生産部門に早急・具体的に伝達することが求められる。よって，医療機器の治験部門と生産設備は近在させた方が良い。第二にアジア市場が急速に拡大する中で，その地理的中心地であるシンガポールに研究施設を設立する強い誘因があった。第三に，シンガポールの人種的な多様性である。A社ではシンガポールの治験結果を中国市場やタイ市場，インド市場に活用している。第四に，シンガポール政府が医療産業を振興しているため，クリニカル・トライアルの承認に要する時間が短くて済む。

なお，A社はサプライヤーの新たな承認・発注に関しては非常に保守的である。医療機器産業では研究開発や生産に関する仕様が少し変更されただけで，サプライヤーは様々な書類を提出しなければならない。そのため，サプライヤーにはISO13485など認証だけでなく，顧客との円滑なコミュニケーション能力や他の医療機器企業との取引実績が要求される。よって，新規承認には社内の国際基準を踏まえ，相応の時間がかけられている。これらの理由から，A社は米国や英国企業からプラスチックのモールド部品を多く調達しているのである。

②欧州系医療機器企業B社（従業員数：25名）

B社はモールド成形により，ポリ塩化ビニルやシリコンを素材として医療機器

を製造して，シンガポールに設計開発拠点，マレーシアに生産拠点を有している。設計開発拠点は2005年にシンガポール政府による税制優遇などの支援を受けるかたちで設立された。アジアの医療機器市場の急速な拡大に加え，シンガポールの公用語が英語だったことも設立の理由である。

同社は米国・欧州の医師の意見・要望を収集しながら，医療機器の設計開発を実施している。これはアジア市場が成長しても，米国と欧州が医療機器の基軸の市場という意識があるからである。B社の受託製造企業は米国やシンガポールに立地していて，特に米国の企業はポリ塩化ビニルとシリコンの加工に関する固有の技術を有している。

(2) シンガポールの現地中小企業[注1]
① C社（従業員数：80名）

C社は医療機器やHDD，自動車，航空機，家電のゴム成形部品のOEM企業である。設計から販売までの一貫サービスをコアとし，売上の内，30%が補聴器や酸素濃度計用のゴム栓や輸液ポンプなどの医療機器である（40%がHDD）。医療機器関連の顧客の数は200社以上で，主力の顧客は米国や欧州の企業である。売上の70%は米国・欧州向けの直接輸出，残りも間接輸出になる。

同社は1954年にシンガポール人技術者により創業された。創業当初は自動車のアフターマーケット用の部品を手掛けていた。1970年代からは米国系企業向けに電機部品を供給する。1990年代後半になると売上が不安定化したため，自社の精密モールド成形技術を応用して，医療機器関連の消耗品を供給することを企図する。米国や欧州の国際展示会に参加してから，大手医療機器企業から最初の見積もりを得るまで3年間かかったが，その間に政府支援を活用して，設備や人材に投資し，ISOを取得するなど生産手法を改善する。加えて，外部から新たな人材も獲得する。例えば理工系博士課程の学生に海外留学の奨学金を給付する代わりに数年間，働いてもらう，といったことを実施している。現在，7名の開発技術者が在籍し，米国系や欧州系の医療機器企業との共同開発に従事している。

② D社（従業員数：120名（シンガポール），40名（インドネシア））

D社は使いきりの医療機器の加工・組立を手掛けている。主力の顧客は米国系，欧州系，日系の医療機器企業5社である。売上の内，40%は欧州と米国向けの輸

出で，残りも間接輸出になる。創業は1981年で，創業者・現社長は米国系電機企業やスイス系モールド企業で金型製作に従事していた。創業当初は，家電部品の射出成形を手掛けていた。次いで射出成形用の金型製作も手掛ける。その後，電機関連の売上が縮小した際，医療機器産業参入を志向する。現社長のスイス系企業の同僚が米国系の医療機器企業で働いていたことを契機に，当該企業と取引を開始した。その際，PCやソフトウェアを始めとして，設備投資を積極的に行い，政府の支援を活用しながら，ISOも取得する。現在，D社ではトレサビリティの確保のため，書類は全て手書きとなっている。さらに，政府支援を活用し，国際展示会や国際商談会にも参加している。

従業員の3〜4割は米欧日の医療機器企業での勤務経験があり，特に開発技術者4名は全て多国籍企業出身者である。当該人材が主力の顧客との共同開発を実施し，新たな知識やノウハウを獲得している。また，顧客に呼ばれれば次の日の朝一番に飛行機に乗って，米国・欧州の本社に向かうといったこともしている。

③ E社（従業員数：120名）

1991年にシンガポール人技術者がE社を創業した。創業当初から，米国系電機企業やドイツ系電機企業と取引していた。ところが，2000年頃から顧客が中国に生産拠点を移転する。そうした中で，2004年にシンガポール系投資企業がE社を買収する。当時，ある米国系医療機器企業がシンガポールに生産拠点を設立した。E社は主力の顧客の海外展開から，医療機器産業への参入を志向していたこともあり，当該企業と取引を開始する。これ以降，医療機器のOEM生産を手掛けるようになった。2006年にISO13485を取得する。現在では，体温センサ，血圧計および呼吸回路を手掛けている。現在，売上の内，30％が医療機器関連である。主力の顧客5社は米国系，ドイツ系の大手企業で，医療機器関連の売上の90％が米国もしくはドイツへの輸出によるものである。

現社長はマレーシア系シンガポール人である。マレーシアの大学機械工学科を卒業後，米国系IT企業のマレーシア現地法人に入社，アジア太平洋地域の営業担当役員の職務に就く。2004年には上記VCに招聘され，E社社長に就任した。現社長は自身の経験から，米国系・欧州系企業の購買担当者とのコミュニケーション方法を熟知している。また，新規顧客獲得のために国際展示会・商談会参加に関する政府支援を活用したり，技術課題の解決のためにSIMTechを活用し

たりしている。従業員の3-4割が多国籍企業出身者である。

④　F社（従業員数：140名）

創業者は現地企業で機械加工を学んだ後，1982年にF社を創業，治具の製作を手掛ける。1988年に創業者の兄（現社長）が航空機の補修企業を経て入社する。現社長のネットワークから航空機部品なども手掛けるようになった。その中にはシンガポールの著名な政府系企業も含まれている。1990年代初頭からは，CNC工作機械への設備投資やISO9002の取得を積極的に推進していく。

現在では，調剤用機械器具および内視鏡など売上の60％が医療機器関連である。1990年代半ば，同社が顧客の多国籍企業の海外展開に直面した折，シンガポール政府が現地企業のために米国で商談会を開催する。そこで，米国系医療機器企業と出会い，精密部品を供給するようになった。2004年に医療機器産業用のラインを構築し，2007年にISO13485も取得する。現在は顧客である米国系医療機器企業と共同開発も行ったり，SIMTechの支援から医療機器用のデザインルームを設立している。米国の現地営業担当者として，米国人を獲得・活用している。

⑤　G社（従業員数：600名（シンガポール），250名（中国））

G社の前身はシンガポール企業と欧州系医療機器企業とのジョイント・ベンチャーである。2007年にVCが医療機器産業参入を企図し，当該企業を買収，G社が設立された。現在はモールド成形による薬物注入機のOEM生産をシンガポールと中国で展開している。欧州系医療機器企業など顧客の数は30社から40社で，米国，欧州，日本および豪州に輸出している。顧客や病院の医師と連携して，医療機器の共同開発も手掛けている。

同社では豪州人，シンガポール人，中国人，マレーシア人など多様な国籍の従業員が経営陣・従業員として勤務している。加えて，米国と豪州に営業拠点を有し，現地人材を営業担当者として活用しながら新規顧客を獲得している。なお，設計開発や新規顧客獲得のために，シンガポール政府の支援・補助金を活用することもある。

⑥　H社（従業員数：230名（シンガポール），2,500名（シンガポール外））

H社は1994年に創業された。現社長はシンガポール企業と日系企業のジョイン

ト・ベンチャーなどでの従業経験がある。創業当初からモールド部品を手掛け，米欧日の電機企業にも供給するようになる。現社長は技術研修生として日本に滞在したこともある。そのため，マレーシアやタイ，中国の生産拠点には日本人の技術顧問も勤務している。2000年頃には自動車産業向けにモールド部品を供給するようになる。一方，当時，顧客の中国展開が急速に進展していた。そのため，医療機器産業への参入を志向する。この背景には，高度なモールド成形技術を有していたことに加え。シンガポール政府が医療機器産業の振興を図っていたことも大きな要因になっている。2003年にはISO 13485 を取得，また2007年には米国に営業拠点を設立し，現地の米国人を営業担当者として販路開拓も行っている。2009年には米国系企業から受注を獲得した。

　H社はトレサビリティの実施など組織と技術の更なる向上にも努めている。その際は，SIMTechのプロジェクトにも参画したり，日本企業とジョイント・ベンチャーを設立したりもしている。現在，米国，欧州，日本の医療機器企業5社と取引している。医療機器関連の売上が全体に占める割合は10％だが，シンガポールの生産設備は全て医療機器に特化している。

(3) ベンチャーキャピタル（VC）
I社（従業員数：8名）
　I社は医療・医療機器産業に関連するVCである（2000年設立）。同社は呼吸器に関わるシンガポール系，米国系，中国系の医療機器企業に投資している。また，自主事業として，アジア太平洋市場で，投資先の企業の医療機器の販路開拓も実施している。シンガポールやマレーシア，フィリピン，タイ，インド，ベトナム，豪州，ニュージーランド，中国・香港といった国の病院や卸企業と事業を展開しているのである。I社の従業員は米欧日系の医療機器企業での業務経験がある人材である。

(4) 政府機関・SIMTech
　The Agency for Science,Technology and Research（A-STAR）は1967年に設立された政府系研究機関である。その一組織として，1993年に設立されたThe Singapore Institute of Manufacturing and Technology（SIMTech）があり，高付加価値な技術開発を担当している。SIMTechにはシンガポール現地企業の成

形・加工技術の向上を目指した部門があり，日本の大企業を退職した日本人4名（内1名は最大手自動車企業の中央研究所出身）を含む多様な国籍の32名の技術者が所属している。また，現地企業の医療機器産業などへの参入を促す様々なプロジェクトを実施している。そうしたプロジェクトには欧米系，日系の多国籍企業も参画していて，技術開発だけでなく，市場参入や受注獲得といったことも企図されている。

5．事例の解釈

　世界の医療機器市場では米国や欧州の企業が市場支配力を有する。そのため，シンガポール政府は医療機器産業の振興のため，米国や欧州から積極的に海外直接投資を受容してきた。その中で，欧米系の医療機器企業は営業拠点や量産拠点，次いで研究開発拠点を設立していく。A社の事例からは，「治験部門と生産拠点の近在」，「アジア市場の拡大」，「人種的多様性」，「クリニカル・トライアルの迅速な承認などの医療政策」が主な立地誘因だったことがわかる。また，医療機器企業はサプライヤーとのコミュニケーションを重視し，その新たな承認・発注には保守的である。加えて，医療機器の開発に関しては，欧米の医師の意見・要望が開発に介在するなど，欧米が主たる拠点であることも示唆されている（B社）。

　一方，シンガポール中小企業には歴史的な経緯から各国の医療機器企業と相対するための「技術」や経営陣の「国際経験」，「ネットワーク」，「コミュニケーション・ノウハウ」が蓄積されていた（表1）。C社やH社には各国の電機企業との取引で培った精密なモールド成形技術が存在した。他の事例企業も同じように多国籍企業由来の技術を有している。さらに当該技術を人材や設備の面から伸長させている。加えて，経営者は多国籍企業での在職経験から，医療機器企業につらなるネットワークや，円滑な取引のためのコミュニケーション・ノウハウを有していた。また，G社の経営者が海外人材（豪州人）だったり，米国人を現地の営業担当者として活用している（E社，F社，G社，H社）。こうした施策からも欧米系医療機器企業とのネットワークが形成されていると解釈できる。

　E社やH社の事例からは，VCからシンガポール中小企業への医療機器産業に関する知識・ノウハウが移転していることもわかる。現経営陣がVCにより招聘されているなど，これらの企業の医療機器産業参入自体がVCの意向を反映したも

表1．事例企業の医療機器産業参入プロセスにおける共通事項（Cパターン）

	医療機器産業参入の契機	技術	経営陣の国際経験	ネットワーク	ベンチャーキャピタル	政府の支援
C社	電機関連の売上の不安定化	精密モールド成形技術（米国系企業由来）／工学系博士課程の学生活用	－	国際展示会・商談会への参加により獲得	－	設備・人材投資への政府支援活用
D社	電機関連の売上の不安定化	射出成形・金型技術（多国籍企業由来）／多国籍企業出身の開発技術者活用	スイス系企業出身	スイス系企業時代のネットワークなど	－	国際展示会・商談会参加
E社	電機関連の売上の不安定化	電機関連の技術／SIMTechの活用	米国系企業の営業担当役員	米国系企業のネットワーク／国際展示会・商談会参加	現社長の招聘など	国際展示会・商談会参加、SIMTechの活用
F社	顧客企業の海外展開	多国籍企業由来の技術／SIMTechの活用	－	米国人・現地営業担当者の活用／国際展示会・商談会参加	－	国際展示会・商談会参加、SIMTechの活用
G社	ジョイント先が医療機器企業	精密モールド成形技術／SIMTechの活用	豪州人経営者など	米国と豪州に営業拠点 現地人材を営業担当者として活用／国際展示会・商談会参加	前身企業を買収 経営者を招聘	国際展示会・商談会参加、SIMTechの活用
H社	顧客の海外展開	精密モールド成形技術（日系企業由来）／SIMTechの活用	日系企業出身	米国人・現地営業担当者の活用／国際展示会・商談会参加	－	国際展示会・商談会参加、SIMTechの活用

(注)「－」は事例調査の中で，当該企業に各項目に関する事実が見出せなかったことを示す。そのため，必ずしも当該企業が各項目を手掛けていないことを意味しない。

のである。さらに，VCが海外販路開拓を実施している事例もある（I社）。最後に，シンガポール政府・SIMTechによる技術・取引の両面での支援，例えば，政府が国際展示会出展を金銭的に支援したり，多国籍企業との国際商談会を主催したりすることで，中小企業の医療機器産業参入が促されていることも示された。

6．まとめ

本論文では，「シンガポール中小企業の医療機器産業への参入プロセス」を既存研究から多面的な分析枠組みを設定し，解明した。シンガポールの医療機器産業は多国籍企業，中小企業，VC，政府機関の行動に起因する幾つもの要素が積み重なり，形成されてきた。ただし，政策的に誘致された多国籍企業が中小企業から部品を調達し，シンガポール国内で医療機器を生産しているという単純な構図ではない。欧米系の大手医療機器企業がシンガポールでの開発・生産を志向す

る一方，中小企業は独自に欧米企業の本社と結び付き，その開発現場に参画している。こうした極めて能動的な企業行動の背景には，社内に蓄積された「技術」，「コミュニケーション・ノウハウ」，「ネットワーク」といった経営資源の存在がある。また，VCによる投資や知識移転，政府やSIMTechの支援も医療機器産業参入の重要な要素となっている。すなわち，中小企業が能動的な企業行動を軸にして，多重に積み重なった上記の要素が受容することで，取引面の国際化と医療機器産業への新規参入が現出し，製造業の維持・発展と中小企業の事業継続が実現されたのである（図4）。視点を換えれば，国内中小企業にとっては，いかに「蓄積された経営資源」を活用し，「取引面の国際化」を能動的に選択するか，また「VCの投資や知識移転」や「政府の支援」といった要素が多重に積み重なる環境を構築し，かつ，それらを円滑に受容できる仕組みが存在するかが，医療機器など新産業参入，製造業の空洞化への対応に必要な施策になるのである。以上を，政策的な含意も含めた既存の中小企業論に対する新たな貢献としたい。

図4．シンガポール中小企業の医療機器産業参入プロセスにおける多重性

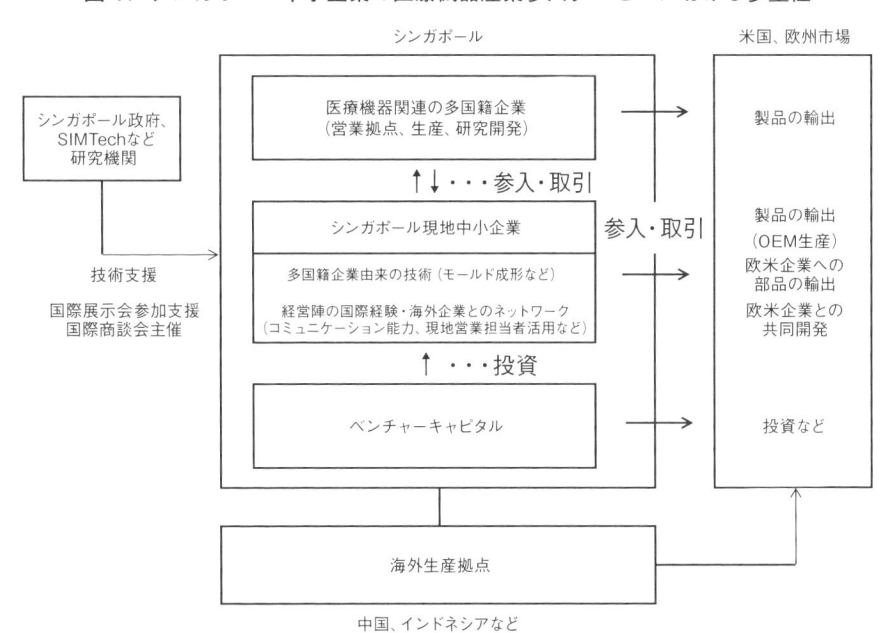

〈注〉
1 シンガポールの中小企業の定義は従業員数200名以下，ないしは年間売上1億シンガポール・ドルである。本論の事例企業がこの基準に合致し，政府から中小企業の認定を受けていることは聞き取り調査中に確認済みである。

〈参考文献〉
1 Jolly, V. K.et al.（1992）"Challenging the Incumbents: How High Technology Start-ups Compete Globally", *Journal of Strategic Change*, Vol.1, pp.71-82
2 Mäkelä, M. M. and Maula, M. V. J.（2005）"Cross-Border Venture Capital and New Venture Internationalization: An Isomorphism Perspective", *An International Journal of Entrepreneurial Finance*, Vol.7, No.3, pp.227-257
3 中村久人（2008年）「ボーン・グローバル・カンパニー（BGC）の研究」東洋大学『経営論集』Vol.72, pp.1-16
4 Oviatt, B. M. and McDougall, P. P.（1995）"Global Start-Ups: Entrepreneurs on a Worlwide Stage", *Academy of Management Executive*, Vol.9, No.2, pp.30-44
5 Reuber, A.R.and Fischer, E.（1997）"The influence of the management team's international experience on the internationalization behaviors of SMEs", *Journal of International Business Studies*, Vol.28, No.4, pp.807-825
6 Westhead,P., Wright, M. and Ucbasaran, D.（2001）"The Internationalization of Newand Small Firms: A Resource-Based View", *Journal of Business Venturing*, Vol.16, No.4, pp.333-358
7 Wong, P. K.（1999）"The Dynamics of HDD Industry Development in Singapore", *Report* 99-03, The Information Storage Industry Center, University of California
8 山本聡（2012年 -a）「シンガポールの中小部品企業における取引関係の国際化プロセスの探索的研究」『多国籍企業研究』Vol.5, pp.95-114
9 山本聡（2012年-b）「第4章 国内中小部品企業における取引関係の国際化」額田春華・山本聡編『中小企業の国際化戦略』同友館，pp.51-77
10 楊英賢・伊藤宗彦（2004年）「台湾パソコン産業の発展要因の分析」神戸大学経済経営研究所 *Discussion Paper Series* 2004-08

（査読受理）

中国雑貨産地における商人の生産者化現象に関する研究
―問屋制生産の視点から―

小樽商科大学　林　松国

1．問題意識と先行研究

　中国浙江省の中部に位置する義烏市には，中国最大規模の雑貨産地および卸売市場―「中国小商品城」がある[注1]。1970年代まで貧しい農村地域だった義烏市では，雑貨卸売市場が形成され拡大し，それに伴い80年代半ば頃に義烏市は中国雑貨商品の一大集散地になった。90年代以降になると，商業の優位性がさらに製造業の発展へとつながって行き，義烏市は中国最大の雑貨産地へ変貌した。
　高度成長が続く中国の中でも際立った発展の速さや，商業が製造業を牽引するというユニークな発展の特徴が国内外の注目を集め，義烏市に関する研究も多く蓄積されてきた。しかしながら，地元政府の役割や雑貨卸売市場の発展に関する分析が多くある一方，製造業の発展過程を具体的に検証した研究は少ない。製造業の側面を踏まえた先行研究として，陸他（2006）と伊藤（2010）が挙げられる[注2]。陸他（2006）は，雑貨商品の供給において義烏市と強いつながりを持つ特定の地域が存在することや，義烏市に立地している企業にとって雑貨卸売市場の存在が立地を選択するうえで重要な条件だったことを明らかにした。また，伊藤（2010）では，義烏には中間財を含めた集積を活用して迅速に製品を供給する企業が存在していることや，安さだけではなく流行に合致する軽微な差別化が施された新製品の供給体制の存在が明らかにされた。
　1990年代後半以降の義烏の経済発展を見ると，商業と製造業が相互に促進しながら発展するという循環を実現したからこそ，義烏が世界最大の雑貨集散地の地位を確立したと言える。そういう意味でも，製造業の発展実態を明らかにするこ

とはもちろんのこと，とりわけ商業の発展が果たしてどのように製造業の発展につながったかを解明することが，「義烏モデル」研究の重要な部分だと言える。製造業の発展と商業との関連性の視点から言えば，義烏雑貨産業の発展過程において最も顕著に見られたのが義烏商人の生産者化現象である。しかしながら，先行研究では商業発展の結果として雑貨産業あるいは個別企業の成長を解釈しており，商人の生産者化現象に対する関心が欠落していた。

　義烏商人の生産者化は大きく分けて2つのタイプがある。1つ目は商人がそれまでに利用してきた外部生産機能の全てを自社生産で行うタイプである。特に大企業にこの傾向が強く見られ，大企業は豊富な資金力を活かしながら大規模な生産を展開し，小零細規模生産者との差別化を実現した。現在，大企業は自社ブランドや独自の流通体制の構築に力を入れることでさらなる差別化を図っている。

　もう1つのタイプの生産者化は商人が自社生産機能を持つと同時に，それまでに利用してきた外部の生産機能を「部分的に」変化させながら利用し続けるタイプである。本稿では主にこのタイプの生産者化に注目して，問屋制生産の視点からその特徴と存在の意味を分析する。周知のように，日本における問屋制生産研究の歴史は長く，中小企業研究の分野では小宮山琢二や藤田敬三以来，問屋資本の支配形態に関する研究成果が多く蓄積されてきた。しかし，商人側に焦点を当てて，商人が直接的に生産を展開する理由やそれによる商人と生産者の関係の変化を具体的に分析した研究は意外と少ない。本稿では，日本における問屋の生産者化およびその影響を分析した2つの代表的な研究を取り上げ，義烏商人の生産者化現象を分析することにする。

　まず，日本中小企業研究の先駆者の一人である小宮山琢二は，戦前の中小工業の存立形態について，それを独立形態と従属形態とに分け，後者についてはさらに，問屋制工業（旧問屋制と新問屋制）と下請制工業に区別して類型化した[注3]。小宮山（1941）の最大の貢献は，問屋制工業に比べて下請制工業では，親工場と下請工場の取引関係は社会的分業に基づく等価交換関係を基礎とするものであることを見出した点であるが，他方，新問屋制においては，中小企業は技術的には資本家的工場を有するようになりながらも依然として商業資本の支配から脱しえない特徴を持つことを指摘した。それには，問屋が部分的に生産者化することで商業的支配を強めた原因が存在すると氏は分析する。つまり，問屋の生産者化の目的は既存の生産者に対する支配を維持するためであり，当時，問屋は生産の一

工程或は数工程の生産者加工者を兼ねることによって，それ等工程の前段階又は後段階に立つ中小工業者を支配する場合が多かったということであった[注4]。

また，戦後の問屋制生産について，中山（1983）は，衣料や雑貨関連といった最終消費財の分野では，問屋の主導性は依然として支配的であると指摘する一方，新しい問屋制は戦前の問屋制とは大きく異なっていると分析した。すなわち，新問屋制は，「前貸的な金融機能に支配の根拠があるのではなく，商品の企画，情報，流通機能の優位性に重点が移行している。問屋制は，形態としての『前期性』を伴いながら，その支配と機能の内容は『近代的』となり，高度に発達した資本主義のもとでも，生産者集団の元方的存在として広範囲に存続する。そこにおける中小工業は，前期的『問屋』にではなく，近代的な『卸売問屋』のもとで『問屋制下請』と呼ばれるべき性格のものとなっている」[注5]。

このように，日本の問屋制生産においては，生産者に対して問屋側が強い支配力を持っており，またその支配の根拠は時代とともに変化してきた。

2．義烏市雑貨産業の発展概況と商人の生産者化

農村地域だった義烏地域は1980年代後半まで製造業の基盤がほとんどなかった[注6]。その後，雑貨卸売市場の持続的な発展を受けて，雑貨産業は90年代半ば頃から急激に拡大してきた（図1）。

現在，義烏では様々な雑貨商品が生産されている。中でも，とりわけ生産量が多いのはアクセサリー類，ファスナー類，靴下類であり，いずれも国内総生産量の3割以上を占めている。そのほかにも，玩具類，金物類，メリヤス類，美容・化粧品類，工芸品類といった商品の生産規模が比較的に大きい[注7]。

雑貨卸売市場の発展が様々な「経路」を通じて雑貨産業の形成と拡大を促してきたが，その中心にあったのは市場を拠点に活動する商人の生産者化である。ここでは，筆者が現地調査の機会を得て聴き取りを行った義烏企業11社の事例を中心に，義烏商人の生産者化現象について具体的に分析していく[注8]（表1）。

まず，表1に掲載された義烏企業の経営者，あるいは創業者（経営者の両親）には全て商業活動の経歴があった。また，図1と表1から確認できるように，この地域における商人の生産者化が本格化したのは90年代半ば以降であった[注9]。

義烏商人の生産者化の背景には，①商売の分野では競争激化に伴って商品売買

図1　義烏市工業生産高と「中国小商品城」取引額の推移（1982〜2011年）

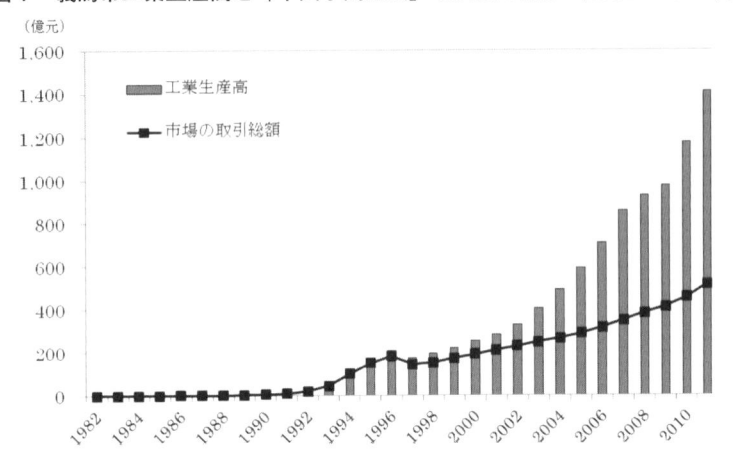

(億元)

凡例：工業生産高／市場の取引総額

出所：『義烏市統計年鑑』各年より作成。

表1　調査企業の概況

	業種	経営者の商業経験	工場設立年	生産規模と設備状況	卸売市場への販売依存
A社	靴下→下着→金貸し業	行商活動，靴下販売	93年靴下，01年下着生産	従業員100名，イタリア製機械50台（下着生産）	高かった
B社	スカーフ	経営者の母親がスカーフ販売	04年	従業員150〜190人，年間150〜200万枚	高い
C社	靴下	靴下販売	98年	従業員400人，イタリア製機械	高い
D社	靴下	行商活動，靴下販売	94年	従業員7,000人，年間7億足，イタリア製機械	低い
E社	加工糸	運輸業，加工糸販売	95年	従業員200人，年間4,000トン，台湾，韓国製と国産の機械150台	高い
F社	下着用レース	行商活動，衣服付属品販売	01年	従業員50人，ドイツと韓国製機械14台	ある程度
G社	ファスナー	経営者の両親がボタン販売	02年	従業員80人，温州製機械100セット	高い
H社	アクセサリー製品	生地販売	02年	従業員80人，東莞製機械4台	高い
I社	アクセサリー材料	傘販売	07年	従業員200人，広東と温州製機械125セット	高い
J社	アクセサリー材料	子供服販売	98年	従業員70〜80人，機械は広東製	高い
K社	アクセサリー全般	雑貨やアクセサリー販売	98年	従業員1,600人，機械は金華製や自社製	やや高い

出所：筆者作成。

の利益が減少し,販売業務に安住することができなくなったため,②商品の多様化をはじめとする市場ニーズの変化に迅速に対応するため,③巨大規模でしかも需要条件がそれほど厳しくない海外需要の拡大(主に2000年以降),といった経営環境の変化があった。また,商人側にとって見れば,雑貨の生産分野への参入は概して高い技術力や資金力を必要としないことや,既に販路を確保したことや成長の見込みのある商品分野を選択していた,といった商業分野での蓄積や経験が生産分野への参入を容易にさせた。

先述したように,義烏商人の生産者化のタイプの1つは生産者機能を持ちつつも外部の生産機能を利用しているタイプであるが,中小企業にこのタイプが比較的に多い。義烏企業のほとんどが中小企業であることから,本節以降ではこのタイプの商人の生産者化に焦点を当てることにする[注10]。

3. 外地企業を利用する義烏企業の事例

一般的に言えば,雑貨の製造は生産工程が少なく,比較的少ない種類の設備を導入するだけで量産できる反面,需要側の商品のデザインや素材に対する要求の変化が激しいため,企業は多種類の商品を供給する能力を持つ必要がある。特に義烏の場合,中国全土ないし世界各地からバイヤーが集まってきており,義烏企業にとって,異なる国や地域から来る多様な注文内容に対応できる能力や,季節や流行期間に合わせて商品を定期的に更新する必要がある。また,卸売市場には,何万社単位の企業や販売業者が集積し,激しい競争を展開しており,そこでは激しい価格競争が行われている。つまり,義烏企業にとって,「多品種,短納期,低コスト」の生産を実現することが成長の基本条件である。

(1) B社(スカーフの生産を行う企業,従業員150〜190人)
社長は元々スカーフの商売を行う母親と一緒にスカーフの販売と生産をしていたが,2001年に独立して会社を作った。社内には5人の設計に関わる技術者がいるが,どのような新製品を開発するかについては基本的に社長と妻が決め,技術者がそのアイデアを具体化する役割を担っている。社長は定期的に国内外の各種展示会に行って情報収集を行う他,妻はイタリアでの留学経験が長かったので,妻の考えも非常に重要視される。

自社生産以前は盛澤，嘉興，湖州といった地域から原材料を仕入れて（約10社から），紹興で染色・印花の企業（3社）に染色加工してもらい，最終仕上げは湖州の縫製企業を利用していた。ただ当時スカーフの品質問題がよく発生したため，1997年頃から自社工場を設け，最終仕上げを行うようになった。他方，2000年代半ば頃から従業員の流動（熟練工の確保が難しくなったので生産効率が低下）や賃金上昇などの問題が深刻し，自社生産のメリットが減ってきており，現在は自社生産の規模を縮小している。ただ，生産自体は今後も維持する方向である。その最大の理由は自社商品のデザイン情報を守るためである。

(2) F社（下着用レースの生産を行う企業，従業員50人）

社長は19歳のときに商売をはじめた。1988年頃からレース（輸入品）を地元市場で販売しはじめたが，1，2年のうちに利益が薄くなったため，安く生産するために国内の生産者を探し，外地生産者の持つ設備を自分用に専属化した。しかし，1997年に通貨危機，また同時期には商品の多様化も始まり，機械を持っていないと相手にされなくなり，そこで2001年頃から自社生産を開始した。

1990年代初め頃から後期にかけて，3〜4社の外地企業を利用していた（福建省福清市1社，上海市2社，天津市1社）。外地企業は良い設備を持つが，市場のニーズが分からないので経営が行き詰まり，活路を見出すために義烏にやってきたことが同社と供給関係を結ぶきっかけだった。外地企業を利用する根拠は同社が売り筋商品の情報を提供することと，商品を大量に買い取ることであった。外地企業の中で，同社に対する専業度が低かった上海企業との関係は何年間のうちに解消されたが，生産規模の最も大きい天津企業との関係は2009年まで続いた。しかし，レースの市場は多品種少量商品の時代に移行し，また品質問題も無視できなくなったため，最近になって両者の関係は解消された。現在自社の生産も縮小傾向にあり，今後は様々な特殊需要に特化していく方向である。

(3) G社（ファスナーの生産を行う企業，従業員80人）

G社は現社長の両親が2000年に設立した企業である。社長の両親は元々温州市橋頭鎮からボタンを仕入れて義烏市場で売っていたが，ある台湾商人からファスナーを作らないかと誘われたことをきっかけにファスナーの生産を始めた。

自社生産以外は現在3，4社ほどの外地企業（河北，江蘇，江西）を下請企業

として利用している。外地企業はいずれも20セットの機械しか持たない零細企業である。外地企業が下請関係になったきっかけはやはり活路を見出すために義烏にやってきて，G社の広告看板を見て供給関係を結ぶことを提案した。外地企業には，加工の簡単な製品（単一種類，長期間変化なしのもの）を発注している。

(4) K社（アクセサリー製品，材料の生産を行う企業，従業員1,600人）

経営者は元々アクセサリーの販売業者であったが，1998年に賃貸工場を借りて生産に乗り出した（02年に自社工場）。アクセサリーのデザイン設計に関しては，韓国や欧州で毎年開かれるアクセサリーの展示会に必ず出店し，そこで最新の流行情報を収集したり，また取引関係のある顧客がよく展示会にくるので，顧客から新商品や新素材に関する情報を提供してもらうことも多い。

外地企業の生産機能の利用は，K社の場合は卸売市場を通じて間接的に利用している。同社は定番の原材料とアクセサリー中間加工品について固定の取引先から調達するが，季節や流行の変化の影響を受けやすい中間加工品については基本的に卸売市場から調達している。その理由は卸売市場から調達する中間加工品のほうがデザイン性が良く，流行をよく反映するからであった。ただ，卸売市場経由で調達する中間加工品は一定の期間を経つと同質化の傾向があるため，自社商品のデザインに大きな影響を与える重要な部品については内製化している。

表2　義烏企業の外地企業の利用状況

	自社生産の部分	利用する外地企業の生産機能	完全内製化をしない理由	利用する外地企業の範囲と特徴
B社 スカーフ	縫製工程	プリントと染色工程	近隣地域の産業集積の利用	固定的で，やや狭い（浙江省省内）
F社 下着用レース	短納期商品や特注品の生産	定番品の生産	低価格と多品種の実現	流動的で，広範囲（上海や天津）
G社 ファスナー	難易度の高い定番品や特注品の生産	難易度の低い定番品の生産	低価格の実現や，生産規模の拡大できない課題	流動的で，広範囲（河北や江西）
K社 アクセサリー	重要な金属部品と組立	卸売市場を通じて中間財を調達	低価格とデザイン性の実現	間接的な利用，広範囲

出所：筆者作成。

4．事例からの示唆

　まず，外地企業を利用する義烏企業と外地企業との関係の性格を明確にする必要があろう。小宮山理論を応用するならば，商人の生産者化に伴う義烏企業と外地企業の関係は，基本的には「新問屋制工業」における問屋の生産者化であり，中山がいう「問屋制下請」に近い関係であると考える。すなわち，商人の生産者化によって商業資本の産業資本化が見られ，両者の関係に生産工程での係わりが見られるものの，両者の受発注の内容を見ると，義烏企業が主導する立場に立つ根拠は基本的には売り筋商品情報に対する把握や提案力，あるいはその販売力から由来するものであり，生産工程の中のかかわりあいによるものではない。

　次に，事例から考察されたように，下請になった外地企業は広域に渡って点在しており，域内では逆にあまり見られない。その原因はやはり雑貨卸売市場の存在と大きく関わっていると考える。つまり，中小規模の経営であっても，義烏企業は直接に雑貨卸売市場で販売を行っており，独自の販路を確保しているのが現状である。そこではかつての日本の問屋のように，流通における支配力を持って中小零細業生産者を支配できるような環境は存在していない。また，日本の問屋制生産において，生産者に対して，問屋側は流通以外にも資金や経営規模における優位性が大きかったが，外地企業に対して，義烏企業は必ずしもそのような優位性を持たない[注11]。それゆえ両者の間に流動的な取引関係もよく見られる。義烏企業と外地企業の関係は，主導権が義烏企業側にある一方，外地企業にも一定の選択余地が残されるという関係である。

　また，中山は戦後における日本の新しい問屋制の支配根拠は前貸的な金融機能から，商品の企画，情報，流通機能の優位性に重点が移行していることに注目して，問屋制の支配と機能の内容が「近代的」になったと評価したが，義烏企業の特徴を分析する際に，やはり商人（問屋）の生産者化の影響を無視することができない[注12]。つまり，生産者化した義烏企業の外地企業に対する利用の根拠は，売れ筋商品の情報に対する把握・収集やそれに基づく商品の提案力と販売力であり，商人時代とそれほど変わっていないが，それのみに注目するとなぜ義烏商人が生産者化するかを説明できない。

　事例で考察されたように，「部分的に」生産者化した義烏企業は，仕上げ工程や非量産品生産（ロットの少ない商品や短納期の商品），あるいは重要な部品に

自社生産の重点を置いており，すなわち，企業競争力の核の部分に自社生産を置く場合が多い。それらの企業にとって，大企業のような完結度の高い自社生産を実現することで差別化を図ることは難しいが，単なる問屋制生産に対しては何らかの差別化を図る必要があった。その背景には，生産の全てを外注するのみでは品質の問題が多かったこと，商品市場の成熟化に既存の生産者が対応できなくなったことや遠隔地にある外地企業に対する管理の難しさなどの問題があった。

詳しく見てみると，例えば，B社の場合は安定した品質の商品を提供するために自社生産を開始し，F社の場合は商品の多様化に対応するために自社生産を始めた。その際に，既に利用していた外地企業に対しても何らかの差別化を図る必要あり，そのために外国製機械の導入や熟練工の育成を行ったりしていた。

特に留意すべきことは，義烏企業の自社生産による差別化の内容が時代とともに変化している点である。例えば，B社の差別化の目的が商品の供給能力（安定した品質と量）から自社商品のデザイン情報の保護に変化し，同様にK社の場合でも，現在主に商品デザインに大きな影響を及ぼす工程を内製化するところに自社生産の意味を見出している。このように，義烏企業の中で，情報収集をベースにしながら，独自のデザイン設計能力を重視する企業が増えており，現段階では，雑貨卸売市場発展の到達点の1つとして，商品のデザインをめぐる競争が重要になってきたと言えよう。商品デザインにおける義烏企業の優位性は事例から考察されたように，卸売市場に近い立地条件に加えて，経営者が海外市場で積極的に情報収集活動を行うなど，商人経験を持つ義烏企業家個人の優れた情報収集，分析能力によるところが大きい。このように，義烏企業の多くは，単なる他社商品の模倣の段階から既に脱却し，様々な商品情報を収集しながら，主に経営者の経験や判断に基づきながら，他社商品に対する「微差別化」を図るための独自のデザインの創出を自社競争力の源泉にしている。

デザインを重視する企業にとって，雑貨卸売市場のような数多くの同業他社が集中するオープンな「場」において，真似されやすいデザイン情報を保護することは簡単なことではないが，その場合における自社生産の有効性は大きいと考えられる。理由としては雑貨商品の流通期間と大きく関わっている点があげられる。例えば，B社の場合はスカーフの流通期間が2～3カ月しかなく，デザインに関してはほぼ毎月更新する必要があり，また，アクセサリーを生産するK社の場合でも商品の流通期間は一般的に数カ月程度である。つまり，商品流通期間の

短い雑貨の分野では，自社生産による情報の保護が短期間であっても大きな意味を持つのである。このように，義烏企業の生産活動はデザイン情報の保護という競争要因に強く影響されながらその規模と範囲が調整され，全体として，義烏企業は今後より少量でしかもデザイン性と密接な関連のある商品に特化して自社生産を展開する傾向が強まっていくであろう。

最後に，義烏企業全体の中には外地企業を利用しながら自社生産を展開する企業がどの程度存在するかの問題について検討する。

まずはK社のようなケースについてであるが，卸売市場にはアクセサリー部品やアパレル用補助材料といった区域があるほど，中間加工品を取引するブースが数多く存在しており，同社のように間接的に外地企業の生産機能を利用する義烏企業は多い[注13]。

次に，B社，F社，G社のケースを見ると，表2に示したように，自社生産を展開してからも外地企業を下請企業として利用し続ける主な理由は低価格と多品種の実現であった。というのも，先述したように雑貨商品は多品種や短納期などの特徴を有しており，この分野ではもっぱら自社生産の規模を追求することに多くのリスクが伴う。例えば，B社とF社の事例からわかるように，2000年代半ば以降，生産コストの急上昇や供給が需要を上回るにつれて多品種少量生産が定着すると，自社生産のメリットが減っていき，その規模を縮小せざるを得なくなってしまったのである。したがって義烏企業，とりわけ経営資源の少ない中小企業にとって，「多品種，短納期，低コスト」を実現するために適切な自社生産規模を保ちながら外地企業を利用することが必要であった。

また，義烏企業の主導で形成された問屋制生産は外地企業にとっても合理性のある仕組みであった。外地企業が広域に渡って点在していることは中国各地に義烏企業が利用し得る様々な生産機能を持つ企業が数多く存在することを意味し，また興味深いことに，下請になった外地企業の多くは発展の機会を求めて自ら義烏にやって来て供給先を探していた点である。つまり，それらの企業にとって義烏とのつながりを持つことが重要であるが，雑貨卸売市場への直接アクセスできる能力を持たないため両者の利益関係が一致したということである[注14]。現に，雑貨卸売市場の約6万のブースに対して，国内各地から20万社以上の企業が商品を供給している[注15]。それに加えて，生産機能を持っている義烏商人の多さを考えると，義烏企業を中心とする広域的な問屋制生産はより一般的に存在する可能

性が高いと考えられる。

5．むすび

　本稿では，外地企業の生産機能を利用しながら自社生産を展開する義烏商人を中心に商人の生産者化を分析した。そこで明らかになったように，義烏企業が外地業を利用できる根拠は流通における優位性だけでなく，義烏企業が得意とする商品情報の収集力及びそれに基づいた提案力にあった。この点は中山が指摘した戦後の日本の問屋制生産と共通する部分が多い。他方，強調すべき点は，義烏企業の場合，商人（問屋）の部分的な生産者化が非常に重要な意味を持つことである。もちろんかつての日本の問屋制生産においても，小宮山らが指摘したような問屋の生産者化現象が存在していたが，それについては，先行研究では主に問屋がどのように生産者に対する外業部的下請的な支配を維持するかという問題意識の下で検証，議論されてきた。つまり，本研究が明らかにした商人の生産者化の意味は従来の問屋制生産研究で抜けていた論点であった。

　改めて整理すると，義烏商人の生産者化は競争の激化や雑貨市場の成熟化に対応するための差別化であり，それ自体は既存の生産者を利用しながらもその存在を前提とした，差別化を図るための生産展開であった。差別化の実現を目的とする商人の生産者化が多様な形で進化した結果，義烏の雑貨産業は「多品種，短納期，低コスト」を特徴とする競争力を持つようになった。留意すべき点は，中国では義烏市のような商業の発展によって製造業が発展する地域はほかにも多数存在しており，そういう意味では本研究で明らかになった商人の生産者化の意味とその役割は他地域における商業と製造業の発展関係を検証するうえでも参考になると思われる。

　以上を踏まえて，本研究は義烏商人の生産者化が雑貨産業発展における歴史的意義を高く評価したい。本研究の分析から示されたように，総じて，商人が産業発展を先導，主導する役割を持っており，また，義烏企業を中心とする問屋制生産は需要への適合性をはかる合理性を持った仕組であった。他方，日本の問屋制生産に見られた，商人が有利な立場を利用して生産者の利益を収奪するなどの問題は義烏企業を中心とする問屋制生産においても存在すると思われ，それについての検証を今後の課題としていきたい。

〈注〉
1 中国上海市から南西へ約300キロメートルに位置する義烏市は約200万人の規模を持つ県級地方都市である。ちなみに、「小商品」とは雑貨の意味である。
2 卸売市場の発展や地元政府の役割などの側面から「義烏モデル」の特徴を分析した先行研究についてのレビューは林（2009）で展開している。
3 ①旧問屋制（＝家内工業）は下請業者の生産が資本家的生産たらざるもの、②新問屋制は下請業者の生産が一応資本家的生産の内容を備えているもの、③下請制工業は支配者が大工業あるいは工業資本たる場合である（小宮山,1941,p.7）。
4 小宮山,1941,p.20。
5 中山,1983,p.200。
6 当時では、義烏商人は広東省や温州市といった雑貨産地や、各地の国有・集団所有制企業から商品を調達していた。
7 義烏市政府ホームページと『義烏市統計年鑑』各年の関連記載による。なお、義烏市第二次経済センサスによれば、義烏市主な工業製品の生産量は、靴下が347,408万足、衣服が50,249万着、毛布が1,441万枚、プラスチック製品が206,597トン、紙製品が201,995トン、化学繊維が67,927トンであった（2008年のデータ）。
8 調査時期は2010年8月9日～8月13日、2010年12月3日～12月5日、2011年2月22日～2月26日であった。インタビューの相手は全て各社の創業者か、あるいは主な経営責任者であった。なお、本稿が定義する義烏企業とは、独自の生産機能を持ち、本社機能や主な生産拠点が義烏にあり、同時に企業経営者が義烏の出身者である、の3つの条件を満たしている企業である。
9 義烏商人の生産者化の歴史については、楼（2007）は義烏商人が生産活動を本格化したのは90年代半ば以降であったこと、その背景には商業資本の蓄積と地元政府の工業化誘導政策があったことを指摘した。そのうえで、業種別に卸売市場で販売を行う義烏商人の経営活動を調査し、自社生産機能を持つ業者の割合が高いことを明らかにした（玩具が71%、髪飾りが95%、額縁が92%、金物・工具が50%、化粧品が60%、工芸品が92%、アクセサリー部品が90%、事務用品が54%、造花類が90%、ジュエリーが87%、鞄類が68%）。また、盧福営らが義烏市廿三里鎮の楽村で調査した結果、80年代では基本的に商業活動を行っていた村民は80年代末頃から徐々に生産活動を展開するようになり、95年前後から生産者化が本格化したという。2000年になると人口が801人のこの村では60社以上の企業がつくられ、そのために工業園区も設けられるほどだった（盧ほか,2006, pp.100～138）。
10 『義烏統計年鑑』の統計に基づき計算すれば、2011年、義烏市には33,227の工業企業があったが、そのうち営業収入が1億元以上の企業は139社しかなく（その内5億元以上が20社）、義烏企業のほとんどは中小企業であった。なお、製造業では私営企業の平均規模は15.9人で、個体工商戸の平均規模は4.9人であった。
11 例えば、G社のような規模や設備の面で外地企業を上回るケースが存在する一方、

F社のような自社より規模の大きい外地企業を利用するケースもある。
12　中山（1983）では，戦後，問屋が生産機能を持つ必要性が低下し，問屋は主に流通と企画機能に特化することで生産者を支配していたと指摘し，「問屋制のなかには，『製造問屋』として，自社工場や加工・組立設備を保有する場合があり，下請との有機的な生産結合を形成しうるが，例外的な存在となりつつあり，生産の主体は外注依存が基本的形態とみてよい」と述べた（pp.200～201）。
13　例えば，朱・朱（2008）では，義烏市のアクセサリー業界に関する大規模調査の結果を公表し，それによれば，3,786社業者のうちに一部業者を除けば，大半の業者は卸売市場から中間加工品や原材料を調達していた。
14　もちろん，直接卸売市場に販売窓口を設けて経営活動を展開する外地企業も存在するが，そのような能力を持つ企業は外地企業全体の一部に過ぎない。距離的な要因以外に，外地企業の義烏卸売市場へのアクセスを制限する要因として，①卸売市場の使用料が既に数百万元の高い水準に達したこと，②少ない種類の商品しか提供できない企業にとって単独でブースを利用するメリットが少ないといった要因が挙げられる。
15　義烏市政府の統計による（義烏市政府ホームページ）。

〈参考文献〉
1　伊藤亜聖（2010年）「『義烏』のジレンマと発展のダイナミクス―安物雑貨供給システムとしての発展―」『三田学会雑誌』103巻1号pp.117-144
2　尾城太郎丸（1970年）『日本中小工業史論』日本評論社
3　小宮山琢二（1941年）『日本中小工業研究』中央公論社
4　佐藤芳雄編著（1981年）『巨大都市の零細工業』日本経済評論社
5　中山金治（1983年）『中小企業近代化の理論と政策』千倉書房
6　林松国（2009年）『中国の産業集積における商業の役割―専業市場と広域商人活動を中心に―』専修大学出版局
7　陸立軍等（2006年）『義烏商圏』浙江人民出版社
8　卢福卢关营等（2006）『経験中国第一編：村落的非卢农』社会科学文献出版社
9　楼玉華（2007年）「義烏小商品低価運行的策略安排―基于対義烏中小企業的考察与分析―」『中共浙江省委党校学報』2007年第6期pp.59-63
10　朱凱玲・朱海彬（2008年）「義烏飾品行業発展状況及応対策略」『科技信息』第35期pp.394-395
11　『義烏統計年鑑』各年義烏市統計局
12　義烏市政府http://www.yw.gov.cn/swb/

（査読受理）

非自発的（強制的），自発的廃業の要因分析
―新規開業企業の追跡調査に基づく実証―

文教大学　鈴木　正明

1　はじめに

　雇用創出や競争促進など期待される役割を新規開業企業が果たすためには，最低限存続することが必要である。しかし，現実には，開業後短期間で廃業する企業も存在する。このため，どのような企業が廃業しがちなのかに関して研究が深められ，人的資本や企業属性，環境要因などとの関連が示されてきた（日本に関してはHonjo, 2000；安田，2006；鈴木，2007；江島，2008など）。

　ただし，一口に廃業といってもその形態は多様である。倒産もあれば他社への事業売却もある。よりよい雇用機会が得られたため事業をやめることもある。しかし，データの制約などにより，いくつかの例外を除き，多様な形態をとる廃業が分析では一括されてきた。本研究では，廃業を非自発的（強制的），自発的に類型化したうえで，人的資本に焦点を当てつつそれぞれの決定要因を明らかにする。

2　分析フレームワークと仮説

2.1　分析フレームワーク

　本研究ではGimeno, et al.（1997）の閾値モデルと，Schary（1991）の順序モデルを参考に分析フレームワークを設定する。

　人的資本との関係を探ったGimeno, et al.（1997）の閾値モデルによると，廃業の意思決定は，事業を継続した場合の経済的パフォーマンス（給与や配当など事

業からの金銭的収入）と閾値との比較に基づく。後者の閾値は代替的な雇用機会，事業継続に伴う心理的な収入，職業変更に伴うスイッチング・コストという三つの要因によって形成される。代替的な雇用機会が多ければ，心理的収入が低ければ，スイッチング・コストが小さければ閾値は上昇し廃業の可能性は高まる。閾値は開業者によって異なるため経済的パフォーマンスが同程度でも廃業が選択されることもあれば，事業が継続されることもある。

ただし，Gimeno, et al. (1997) では廃業が一括されている。そこで，非自発的，自発的という廃業形態の違いを勘案するためにSchary (1991) の順序モデルを応用する。このモデルによると企業にはまず合併のオファーが届き，これを受け入れるかどうかを判断する。受け入れれば合併という経路で退出する。受け入れなかった企業は次いで自発的に退出するか，事業を継続するかを決定する。自発的に退出しなかった企業は，最終的に事業を継続するか，非自発的に退出する。これら退出に関する意思決定は段階的にそれぞれ一度だけ行われると仮定される。

ただし，本研究で用いるデータセットのなかで合併による廃業は少ない。また，非自発的に廃業しないことが自発的に廃業することを選択できる前提と考えることもできる。そこで，本研究ではまず非自発的廃業か事業継続かが確定したのち，自発的に廃業するかどうかが選択されると想定する。非自発的廃業は経済的パフォーマンスが負債の返済に必要な水準を下回る場合に生じる。後者の自発的廃業と事業継続との意思決定は，閾値モデルが示唆するように，経済的パフォーマンスと閾値との比較に基づき行われる（図1）。このフレームワークでは，経済的パフォーマンスが高まれば二つの廃業確率はともに低下する（表1）。他方，閾値が上昇すると非自発的廃業の確率は変わらないものの，自発的廃業の確率は高まる。

なお，ここで問題となるのは業績の将来性の扱いである。特に，自発的廃業に関して，1時点で業績が閾値を下（上）回っていても将来性があれば事業を継続（中止）することもありうる。非自発的廃業についても金融機関は将来性があると判断すれば「追い貸し」などによってデフォルトによる廃業を回避させようとするかもしれない。そこで推計では事業の将来性をコントロールする。

自発的，非自発的廃業を区別する基準としてSchary (1991) では負債の返済状況が採用されている。本研究では日本政策金融公庫から受けた融資の返済状況を用いる。2010年末時点において，公庫からの借入がリスク管理債権（延滞債権，

図1 分析フレームワーク

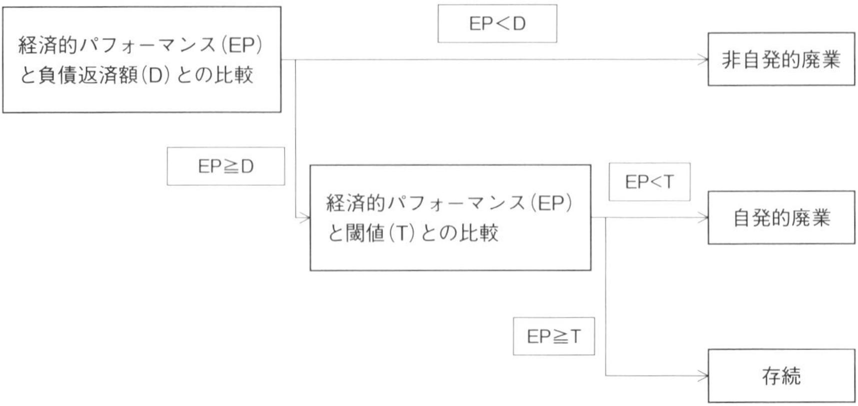

```
経済的パフォーマンス(EP)     EP<D
と負債返済額(D)との比較  ─────────→  非自発的廃業
        │
        │ EP≧D
        ↓
経済的パフォーマンス(EP)     EP<T
と閾値(T)との比較      ─────────→  自発的廃業
        │
        │ EP≧T
        ↓
        存続
```

出所：筆者作成

表1 経済的パフォーマンスと閾値の影響

(1) 個別の関係

	予想される影響	
	非自発的廃業確率	自発的廃業確率
経済的パフォーマンスの上昇	低下	低下
閾値の上昇	不変	上昇

(2) 組み合わせたときの関係

要因の組み合わせ		予想される影響	
経済的パフォーマンス	閾値	非自発的廃業確率	自発的廃業確率
上昇	上昇	低下	不定
上昇	低下	低下	低下
低下	上昇	上昇	上昇
低下	低下	上昇	不定

出所：筆者作成

条件変更債権）に該当する廃業は非自発的，それ以外は自発的に分類する[注1]。

2.2 仮説

以上のフレームワークに基づき，経済的パフォーマンスと閾値という二つの観点から，人的資本と廃業との関係について仮説を設定する（表2）。

表2 仮説の概要

	経済的パフォーマンス	閾値				予想される影響	
		代替的雇用機会	心理的収入	スイッチングコスト	総合的影響	自発的	非自発的
教育水準	×	＋	×	×	＋	上昇	不変
斯業経験	＋	＋	×	×	＋	(低下)	低下
非正社員	−	−	×	×	−	(低下)	上昇
ポートフォリオ起業家	×	×	−	＋	＋	上昇	不変
連続起業家	不定	−	−	×	不定	不定	不定

(注) 1 ＋(−)は業績、閾値を高める(低める)ことが，×は相関がないことが予想されることを示す。
　　 2 (　)内は経済的パフォーマンスと閾値それぞれの効果の大きさに依存する仮説である。
出所：筆者作成

(1) 教育水準

教育を通じて問題解決能力や自制心（Cooper, et al., 1994），分析能力や判断力（Shane, 2003）は高まる。これらの能力は経済的パフォーマンスを高めると考えられ，実際，欧米の実証研究では教育水準と廃業確率との間に負の相関が確認されることが多い（Bates, 1990）。半面，日本では廃業との間に有意な相関が見出されないことも少なくない（鈴木，2007）。国や地域によって教育の効果は異なる可能性がある。一方，教育水準が高いほど代替的な雇用機会に恵まれるだろう。これは閾値を高める要因である。教育が経済的パフォーマンスには影響を与えず閾値のみ高めるとすれば，教育水準が高くても非自発的廃業の確率は変わらないが自発的廃業の確率は上昇するという仮説が導かれる（仮説1）。Taylor（1999）は英国の自営業主を分析し，この仮説と整合的な実証結果を得ている。

(2) 職業経験

本研究では，斯業経験年数（現在の事業に関連する仕事の経験）と開業直前の職業，具体的には非正社員だった開業者（元非正社員）について検討する。

斯業経験は，スキルを高め，市場の需要を満たす方法に関する理解を促進する（Shane, 2003）。これは経済的パフォーマンスを向上させる要因である。ただし，斯業経験が長いほど代替的な雇用機会も豊富であるため閾値は高まるだろう。以上の議論からは，非自発的廃業と斯業経験との間には負の相関が予想される。一方，自発的廃業については経済的パフォーマンスの向上効果と閾値の上昇効果のいずれが大きいのかに依存する。実証研究をみるとCueto and Mato（2006）では有意な結果が得られていないが，van Praag（2003）では同じ産業での経験は二つの廃業の確率を有意に低下させることが示されている。経済的パフォーマンスの向上効果が閾値の上昇効果を上回ることが示唆される。そこで斯業経験が長いほど二つの廃業確率はともに低下するという仮説を設定する（仮説2）。

他方，非正社員は勤務経験を通じて正社員ほど人的資本投資を受ける機会に恵まれず，職業能力が高まりにくい（労働政策研究・研修機構，2010）。これは経済的パフォーマンス，閾値をともに低下させる要因である。このため元非正社員の非自発的廃業の確率は高いことが予想される。自発的廃業については，経済的パフォーマンスの悪化と閾値の低下という，相反する効果の大きさに依存する。ここでは探索的に自発的廃業の確率は低いという仮説を設定する（仮説3）。

(3) 経営経験

経営経験者はポートフォリオ起業家と連続（serial）起業家の二つに大別される（Westhead and Wright,1998）。前者は従来から経営していた事業に加えて，後者は経営していた事業をやめた後，新たな事業を始めた起業家をいう。

経営経験を通じて事業機会発見のための有益な認識枠組み（Baron and Ensley, 2006），ネットワークやスキル，評判（Starr and Bygrave, 1992），不確実性の下での意思決定に資する暗黙知（Shane, 2003）が獲得される。半面，自信過剰や成功体験の一般化によるバイアスの影響を受けやすい（Starr and Bygrave, 1992）。さらに，Jovanovic（1982）によると，退出するのは事業活動を通じて自らの能力が低いと判断した起業家であり，彼らが再度開業に踏み切ったとすれば経済的パフォーマンスはやはり低調であることが予想される。経営経験が経済的パフォーマンスに与える影響は事前には不定である。

一方，閾値に関して，ポートフォリオ起業家はすでに別事業を経営しているため，新たな事業を継続することに伴う心理的収入は経営未経験者と比べて低く，スイッチング・コストも小さいと考えられる。これらは閾値を高める要因である。

他方，連続起業家については相反する二つの議論が考えられる。まず，起業家は廃業に伴う悲しみを一般に避けようとする（Shepherd, et al., 2009）が，廃業経験があればこのような悲しみを受け止めやすい。とすれば事業継続への執着に乏しいため心理的収入は低く閾値は高い可能性がある。逆に，Jovanovic（1982）からは，自らの能力が低いと判断して退出したにもかかわらず再度開業するのは代替的な雇用機会が乏しいという可能性が導かれる。これは閾値が低いことを意味する。

以上をまとめると，ポートフォリオ起業家の経済的パフォーマンスが経営未経験者と比べて良好かどうかは不定だが，閾値は高いとみられる。仮に経済的パフォーマンスに違いがないとすれば，自発的廃業の確率は高く，非自発的廃業の確率は変わらないことが予想される（仮説4）。一方，連続起業家の経済的パフォーマンスや閾値が経営未経験者よりも高いまたは低いと事前に断定するのは難しい。そこで二つの廃業確率は経営未経験者と変わらないという仮説を設定する（仮説5）。

3 データと存続廃業状況

本研究では日本政策金融公庫総合研究所「新規開業パネル調査」を用いて仮説を検証する。新規開業パネル調査では，日本政策金融公庫の融資先のうち2006年に開業した企業2,897社を同年末から2010年末まで追跡している。これらの企業に対して年末を調査時点とするアンケートを5回送付，加えて実地調査や公庫の債権管理情報などによって各年末時点における存続廃業状況を確認している。

これらの企業の存続廃業状況（2010年末，開業5年目の年末）をみると，存続は2,413社（調査対象企業に占める割合は83.3％），廃業は440社（15.2％）である。このほか存続廃業不明が44社（1.5％）存在する。ちなみに，他の調査における5年後の存続割合をみると，創造法認定企業を対象とする江島（2008）では72.2％，東京都大田区の製造業を電話帳で追跡したOkamuro（2009）では60〜71％となっており，新規開業パネル調査の存続割合はやや高い。また，廃業した440社のうち非自発的廃業は259社（440社に占める割合は58.9％），自発的廃業は181社（41.1％）である。廃業すなわち倒産というわけでは必ずしもない[注2]。

4 分析の方法

本研究では①自発的と非自発的を合わせた全廃業の確率と、②廃業類型ごとの確率を推計する。後者についてはまず非自発的廃業を1、それ以外(自発的廃業と存続)を0とする2値変数を用いて非自発的廃業の確率を、その後非自発的廃業をサンプルから除外したうえで同様の方法を用いて自発的廃業の確率を計測する。推計はロジットで行うが、その際以下の説明変数とともに開業後の経過年数を示すダミー変数を加える(離散時間ハザードモデル)。

説明変数は次のとおりである。まず教育水準は、中学・高校卒ダミーを基準カテゴリーとし、文系大卒、理系大卒、短大・専門学校卒ダミーで捉える。大卒は文系、理系が一括されることが多いが、習得できる知識や卒業後のキャリアが両者では異なるためこれら二つを分ける。職業経験については斯業経験年数と非正社員ダミーを用いる。前者については0年(経験なし)という回答があるため1年を加えたうえで自然対数をとる。非正社員ダミーは開業直前に正社員以外だった開業者を示し、パート・アルバイト・契約社員のほか、無職や学生、主婦(夫)も含む。経営経験については、今回(2006年)の開業が初めてという経営未経験者を基準カテゴリーとし、ポートフォリオ起業家、連続起業家ダミーで捉える。

上記に加えて、Storey (1994) を踏まえ、起業家要因、企業・環境要因、戦略要因をコントロールする。起業家要因としては開業時の年齢、性、開業目的を用いる。開業目的は収入、仕事のやりがい、私生活の充実のなかから一つを選択する設問に基づきダミーを作成する。企業・環境要因については開業時の従業者数、開業時の経営形態(法人ダミー)、債務負担、資金調達力、開業時期(開業四半期ダミー)、業種別廃業率、大分類業種ダミー(建設業、卸売業、小売業、飲食店・宿泊業、医療・福祉、個人向けサービス業、事業所向けサービス業)、営業所所在地域(全国を11地域に分割)をコントロールする。このうち債務負担は2006年末における金融機関からの借入残高を月商で除した比率(借入残高対月商比率)、資金調達力は自宅を所有かつ住宅ローンがない場合に1をとる不動産所有ダミーで測定する。業種別廃業率は総務省「事業所・企業統計調査」を基に算出した小分類または細分類業種ごとの廃業率(2001〜2006年、年率)である。大分類業種ダミーだけでは捉えられない環境の違いを包括的に捉える変数とみなすことができる。戦略要因についてはフランチャイズ・チェーン(FC)加盟状況、事業の

新規性の有無（自己評価に基づくダミー変数），競争戦略，拡大意欲を加える。競争戦略は自社の強みとして「商品・サービスの価格が安いこと」「提供している商品・サービスの付加価値が高いこと」「特にない」という三つの選択肢から一つを選ぶ設問に基づくダミー変数である。拡大意欲は今後の事業規模について「拡大したい」と回答した場合1をとるダミー変数で捉える。

業種別廃業率以外の変数はすべて第1回アンケートに基づく（表3）。また，業種別廃業率と新規性はそれぞれ事業の客観的，主観的将来性をコントロールする変数と考えられる。なお開業後に代表者・事業主の変更があった企業，健康上の理由により廃業したことが確認された企業（20社）を推計から除外した。

表3　記述統計

変数	平均	標準偏差	最小値	最大値
教育水準【中・高卒】				
文系大卒	0.212	0.408	0	1
理系大卒	0.153	0.360	0	1
短大・専門学校卒	0.263	0.440	0	1
斯業経験年数（対数）	2.274	1.001	0	3.932
非正社員	0.086	0.280	0	1
経営経験【経営未経験者】				
ポートフォリオ企業家	0.036	0.186	0	1
連続起業家	0.077	0.267	0	1
開業時の年齢【60歳以上】				
20歳代	0.099	0.299	0	1
30歳代	0.401	0.490	0	1
40歳代	0.271	0.444	0	1
50歳代	0.194	0.395	0	1
女性	0.149	0.356	0	1
開業目的【収入重視】				
やりがい重視	0.649	0.477	0	1
私生活重視	0.096	0.294	0	1
開業時の従業者数（対数）	1.015	0.774	0	3.892
法人	0.332	0.471	0	1
FC加盟	0.050	0.219	0	1
有新規性	0.152	0.359	0	1
競争戦略【特になし】				
低価格	0.205	0.404	0	1
高品質	0.668	0.471	0	1
拡大意欲	0.738	0.440	0	1
借入残高対月商比率	6.231	0.090	0.090	50.000
不動産所有	0.232	0.422	0	1
業種別廃業率	0.060	0.022	0.022	0.139

（注）四半期ダミー，営業所所在地ダミーは省略。【　】内は基準カテゴリー。
出所：日本政策金融公庫総合研究所「新規開業パネル調査」

5　推計結果

表4のモデル1は非自発的，自発的廃業を合わせた全廃業に関する推計，モデル2は両者を区別した推計である。二つの廃業形態を競合リスクとみなした推計や順序を入れ替えた推計も行ったが結果に違いはみられなかった。

表4　推計結果

	モデル1 全廃業		モデル2 非自発的vsその他		モデル2 自発的vs存続	
	係数	標準誤差	係数	標準誤差	係数	標準誤差
教育水準【中学・高校卒】						
文系大卒	0.387	0.162**	0.233	0.214	0.685	0.256***
理系大卒	0.047	0.226	0.003	0.288	0.098	0.362
短大・専門学校卒	0.052	0.172	0.053	0.225	0.154	0.276
斯業経験年数（対数）	-0.220	0.062***	-0.212	0.079***	-0.233	0.100**
非正社員	0.156	0.213	0.630	0.261**	-0.432	0.362
経営経験【未経験者】						
ポートフォリオ起業家	0.684	0.258***	0.432	0.340	1.240	0.372***
連続起業家	0.641	0.194***	0.696	0.241***	0.568	0.324*
開業時の年齢【60歳以上】						
20歳代	0.075	0.338	-0.353	0.495	0.629	0.463
30歳代	-0.482	0.308	-0.412	0.448	-0.512	0.416
40歳代	-0.428	0.310	-0.221	0.446	-0.636	0.439
50歳代	-0.409	0.297	-0.191	0.431	-0.636	0.406
女性	-0.189	0.189	-0.697	0.281**	0.343	0.255
開業目的【収入重視】						
やりがい重視	-0.297	0.133**	-0.448	0.166***	-0.059	0.220
私生活重視	-0.149	0.218	-0.483	0.312	0.270	0.314
開業時従業者数（対数）	-0.271	0.092***	-0.183	0.116	-0.396	0.149***
法人	0.337	0.166**	0.467	0.215**	0.089	0.271
借入残高対月商比率	0.043	0.024*	0.097	0.040***	-0.007	0.037
借入残高対月商比率（2乗）	-0.001	0.001*	-0.003	0.001**	0.000	0.001
不動産所有	-0.460	0.159***	-0.668	0.224***	-0.195	0.220
業種別廃業率	12.528	3.993***	10.769	4.898**	12.524	6.911*
FC加盟	0.662	0.241***	0.137	0.334	1.454	0.351***
有新規性	0.271	0.159*	0.489	0.192**	-0.087	0.289
競争戦略【特になし】						
低価格	0.265	0.233	0.175	0.308	0.365	0.362
高品質	-0.080	0.228	-0.076	0.303	-0.046	0.354
拡大意欲	-0.415	0.146***	-0.073	0.202	-0.888	0.224***
年ダミー【2007年】						
2008年	0.459	0.163***	0.495	0.207**	0.363	0.257
2009年	0.295	0.171*	0.200	0.223	0.372	0.262
2010年	0.358	0.171**	0.330	0.220	0.326	0.269
定数項	-2.953	0.519***	-3.970	0.670***	-3.317	0.812***
観測数	8151		8151		7685	
対数尤度	-1227.8		-814.4		-570.6	
ワルドカイ2乗値	241.48	***	186.09	***	206.91	***

（注）　1　推計には，開業四半期ダミー，業種ダミー，地域ダミーが含まれている。
　　　　2　***は1％，**は5％，*は10％水準での有意を示す。
　　　　3　【　】内は基準カテゴリーを示す。
出所：日本政策金融公庫総合研究所「新規開業パネル調査」に基づく推計

5.1 教育水準

モデル1をみると，文系大卒ダミーは有意にプラスとなっており，文系大卒者の全廃業の確率は中学・高校卒と比べて高い。モデル2の非自発的廃業では非有意，自発的廃業では有意にプラスである。文系大卒者の廃業確率の高さは自発的廃業によるものであり，その閾値の高さがうかがえる。一方，理系大卒はモデル1，モデル2とも非有意である。文系大卒については仮説1が支持される。

5.2 職業経験

斯業経験年数が長いほど，全廃業，非自発的，自発的廃業すべての確率が低下する。仮説2が支持される。なお，モデル2では非自発的，自発的廃業の係数はほぼ等しく，斯業経験は二つの廃業確率を同程度低下させる。斯業経験は閾値を大きく左右せず，主に経済的パフォーマンスを高めることが示唆される。非正社員ダミーをみると，モデル1では非有意であり全廃業との相関はみられない。しかし，モデル2の非自発的廃業では有意にプラス，自発的廃業では非有意ながらマイナスである。以上は仮説3と整合的な結果である。

5.3 経営経験

モデル1をみると，ポートフォリオ起業家，連続起業家ダミーとも有意にプラスとなっており，ともに全廃業の確率は高い。ただし，モデル2で類型別にみると大きな違いが確認される。まず，ポートフォリオ起業家の非自発的廃業の確率は経営未経験者と変わらないが，自発的廃業の確率は有意に高い。プラス，マイナスの要因が打ち消し合う結果ポートフォリオ起業家の経済的パフォーマンスは経営未経験者と変わらないものの，閾値は高いといえる。仮説4が支持される。他方，連続起業家の場合，全廃業の確率が有意に高いのは非自発的，自発的廃業の両方に起因する。先に示した経営経験のマイナス面の効果がプラス面よりも大きく，連続起業家の経済的パフォーマンスは経営未経験者よりも低いことが示唆される。仮説5は支持されない。Jovanovic（1982）から導かれるように，退出した経験のある連続起業家の経営能力は平均的にみて低く，再開業時も経済的パフォーマンスが低かったと解釈できる。

5.4 コントロール変数

①二つの廃業との間に有意な相関が確認された変数（業種別廃業率），②非自発的廃業との間にのみ有意な相関が確認された変数（女性，やりがい重視，法人，借入残高対月商比率，不動産所有新規性），③自発的廃業との間にのみ有意な相関が確認された変数（従業者数，FC加盟，拡大意欲）が存在する。なお，廃業と正の相関が確認されることの多い年齢は非有意である。健康上の理由による廃業を推計から除外したこと，経営経験をコントロールしたことなどがその理由として考えられるが，さらなる検討が必要である。また，約18カ月までは借入残高対月商比率が高いと非自発的廃業確率が上昇するがその後は低下する。低下するのは大きな資金を調達できるほど熟度の高い開業だったためと考えられる。他方，自発的廃業には有意な影響を与えない。2006年末における借入額の平均は約8百万円であり，代替的な雇用機会を確保できれば返済可能なためと思われる。

6 まとめ

　本研究では廃業を類型化して分析することで新たな知見が数多く得られた。特に重要なのは，自発的，非自発的廃業に与える影響が相反する結果，全廃業では有意な影響が確認されない要因が存在することである。
　さらに，斯業経験が自発的，非自発的廃業に与える効果はほとんど変わらず，その年数で測定した人的資本の高低が代替的な雇用機会を左右しないことも示唆された。斯業経験が長くても（人的資本が高くても）一旦離職すると良好な雇用機会を得にくいのかもしれない。この解釈は，労働市場の硬直性が開業の障害という一般的な指摘と符合する。また，元非正社員の非自発的廃業の確率は高い。近年，若年労働者のなかに非正社員が急速に増えている。雇用の非正規化が進めば，その質が低下し，期待される役割を果たしうる開業が将来減少していくことが懸念される。正社員としてキャリアを積めるまたは非正社員であっても正社員と同様に人的資本を高められる環境を整備していくことが望まれる。
　今後の課題は次の5点である。第1に，業績の将来性を明示的にフレームワークに取り入れるとともに，より適切な指標で捉えることである。残念ながら，業種廃業率や新規性ではこの点が十分捉えられているとは言い難い。また将来性に関する金融機関と開業者の見方の不一致は非自発的廃業に影響を与えると考えら

れるが，この点も勘案する必要がある。第2は閾値を直接推計することである。第3は，環境や企業行動，事業に対するコミットメントの程度などに関する開業後の変化，特に借入負担の推移を分析に取り込むことである。欠損値が多いため本研究ではこの点を検討することができなかった。第4に借入負担の内生性，特に人的資本の高低によって借入額が左右される可能性をコントロールすることである。第5に，公庫融資先というサンプルに基づく本研究の結果の頑健性を他のデータで検証することである。

〈注〉
1 本研究では，海外の先行研究に倣い強制的（involuntary; forced）ではない廃業を自発的（voluntary）と称している。この意味で「自発的」は廃業者の意思とは直接関係がない概念である。ただし，リスク管理債権でないということは返済財源を確保しうえでの廃業とも考えられる。とすれば，その多くは廃業者自らの選択による廃業とみなせるかもしれない。
2 スペインの失業者支援プログラムへの参加者を分析したCueto and Mato (2006) では，廃業のうち倒産は47.5％であるのに対して残りの52.5％は自発的な退出である。van Praag (2003) ではそれぞれ44％，56％である。

〈参考文献〉
1 Baron, R. A. and M. D. Ensley (2006) "Opportunity Recognition as the Detection of Meaningful Patterns: Evidence from Comparisons of Novice and Experienced Entrepreneurs," *Management Science*, 2(9), pp.1331-1344
2 Bates, T. (1990) "Entrepreneur Human Capital Inputs and Small Business Longevity," *The Review of Economics and Statistics*,72(4), pp.551-559
3 Cooper, A. C., F. J. Gimeno-Gascon, and C. Y. Woo (1994) "Initial Human and Financial Capital as Predictors of New Venture Performance," *Journal of Business Venturing*, 9, pp. 371-395
4 Cueto, B. and J. Mato (2006) "An Analysis of Self-Employment Subsidies with Duration Models," *Applied Economics*, 38, pp.23-32
5 江島由裕（2008年）「新事業開発中小企業の生存要因分析」『Japan Venture Review』（日本ベンチャー学会）No.11, pp.21-30
6 Gimeno, J., T. B. Folta, A. C. Cooper, and C. Y. Woo (1997) "Survival of the Fittest? Entrepreneurial Human Capital and the Persistence of Under-performing Firms," *Administrative Science Quarterly*, 42, pp.750-783
7 Honjo, Y. (2000) "Business Failures of New Firms: An Empirical Analysis Using a Multiplicative Hazards Model," *International Journal of Industrial Organization*,

18, pp.557-574
8 Jovanovic, B. (1982) "Selection and the Evolution of Industry," *Econometrica*, 50 (3), pp.649-670
9 Okamuro, H. (2009) "Survival of New Firms in an Industry Agglomeration: An Empirical Analysis Using Telephone Directory of Tokyo in the 1980s," *Business and Economic History On-Line*, 6
10 労働政策研究・研修機構（2010年）『非正規社員のキャリア形成―能力開発と正社員転換の実態―』労働政策研究報告書No.117
11 Schary, M. A. (1991) "The Probability of Exit," *The Rand Journal of Economics*, 22 (3), pp.339-353
12 Shane, S. (2003) *A General Theory of Entrepreneurship*, Edward Elgar
13 Shepherd, D. A., J. Wiklund, and J. M. Haynie (2009) "Moving Forward: Balancing the Financial and Emotional Costs of Business Failure," *Journal of Business Venturing*, 24. pp.134-148
14 Starr, J. A. and W. D. Bygrave (1992) "The Second Time Around: The Outcomes, Assets and Liabilities of Prior Start-Up Experience," in S. Birley and I. C. MacMillan (eds) *International Perspectives on Entrepreneurship Research*, Elsevier Science Publishers, pp.340-363
15 Storey, D. J. (1994) *Understanding the Small Business Sector*, Thomson Learning Europe. (忽那憲治・安田武彦・高橋徳行訳『アントレプレナーシップ入門』有斐閣, 2004年）
16 鈴木正明（2007年）「廃業企業の特徴からみる存続支援策」樋口美雄・村上義昭・鈴木正明・国民生活金融公庫総合研究所編著『新規開業企業の成長と撤退』勁草書房, pp.13-54
17 Taylor, M. P. (1999) "Survival of the Fittest? An Analysis of Self-Employment Duration in Britain," *The Economic Journal*, 109 (454), pp. C140-C155
18 van Praag, C. M. (2003) "Business Survival and Success of Young Small Business Owners," *Small Business Economics*, 21, pp.1-17
19 Westhead, P. and M. Wright (1998) "Novice, Portfolio, and Serial Founders: Are They Different?" *Journal of Business Venturing*, 13, pp.173-204
20 安田武彦（2006年）「企業成長と企業行動，加齢効果」橘木俊詔・安田武彦編著『企業の一生の経済学―中小企業のライフサイクルと日本経済の活性化』ナカニシヤ出版, pp.134-164

（査読受理）

報　告　要　旨

伝統的工業地域での大企業の存在の一考察
——尼崎市での中小企業支援を事例に——

〈報告要旨〉

大阪市立大学大学院　掛　章孝

1．はじめに（問題意識）

　本稿は，大企業が地域中小企業の技術支援に公設民営の試験研究機関を通じて貢献している事例をとりあげ，かつて阪神工業地帯の中核地域と言われた工業集積において，大企業が公設民営試験研究機関の事業に貢献している事例について考察することを目的としている。具体的には，尼崎市にある公設民営試験研究機関の一般社団法人近畿高エネルギー加工研究所（以下，AMPIとする）を扱う。

　現在，経済のグローバル化の中で，大企業は取引関係にある地元中小企業や地元自治体の意向の如何にかかわらず，製造拠点を撤退し，海外移転や，地方移転を進めている。大企業は自らの企業戦略の都合でのみ行動し，地域経済や地元自治体に協力することは考えられないように見える。これまでも，公害問題等で地元に深刻な被害を与えてきたことは周知の事実である。しかし，大企業の問題性がフォーカスされてきた一方で，実際には，そうでない，大企業が工業集積と地域中小企業の存立に直接的・間接的に貢献するケースもある。本稿は，地域経済の発展や中小企業振興を考えるうえで，大企業の問題性も認識した上で，こうしたポジティブな役割についても改めて検討されるべきであると考えている。

　とりわけ，今日では，基礎自治体が独自の地域産業政策を構想し実行することが求められるようになっている。もちろん，実際には自治体の地域産業政策としては，企業誘致を第1位にあげる自治体が多い（植田・北村・本多2012）。しかし，企業誘致のリスクがリーマンショック以降広く認識されるようになっており，今後は，リスクを削減するための方策とあわせて，大企業と，その立地自治体との

協力的な関係づくりが，政策的にも課題になってくることが予想される。こうした認識は徐々に広がってきており，大都市圏工業集積における大企業と中小企業の関係性については，近年では大阪府八尾市の中小企業振興条例（2001年制定）で「大企業者等の努力」が明記され，地元大企業が中小企業と共に地域経済の発展に重要な役割を果たすことが強調されている。吹田市の産業振興条例（2009年制定）でも大企業の産業振興への協力が明記されている。こうして大企業の地域経済へ協力の問題も注目されはじめている。

大企業と中小企業の関係性を考える上でまず想起されるのは下請制であろう。しかし，今日では日本的下請システムが行き詰まりを見せており，これをもって今後も大企業の工業集積に果たす役割を論じるには無理がある。そこで本稿が注目したいのは，大企業と中小企業がともに混在することで間接的にもたらされる正の効果である。

本稿はこうした問題意識を踏まえて，日本の代表的な工業都市である尼崎市を中心的な事例として，大企業が地元自治体に協力して，中小企業支援が目的の公設で民営の試験研究機関の事業に取り組んでいるケースを考察する。大企業が公設民営の試験研究機関に積極的に協力するようになった要因を明らかにすることで，大企業と中小企業の混在する地域での大企業と中小企業の共存の可能性を探るための一助としたい。公設民営の試験研究機関の設立には地元自治体が積極的に関与していると考えられるが，地元自治体である尼崎市がどういう基本姿勢を持って関与したのか，また，地元の大企業がなぜ協力するにいたったのかを，大企業の特徴，中小企業の状況からあきらかにしたい。

2．尼崎市工業の特徴

尼崎市における第2次産業および製造業の位置を「産業別市内純生産」で見てみると，尼崎の製造業のウエイトは，1960年67.0％，1966年63.9％，1972年54.8％，1981年56.5％で，低下傾向を示してはいるものの，製造業の構成比は50％を超えており，尼崎は依然として製造業中心の工業都市であるといえる（南1987）。それ以後，尼崎市編の「市民所得推計結果報告」が発行されていないため，工業統計調査から製造出荷額等総額の経緯を10年ごとに見ると，1983年17723億円，1993年16628億円，2003年12885億円，直近の2008年では16683億円となって

おり，同市における製造業の重要性は依然として高い。

　尼崎の中小工業の特徴は，第一に，従業員規模は他の工業集積と比較をして大きい規模である。第二に，受注する業種分野についても，一般機械の比重が高く，なかでも産業機械の割合が高い。産業機械に特化した需要分野を存立基盤とする工業集積地域を形成しているといえる。これら大企業と尼崎の中小工業が，産業機械を中心とした機械金属加工において，相互に必要としあう関係が存在しているといえる。

3．AMPIの事業

　事業の特徴は，高集束レーザ，短波長レーザ，複合溶射等の加工装置，各種材料試験・評価装置を設置し，高エネルギー密度熱源を活用した高度加工技術の研究開発と，研究開発成果の移転により地域中小工業への技術支援である。業務としては，金属加工の高度加工技術に特化している。具体的な技術支援は，ものづくり総合相談，装置開放利用・指導，技術開発・試作支援，人材育成支援，コーディネート活動である。

　AMPIの特徴を既存研究から公設試との比較によって考察した。まず，収入については，大企業との受託共同研究によって恒常的な資金を確保し，研究員を安定的に保障している。AMPIの研究員は，おもに民間大企業の出向者，研究者OBを中心に，構成されていること。そして人件費も低く抑えている。また，経験豊かな質の高い研究員，技術員の活躍で，多様な企業のニーズに応えている。また，AMPIの中小企業技術支援機の機能としては，機器装置の開放利用，技術相談を始めとして，現場支援機能，コーディネート機能，広域研究交流機能で，地元中小企業に役立つものとなっている。

4．大企業がAMPIに協力する背景と要因

　尼崎市の産業重視の基本姿勢の要因は，尼崎の工業形成の歴史と産業構成における工業の構成比の高さであろう。歴史的には，戦前・戦後と大阪市西部臨海部と一体となって阪神工業地帯の中核地域として重要な役割を果たしてきたことである。また，高度成長期後から現在まで業種の変化等があるが，尼崎市の産業構

成のうえで工業が常に過半数を超える高いウエイトを占め，それが尼崎市の行政姿勢の基本を決める要因となってきた。AMPIに協力している大企業は，戦前から尼崎市あるいは隣接地に主要な事業所があったか，戦前からの創業地が神戸市や大阪市であり，尼崎地域と歴史的に関わりが深く，主要な生産品も，大型のものが多く，比較的規模のある機械金属機械加工関係の中小企業を必要としたといえる。こうした点が，大企業が，尼崎の工業重視の基本姿勢と結びつきAMPIに協力することになった背景といえる。

5．結論

　本稿が注目したいのは，大企業と中小企業がともに混在することで間接的にもたらされる正の効果である。

　これを，AMPIの事例から，尼崎市における中小企業技術支援研究機関への大企業の協力の状況とその要因を明らかにしてきた。その背景と要因は，尼崎市の工業重視の基本姿勢と，それに裏付けられた尼崎市の積極的関与があるからである。間接的な背景としては，かつて阪神工業地帯と言われた時期から大企業と尼崎の中小工業が，産業機械を中心とした機械金属加工において，相互の必要とする関係が存在していたことである。

　AMPIに参画している大企業にとっても，大型レーザ加工技術，高輝度レーザ溶接・切断の実用化技術，高輝度レーザビーム化伝送安定性向上技術など先端技術の研究は，メリットは大きい共同研究計画といえる。

　また，AMPIは，試験研究機関でありながら，公設試との異なる点があることを，既存研究に依拠しながら公設試との比較を行い，大企業の協力，共同研究とその費用の提供，研究員の出向等という点で異なっていることを明らかにした。形式的に一般財団法人としているから民営というのでなく，収入と人的資源の活用という実質的な民営という点である。また，既存研究が扱っている，公設試の独法化，民間経営スタイルを言っているのではない。

　本稿は，地域経済の発展や中小企業振興を考えるうえで，大企業の問題性も認識した上で，こうした大企業のポジティブな役割があることを一地域の事例であるが明らかにできた。

技術開発型中堅・中小製造業の海外競争力の一考察
－生産技術のデジタル化が進む中で成功するビジネスモデル－

〈報告要旨〉

日刊工業新聞社　藤坂　浩司

1．はじめに

　近年，我が国の製造業は生産技術のデジタル化で苦境に立たされている。生産技術のデジタル化は，コンピュータ制御による生産を差すものだが，この結果，「技術の平準化」が生まれ，企業の技術力水準がグローバル競争の中で相対的に低下する傾向を見せている。しかし，この様な環境下にあっても，高い国際競争力を維持する中堅・中小製造業がある。そうした企業は，なぜ業績が良いのか。どのような経営マネジメントを行うことで，デジタル化の影響を最小限に抑えているのか。本稿は，取引先の多様化，円高の進行などで中堅・中小製造業の海外進出が加速する中，どのような施策を立案し，経営戦略として構築する企業に海外における競争力や優位性があるのか，その実践手法や構築に焦点をあてたものである。

2．既存研究

(1) 生産技術のデジタル化

　「生産技術のデジタル化」とは，技術の標準化やモジュール化などを差す。技能経験の如何に大きく左右されず，所定マニュアルに基づく操作で製造が可能な数値制御（NC）による工作機械による生産や，製品品質・性能を制御する中核機能を司る部品のモジュール化，または，それら機能を制御するソフトウエアを導入した生産方法などである。「生産技術のデジタル化」で，技術や生産に従事

する技能者のレベルが平準化され,「暗黙知」や「匠技」と言われる技術の経験やノウハウなど,日本の製造業が強みとしてきたモノづくりの優位性が低下,失われる事態を引き起こしている。

(2) 既存研究

既存研究では,生産技術のデジタル化がもたらす技術の平準化に対して,競争相手よりも優位性を発揮する「仕掛け」の意義を示唆するが,メーカー本来の能力（製品開発力や生産力,管理力）と,新たな「仕掛け」をいかにうまく融合させて,技術の平準化による影響を最小限に留めるための参入障壁を作り,維持させるマネジメントが重要であることも留意すべきである。本稿では,実際に海外ビジネスで堅調な実績を上げている企業4社を考察し,各社が構築する戦略から海外で成功するマネジメントを検証しようと試みる。

3．事例研究

中堅・中小製造業4社（電機系2社,機械系2社）の事例を示し,各社が海外ビジネスをどのように構築してきたのかみていきたい。

・株式会社タニタ
・株式会社アタゴ
・オリエンタルエンヂニアリング株式会社
・株式会社サイトウ製作所

4．海外で成功する戦略

(1) 海外での成功を可能にした持続的競争優位の源泉は何か
①市場において経済合理性が働いた。
　「先行者利益の確保」
　　－早期に海外に進出し,未開拓の市場を開拓する事に成功した。
　　－シェア獲得がコスト競争力を高め,さらにシェア獲得につながった。
　　－その結果,マーケティングリーダーの地位を構築する事ができた。

②経営者が自ら市場で差別化につながる企業価値向上に取り組んだ。
　「経営マネジメントにおける認識と持続性」
　－製品の販売と並行して，ブランドを浸透させる努力に取り組んできた。
　－時代を見極めた分野に経営資源をフォーカスし，集中投下させた。

③他社が容易に模倣できない仕組みを構築した。
　－製品の中核機能（アルゴリズム）をブラックボックス化した。
　－技術の平準化が及ばない生産体系を作る事で事実上の参入障壁を築いた。

(2) どのような企業に優位性があるのか
①「技術の平準化」に引き込まれない優位性を経営のメカニズムとして持っている企業
　－「規模の経済」の範疇に入らない分野で事業展開する企業
　－基幹技術に平準化が及びづらい，人間の「経験」や「技」を利用する企業

②「技術の平準化」に引き込まれても，優位性を維持でき競争力を持っている企業
　－圧倒的な市場シェアを確保，プライスリーダーの位置を保持できる企業
　－販売とサービスをうまく組み合わせて，その結果，企業や商品ブランドの認知が市場で高く，ユーザーから支持されている企業

③常に先端的な技術開発に取り組み，既存市場とは異なる非連続的な質的に新しい分野の開拓に取り組んでいる企業

　①，②は③との組合せが重要。今回，調査した4社はいずれも③を最も重視し実践しているが，一方で経営者がそれぞれの置かれた立場や経営哲学から仕掛けづくりに力を注ぐ。その組合せを経営者自身が注力していた。

(3) どうすれば，中小企業は生き残れるのか
①1社単独による「参入障壁」の構築には限界がある。強い「連合体」で競争する体制を組む。

②自社のコア技術を発展的に生かせる新製品開発，新市場開拓を強化する。
③経営者自身が「財務」「マーケティング」「ブランディング」に積極的に関心を持ち，それらを組合せ強化するなど経営者自身が「総力戦」で望む。
④メーカー本来の機能である「モノづくり」に徹底してこだわり続ける。

5．結果

　生産技術のデジタル化の影響は中堅・中小メーカーの経営により大きな影響を与えようとしている。メーカー本来の機能と付加価値の融合は必要だが，それだけでは「参入障壁」を維持できなくなってきている。
(1)「仮説の検証」
　仮説①「製品力や技術力などメーカーとしての「本質的価値」とともに，デジタル化の影響を受けにくい「差別的価値」を融合させるマネジメントに優れた企業は，その組合せが海外市場で競争相手に負けない「参入障壁」を築いている」
　→技術の平準化は予想以上のスピードで企業の差別的価値を消失させている。
　→差別的価値の内容で参入障壁の高さが大きく変化する。

　仮説②「高い参入障壁を構築するには一定程度の期間が必要。マネジメントに優れた中堅・中小企業では経営者がその必要性を認識し政策を推進している」
　→中堅・中小企業はオーナー経営が主流。短期間で業績に結びつきにくいブランディングやデザイン強化，海外におけるパートナー選定など経営者の判断がその後の経営を大きく左右する。

金属加工業の成長モデル
－イノベーションを中心として－

〈報告要旨〉

同志社大学大学院　松本　輝雅

1．はじめに

　日本国内の製造業は海外移転が加速しており，製造業は大きな危機に見舞われるのは必至と思われる。本論は金属加工業の成長をテーマとして，この空洞化をも切り抜ける企業成長の知見や製造業の生き方の指針を得ることを目的とする。日本の中小製造業は平成10年－20年の間で30.8％も減少し（「海外事業活動基本調査」経済産業省2011），さらにこれから3年以内に，30％以上消えゆくとも予想されている。「平成22年度企業行動に関するアンケート調査」内閣総理府経済総合研究所（2011）から21年，22年の2年で32.1％の部品の海外移転があるということである。この事実から見れば，30％の企業が消えゆく可能性も理解できる。
　B TO B製造業（例えば金属加工業）は露出度が少ない故，実情は見えにくい。しかし，本論は今まで余り研究されていない，しかも非常に有効と思われる技術イノベーションから見た一般化を目指し研究するものである。

2．研究課題

　①金属加工業が大企業を上回る高収益率を得るため，当該企業の成長パターンをモデル化する②成長企業の事例をもとに，経営者の選択の有り様をケース・スタディにより考察する。

金属加工業の定義と範囲

金属加工業とは ①鋳造 ②鍛造 ③切削 ④プレス加工 ⑤パイプ加工 ⑥研磨 ⑦メッキ ⑧放電加工 ⑨熱処理 などで成り立っている。金属加工は大企業で無いと出来ないプラントや造船等のような加工も含むが，企業と範囲（中小企業も対象となる様な一般的金属加工）を限定することで全製造業の中の約4.2％に絞り込まれる。金型製造や機械製造等は用途としての分類なので，今回の分類としては出ない。（これは切削や研磨や鋳造等に含まれる。）

3．先行研究

本研究と関心が比較的近い研究（金属加工業の研究）は弘中史子（2007）がある。中小金属加工業のインタビューによる分析である。本研究のスタイルとしては非常に似ている。しかし，ここで扱う成長モデルと違っているのは，中小企業の姿を①技術②マネジメント③技術者④自社技術の分析⑤新技術の導入⑥外部関係性 等にわたり分析解説するところである。そして，引用の時代背景が古く中小企業は，次第に大企業となる芽であると前時代とも思える考え方が，根底の一つにある。本研究の過程で理解したことである，成長企業は金属加工業になり利益を出す事自体が目的で，B TO Cの完成品を目指す過程であるとは導けない。

伊藤正昭・土屋勉男（2009）は革新的中小企業群と銘打って地域産業集積地の国際的競争的な中小企業のあり方として，提唱している。優良企業として，鍋屋バイテック，セーレンが研究されていて，本研究とも重なるような金属加工企業群である。特に小さな大企業に向けての3つの成長段階として①基板形成長期②経営革新期③持続成長期として企業の成長を3段階に分けている。（pp.194〜205）しかし，成長の土壌（用語は別にして）を含めての構造については述べられておらず，本研究はこの延長線上のより深みにあり，研究の意義があると思われる。

金原達夫（1996）は成長の条件とプロセスの中で企業はいかに成長するかの分析と技術を中心に行っている。「成長の条件とプロセス」（pp.161, 4節）①ライフサイクル論②経済的な成長理論③ペンローズ④ハマーメッシュを展開している。また，(1) 下請け型 (2) 共同型 (3) 独立型の成長条件をも展開する。当理論を後半のケーススタディに応用し説明すべきと思われるが，ケースの研究の分

析・分類ついては充分ではないので，現在の金属加工業に起こる成長の様々な現象を説明しきれない。

4．実際の方法について

中小金属加工業は，非常にわかりにくいと言う基本的な性格を持っている。なぜなら，一般的には当該企業は金属で何らかの部品をつくっているのであるが，通常人は出入り禁止で（機密ノウハウがあり，危険な機械もあることもあるため，場内で怪我をされても困る為）しかもどの様な行程で，原材料はいくらで，機械の値段はいくらで，償却期間は……。これが，およそでも全ての項目で理解できないと，本来の企業の事実（実力）は良く見えないのである。例えばインタビューをしても，専門用語が話の中で頻発するので理解にはそれなりの経験が必要である。1つや2つ，複数の事実を知っても，それが企業の成長要因とは断定できない事と，インタビューに正しく答えて頂いているかの判断も難しい。

要するに本研究の企業は完成品メーカーの様に簡単に理解しがたいものなのであるが，敢えてこれを研究，まずは企業の独自技術の解明から行ったが，概略は外見から見てとれるが，しっかりとした実態（固有技術を特に注目）を示すことが出来るのかがポイントであった。

まず，具体的な企業選定の方法であるが，まず企業の選定である。金属加工業の中で4年間連続して5％の営業利益を確保している企業で5億以上の売り上げをキープしている企業とした。（帝国データバンクの2006～2012のデータを使用。160万社対象。）そこで，製造業で金属加工業が含まれると類推出来たのが2022社に絞られた。それを，5％以上4年間として87社。その中で金属加工業は23社であった。（5億以上としたのは，それ以下であると決算書が手に入りにくいこと，もし入ったとしてもその信憑性が問われるからである）その中で特に2009年2010年はサブプライムショックの異常値なので取り除いた。この中で，インタビューに応じて頂けた企業7社に辿り着く。理想は全ての企業を尽くしたいのであるが，やはり業界の機密などもありこの数字で留まった。そして，①中西金属工業②フセラシ③明石合銅④片桐製作所⑤タカコ⑥丹羽鋳造（新規，取材依頼。日程調整中）⑦山本精工（3年間は利益を下回るが，他年は高利益率）⑧内藤製作所（直近3年間は空洞化のために5％を下回る）⑨中田製作所（2年間，利益率を下回

るが他の年安定収益）⑩ミスミ（頻繁に研究対象となっている，有名企業なのでHPや本で補完。）⑪エーワン精密（同上）⑫三共製作所（利益率は5％を下回り2％程で有るが，安定しておりコストモデルとして参考になると思われる）

　実際のインタビュー方法であるが，1企業2時間ほど社長を対象とした。内容は，①その企業（社長）の生い立ちを中心として尋ねる。②次に固有技術は何か。特に利益の元である技術の説明と，その発案から現在までの経緯を聞かせて頂く。③最新に成長期待技術と企業の将来見込みを聞く。場合により，1回では全て聞くことは難しく2回に分けて疑問を解決する事も7社中3社実行した。

　インタビューを重ねてみれば，思惑通りの感触が得られた。即ち，各社の固有技術やビジネスモデルがはっきりとインタビューの中に現れる。しかも，分類可能であるとも認識した。言い換えると，高収益企業にはイノベーションが必ずあるものであるが，これには幾つかのタイプがあり，これは分類できる事がわかった。これを，イノベーションダイヤグラム（山口栄一，2006　2008）と言う手法により図示することで，視覚的に理解が可能となった。特に土壌と言う概念は，この中で大きな役割を持つ事が確認できた。

5．まとめ

　金属加工業の成長は技術レベルに応じて，「①一般成長モデル」，「②コストモデル」，「③高精度モデル」，「④技術的イノベーションモデル」「⑤品質技術モデル」，「⑥納期技術モデル」「⑦発明的技術モデル（ナンバーワン／オンリーワン）」に分けることができ，②～⑥までの成長モデルを支えるのは一般的な「量産化技術」を上回る「固有技術」であった。各企業が自社の技術的成長をどのような方向に見いだすかによって，企業の成長パターンも変化する。

　また，「⑤品質技術モデル」，「⑥納期技術モデル」，「⑦発明的技術モデル（ナンバーワン／オンリーワン）」に至るには，企業の技術の方向性を決める「大きな変化」が起きていることにも注目したい。「大きな変化」は，イノベーションダイアグラムで矢印が一旦下降し，横に移動してから新たに上昇を始めるように描いた。その際に重要な役割を果たすのが「土壌」だ。各企業と経営者がそれぞれの「土壌」にどのような要素を持つのかによって，その変化の方向性が変わる事が明快に示すことが出来た。

量的縮小下の産業集積におけるイノベーション
－福井県鯖江産地の事例－
〈報告要旨〉

東京大学大学院　建井　順子

1．はじめに

今日，数値から把握する限り，産業集積は量的に縮小傾向にある(植田(2004))。そこで，集積の量的「縮小」と個別企業との関係が問題となってくる。つまり，量的な縮小は質的な縮小を伴っているのか，という点の検討が必要となってくる。本論では，企業1社1社の創業から現在までの環境変化への対応から，イノベーションに焦点を当てて，その点を明らかにしようとする。

イノベーションの提唱者シュンペーターは，経済発展の過程において積極的な役割を担う主体は企業ないし企業者であると考えた。具体的には，①新しい商品の創出，②新しい生産方法の開発，③新しい市場の開拓，④原材料の新しい供給源の獲得，⑤新しい組織の実現，の5つを「新結合（＝イノベーション）」と考えた（吉川（2009），p51-52）。よって，企業者は単なる経営者ではない。企業者は，従来の手法で物事が進まなくなったときでも「立ち往生しない人々（吉川(2009)，p56)」であり，新しい価値を創造し続ける人々である。経済発展の本質である企業者によって担われる「イノベーション」を明らかにするためには，必然的に企業レベルのミクロ分析が重要となる。

鯖江産地を事例とした先行研究については，数多く存在する。例えば，南保(2008)はその代表的なものであり，2006年までの統計を用い，鯖江産地を歴史，技術，流通等のあらゆる側面から調査し，産地の発展モデルを提言している。さらに，遠山(2001)は2001年までの実態調査であり，遠山・山本(2007)は，2006年の実態調査にもとづく研究である。

鯖江を事例とした最新の研究であっても，2006年頃までの統計，インタビューにもとづいてとりまとめられており，それ以降を対象とした研究は見当たらない。以上より本論では，2006年以降の動向も踏まえて，個別企業のイノベーションについて検討する。

2．各企業の取り組み

(1) グローバルネットワークの活用

タナカフォーサイト（資本金4,200万円，従業員18名）は，眼鏡の鼻周り部品を製造する。国内シェアは6割以上，海外・国内生産比率は6対4である。

当社が鼻周り部品の代表的メーカーとなった理由は二つある。一つは他社に比べていち早く中国進出を図り，中国製品と日本製品を取引先によってうまく使い分けてきたこと，もう一つは有名ブランドの指定工場となったことである。国内工場は量産品ではない製品の生産，企画開発，技術開発の場である。指定工場については，通常は商社，総合メーカー経由で来る有名ブランドの発注を，自社へ発注してくれるようにブランド保有企業に直接交渉を行った。これにより，製品の発注ごとではなく，常に発注が当社に来ることとなり，経営の安定性を確保した。特定部品メーカーとの安定的取引は偽造品の監視コストの低下にもなり，発注元企業にも利益をもたらした。

フクオカラシ（資本金1,500万，従業員100名）は，蝶番を主とする部品メーカーである。当社の強みは，海外営業を得意とする営業担当者による積極的な海外市場開拓と，従来品を品質がシンプルで安価なものに改良することによる利益率の維持にある。近年の取引相手は中国が拡大している。但し，顧客は主に中国本土に進出した外資系企業である。それらの顧客は，日本製品の技術力は評価する一方で単価の高さを指摘してきた。これに対して当社は，必要以上に技術力を盛り込まず従来よりも単価を抑えて，現地の部品メーカーよりも品質とコストのバランスにおいて競争力を持つ製品を作り上げた。これを武器に外資系企業に売り込み，中国で生産されている工程の一部を獲得することに成功した。

(2) 自ら流通，販売チャネルを形成

金子眼鏡（資本金5,000万円，従業員160名）は，親から継承した卸売業から開

始した。卸売業で利益を確保する傍ら，原宿の眼鏡小売店を中心に自社ブランドの営業を展開した。ファッションの先進地への営業により自らの感性を磨き，ファッションに敏感な若者に受け入れられるサングラスで売上を上げていく。2001年以降の中国製品の増大に対しては，競合製品を自社企画・デザインの中国製へと変更する。その傍ら，自社の強みを日本製の「職人シリーズ」に置き，高級品へと主軸を移していく。またこれに伴い2006年には自社工房も立ち上げ，自社内で全ての工程を完結可能とした。このように金子眼鏡は，卸売から企画・デザインへ拡大，さらにセグメント別小売網の整備，直営店の出店，最後に工房の設立という形で，すべての工程を自社内に納めた事例である。

ボストンクラブ（資本金1,000万円，従業員26名）は，ファッション性を重視する企画・デザイン会社である。大手眼鏡商社に勤務していた現社長が，若者向けオリジナル商品をつくりたいと1984年に起業した。当初は自社ブランドとOEM製品の二本立てであった。転機は中国製品の増加である。1995年に自社ブランドの企画・デザインのみへと転換した。現在は，4つのハウスブランドを展開する。全て鯖江製である。2002年と2009年には，ファッションの先進地青山と銀座に直営店を出店した。この直営店は，顧客の生の声を聞く場としても機能する。最近では，東京ガールズコレクションへの参加，有名モデルと共同でサングラスを制作するなど，益々ファッションとのつながりを強める方向にある。

(3) 既存，異業種のネットワークの活用

眼鏡の部品メーカーは眼鏡で生き残ろうとする企業と異業種参入を図る企業とに分かれる。

清水工業所は，キングサイズとスモールサイズの眼鏡，目が不自由な人向けの遮光眼鏡，部品メーカーでも参入しやすい縁なし眼鏡など，眼鏡にこだわり，眼鏡のニッチ市場を開拓する。これに対してテンプルを製造する長井は，他の部品メーカーと共同で自社ブランドの眼鏡を作り上げた。さらに，これを含めた製品を産地ブランドとして販売するため，首都圏の小売店，宅配業社と協力し，販売チャネルを開拓している。

他方，ヨシダ工業，若吉製作所は，眼鏡で培ったチタンの精密加工技術をもとに医療機器分野に進出しつつある。いずれの企業も，自社の強みを活かして新たな製品を開発し，新たなチャネルを自ら開拓する方向で動いている。

とりわけ，部品メーカーが中心となり，産地全体の取組として，産地ブランドの立ち上げ，直営店やアンテナショップの開設によって，自ら流通，販売チャネルを開拓しようとしている点は注目に値する。産地ブランドは，各社がオリジナル製品を持ち寄り，それを鯖江ブランドとして販売する。そのため，対象セグメント，デザインの統一性という点で課題は残る。しかし，これまで産地が不得意であった部分を産地全体で補完しようとする取組は，産地再編を促すきっかけとなりうる。

3．おわりに

以上の調査より，企業レベルではシュンペーターの指摘した5つのイノベーションのいずれかの萌芽が見られることが明らかとなった。産地は量的に縮小傾向にはあるものの，依然として質的には意義を持つといえる。しかし，産地の今日的意義は量的拡大期とはかなり異なる。各企業はいずれも，自ら，あるいは同業他社，異業種の企業と共同で，新たな市場やチャネルを開拓しようとしているが，より個々の違いが鮮明になりつつある。またいずれも，デザイン，ブランド，マーケティングといった，生産工程以外の高付加価値分野を開拓する方向で動いている。とはいえ，各企業に芽生えたイノベーションの萌芽は，産地全体を再編するほどの力とはなりえていない。グローバリゼーションが進展する中，イノベーションの萌芽を産地全体の再編，発展へと結びつけることは可能なのか，可能であるならばどのような形で可能となるのか。この点についてはより詳細な研究が必要とされよう。今後の課題としたい。

〈参考文献〉
1　植田浩史編著（2004年）『「縮小」時代の産業集積』創風社
2　遠山恭司（2001年）「グローバル化に伴う産業集積の変化－金属消費財生産の産地型集積地域・鯖江と燕の事例から」『商工金融』2001年9月，pp5-21
3　遠山恭司，山本篤民（2007年）「グローバル経済体制下における鯖江の眼鏡産地集積の構造変化」（『日本と東アジアの産業集積研究』同友館，第6章）
4　南保勝（2008年）『地場産業と地域経済』晃洋書房
5　吉川洋(2009年)『いまこそ，ケインズとシュンペーターに学べ:有効需要とイノベーションの経済学』ダイヤモンド社

内生的アプローチによる産業集積の衰退に関する検討
〈報告要旨〉

明治大学　木村　元子

　産業集積における衰退傾向が強まるなかで，産業集積を形成，成長，成熟，衰退を動態的なプロセスとして説明する研究は分散的で必ずしも多くない。とりわけ，政策的課題として重要なのが，衰退プロセスへの対策の立案であるが，従来の中小企業論および産業集積研究では衰退の論理が必ずしも明らかにされていないために，効果的な政策提案が困難になっている。産業集積を総合的かつ動態的に把握することが重要であるとの立場から，本稿では産業集積の衰退を説明するために内生的な視点を導入する。

　産業集積が衰退する原因に着目した研究には，主に2つの視点が成り立つ。ひとつは，産業集積をとりまく内外環境の激変への適応に遅れにより，産業集積に衰退が生じるという議論である。もうひとつの視点は，産業集積自体に内在する問題から，産業集積のイノベーションに硬直化が発生して競争優位を失い，産業集積に衰退危機が生じるという考え方であり，これを内生的アプローチと呼びたい。

　従来，集積の利益として考えられてきたのは，集積内で企業が近接性を活用して知識がスピルオーバーすることによって，新しい企業が生まれ，新しい技術が開発されることである。特に，同一産業内での知識のスピルオーバーはマーシャルから始まるMAR外部性と呼ばれ，多様な産業間での刺激はジェイコブズ外部性と呼ばれる。産業集積にはこの2つの外部性が働いているが，これらの有効度は産業集積のライフサイクル上の段階で異なる。

　産業集積の衰退期においては，それまで優位性の源泉であった外部性が，企業のイノベーション停滞の一因になる。MAR外部性によって効率的な生産体制が

築かれてきたが，その生産体制から抜け出すようなイノベーションは困難になる。また，新しいアイデアによる新事業開拓の必要に迫られたとしても，集積内にはジェイコブズ外部性が機能していないのである。つまり，外部性が逆機能を働かせた結果，外部性によって技術，情報，人的資源，社会的分業体制といったものが産業集積内で固定化され，企業のイノベーションを阻害して産業集積の衰退が起こるのである。

　一方，産業集積の衰退プロセスには，産業集積の再生に関する示唆も含まれる。つまり，既存の知識をベースにしながらも新しい知識を追加し，ジェイコブズ外部性を再び高めることがさらなる衰退を回避することにつながるのである。

〈参考文献〉
1　伊藤正昭・土屋勉男（2009年）『地域産業・クラスターと革新的中小企業群』学文社
2　木村元子（2011年）「中小企業ネットワークの理論的可能性と地域産業におけるブリッジ機能」『政経論叢』第79巻第5・6号、明治大学政治経済研究所、pp.141-171
3　遠山恭司(2010年)「産業集積地域における持続的発展のための経路破壊・経路創造」植田浩史・粂野博行・駒形哲哉編『日本中小企業研究の到達点』同友館、pp.91-128
4　渡辺幸男（2011年）『現代日本の産業集積研究』慶應義塾大学出版会

進化財政学と中小企業
〈報告要旨〉

北海道大学　中村　宙正

1. 経済財政と中小企業

　中小企業の操業継続性を，公務の細分化配分によって支援する枠組みづくり，およびこれに必要な財源を確保する新たな金融制度のあり方を検討する。公務の細分化配分とは，公務（国会など議会の議決によって可決された業務等に関する仕事および作業）をできうる限り細分化し，中小企業がこれらの業務等を請け負う事のできる範囲で受託することである。中小企業の側の経済的動機（インセンティブ）は，第一に，公務を受託し業務を遂行するに伴い職場・組織の操業力を維持・向上できること，第二に，公務遂行能力が備わる職場・組織であることを内外に明示できること（操業力の水準を市場に提示するシグナリング効果），第三に，受託業務を担うことで企業として知名度の向上につながる可能性があること（ステルス・マーケティング），第四に，様々な権益等との契約関係が成立し今後将来の事業機会に繋がる可能性があること，である。中小企業は公務受託を通じて，その後の経済活動を展開する上での重要な足懸りを築くことができる。すなわち中小企業には公務を積極的に引き受ける経済的動機があるゆえに，政府および地方公共団体など行政機関等は，財政支出を抑制するよう公務配分を検討し財政を再建することができる。尚，中小企業が公的部門から予算配分を受けなくとも，その必要経費を自力で調達できるよう，プロ投資家向けの株式市場「TOKYO PRO Market」と地域通貨の分散型発行方式「Local Exchange Trading System；LETS」を組み合わせて実用化する新しい金融制度を提案する。TOKYO PRO Marketは，マクミラン・ギャップの解消を目的としたロンドン市

場のUSMを起源とする中小企業向けの金融機能である。公務の細分化配分による中小企業支援,および新しい中小企業金融制度の成立に向けて,TOKYO PRO Marketと市場関係者地域通貨（Shijohkankeisha Exchange Trading System; SETS）を組み合わせて実用化する過程において,政府はその推進業務の執務を公的機関に一任しうる。

2．中小企業政策が経済政策の主流となる背景

　中小企業は経済を牽引する力であり,世界経済の減速・縮小傾向を極力打破し経済成長（ＧＤＰの増加傾向）を実現させるために,優秀な人間であれば在来の経済的慣行を疑いなく受け入れる思考（相対的に規模の大きな職場に寄生しようとする発想）を抜本的に改める必要がある。各位が小さな企業に未来を託し,所得および配分される予算相当以上に社会においての務めを果たそうと志を抱くとき,毎日勤務する職場は寄らば大樹の蔭と表現されるような陰鬱な世界観を超えて,規模や範囲の経済性を凌駕する精鋭力を具えた事業環境を確保することができる。中小企業政策が経済政策の主流となることは,中小規模の職場が主体性を持ち大規模な資本の動きに従属することなく,各位が情勢を見極めて機動的な職場や家庭を構築してゆこうとする立場に支持される。中小企業問題を乗り越え,経済を牽引する主役として中小企業政策の効果は経済成長（GDP増大）を実現する。本研究は,脱資本主義を理念としているのであり,過酷な状況においても不善をはたらくこと無く,人間相互の生命の摂理を尊重する観点を備え,私たちが健康で文化的な最低限度の暮らしを保障されるよう十分に配慮されたうえで,市場競争に耐え得る経営力強化を実現する必要がある,と考える。

　無から優をつくり出す実業家こそ経済を牽引する中小企業者であるが,彼らはただ従業員を使うのではなく,彼ら自身もまた現場で率先して創作活動を展開する労働者である。かつて相対的に規模の大きな産業組織に所属しサラリーを受取る立場にあったとき,その組織の構成員どうしが才能の協奏をともなえば,作品として最高のパフォーマンスをあげることができよう。その様に20年〜30年を同僚と仕事ができれば問題は生じない。所属する産業組織が成長発展ステージにある最初の５年程度,お互いの才能がぶつかり合っていても夢が一緒に乗っているうちはよいのだが,６〜８年を過ぎたころから次第に邪魔しあい不仲となって生

産性は低下する。なぜなら同僚の誰かが利権を押さえ込む事に才能を発揮し始めるからである。所属する産業組織に外部の利権が絡むようになり，共創がビジネスに巻き込まれる。利権を押える才能であれば，利権をみなで分け合う才能ではありえない。私たちは組織の成果を構成員どうしで分配するルール，権利関係，契約関係に不満が生じ，これを更新する際にも納得できない条件を受け入れざるをえず，組織として結束を解消する局面を迎えてしまう。分業体制のなかで自分の職業をきわめたい思いと闘いながら，実力を発揮する環境として限界にぶつかっている自分を意識する。才能を綺麗に発揮したい思いが，大手から受取る高額なサラリーのすべてを捨ててでも，小さな産業組織を自分の手で創りたいと思う中小企業者へ育てあげる。私たちはそれぞれの進みたい道がはっきりしてきたとか，仲間どうしの金銭トラブルが原因で，など表現すれば格好良いのだが，内実は所得分配をめぐる複雑な権利・契約関係とエゴイズムにあると考えられる。

　産業組織を離脱しサラリーマンを辞める労働者，すなわち資本の論理を侮蔑する脱エゴイズムにはフィーズィビリティーが備わらず，サラリーも無く，あらゆる方々の優しさに支えられた人間として生きる時間が長くなる。そうした暮らしのなかで，才能に優しさが醸成されて持続的強労働を可能とする実業家が世に送り出されることにより，中小企業の新規開業は華やかに実現するのである。

　末松玄六（1961年）は最適規模論的アプローチに基づき，不完全競争下においては「最大収益規模（最適経営規模）」と「最大能率規模」が乖離し，「最適地帯」が最大収益規模と最大能率規模の間に存在する，と論ずる（pp.64-77）。これに対し本研究のモデルは次のような現実的局面を想定する。サラリーマンが経済的な計算をせず感情にまかせて産業組織を辞める場合，その労働者が独立し開業した直後の中小企業では，三空間（最大収益規模，最大能率規模，最適地帯）が同一点（ゼロ点）上で収束する。最適地帯がゼロ点（原点）上に存在するならば，常識では中小企業者として破滅を意味する。ただ働くことになる。生活時間のすべてが，労働時間および労働力の再生産時間と完全に重なる。しかし同時に最大収益規模と最大能率規模は，最適地帯上で一致する。三空間が一点に集約されたエネルギーこそ中小企業に備わる経済の牽引力として応用可能であり，今後の日本経済は，この応用可能なエネルギーを積極的に利活用する必要がある。三空間を同一点上に一致させられた中小企業の側には，公務を自発的に受託し，新しい金融制度を活用しようとするイノベーションが内発されてくる[注1]。

3．財政支出ゼロでも公務を引き受ける経済的動機

　寺岡寛（2003）には次のような概念分析がある。中小企業という概念は，時間的概念であることにも留意する必要がある。つまり，いまは大企業であっても，こうした大企業は最初から大企業であったことは少ない。大企業もまた創業という初期段階とその後の中小企業という段階をへているわけである（p.68）。

　新規開業の当初は知名度が低く，プロモーションも自分で遣らねばならず，周辺業務を含めて質の良い仕事や作業を引き受けることは操業力の向上につながる。したがって公務を引き受けることができるならばこれを受託したい。今後将来に渡る事業発展の契機を掴むことができるからである。中小企業には十分な予算配分が無くとも細分化された公務を受注する経済的動機（インセンティブ）が存在する。極端な場合，財政支出がゼロであっても公務を引き受ける判断が下される。そのうえでTOKYO PRO Marketと市場関係者地域通貨（SETS）を組み合わせて実用化する進化財政学（Evolutionary Public Finance）を採用し，公務遂行に必要な経費を新しい金融制度から調達する。中小企業者が採算を度外視し，がむしゃらな操業を持続的に継続する場合，実はその中小企業は周辺の秩序を脅かすほどの莫大な利益を結果として上げてしまう可能性が高いのである。

（付記）学会における報告に際して，安田武彦先生（東洋大学）から今後の研究課題とすべき大変貴重なご質問を頂きました。深く感謝と御礼を申し上げます。

〈注〉
1　本研究は，髙橋美樹（2003年）のイノベーションの定義に則る。

〈参考文献〉
1　末松玄六（1961年）『中小企業成長論』ダイヤモンド社
2　髙橋美樹（2003年）「イノベーションと中小企業」日本中小企業学会編『中小企業存立基盤の再検討』同友館
3　寺岡寛（2003年）『中小企業政策論　政策・対象・制度』信山社

中小企業による玄人に向けた製品開発・販売戦略
―革新的な技術を有する企業が標的とすべき顧客層―

〈報告要旨〉

名古屋大学大学院　川崎　綾子

　多くの中小企業が存立の危機に晒される中，新規事業の創出といった大きな転換によってその存立を維持している中小企業が存在する。機械振興協会 経済研究所（2009）による調査では，全国の機械・金属製造業における資本金3億円未満かつ操業年数30年以上の中小企業2000社のうち，高収益企業の約80％が主力事業の内容変更や新規事業創出を行ったという結果が出ている。そこで本稿では，厳しい競争環境に置かれている中小企業が，新規参入した先の市場で新製品を開発することを通して企業体の存立を維持しようとするケースに注目する。
　具体的には，本論は高度な独自技術（以下「革新的技術」）をもつ中小企業が，その技術を生かして画期的な差別化製品を開発・販売する際の戦略について検討するものである。

　本稿では，こうした革新的な技術をもつ中小企業が高業績を上げるには，知識や経験が豊富な人々（本稿では玄人と呼ぶ）を標的顧客層に設定する戦略が有効であると仮定し，事例を通して検討する。ここでいう知識や経験が豊富な人々とは，あるトピック（たとえば「車」，「登山用品」など）に関して知識や経験が豊富という意味である。
　つまり自社製品の知識や経験が豊富なユーザーだけでなく，ある特定の分野に関して，他社製品を含めて豊富な経験や知識をもった顧客層を取り上げる。こうした顧客層は，先行研究において度々取り上げられ，様々な名称で呼ばれてきたが，本稿ではまとめて「玄人」と呼ぶ。

具体的には，von Hippel（1986）のリードユーザー，Rogers（1962）の普及曲線における革新的採用者ならびに早期採用者，Toffler（1980）のプロシューマーをすべて「玄人」と呼ぶ。Rogers（1962）の普及曲線における残りのグループ（「前期多数採用者」，「後期多数採用者」，「無関心層」）をまとめて「素人」と呼ぶ（図1）。

革新的採用者と早期採用者を別々に論じずに，まとめて「玄人」と呼ぶ理由は，Moore（1999）が指摘するように，早期採用者と前期多数採用者の間には大きな違い，つまりキャズムが存在するためである。Moore（1999）は，2者間の主な違いとして，新製品の採用の際の判断基準を挙げている。つまり早期採用者はある新製品を採用するか否かを判断する際，製品自体（製品自体の便益）を見るのに対し，前期多数採用者は市場重視（既に何人がその新製品を採用しているか，製品がデファクトスタンダードであるかどうかなど）で採用の判断を行う傾向にあるという。

こうした大きなギャップに焦点を当てるため，革新的採用者と早期採用者間の小さな差異についてはあえて触れずに，まとめて「玄人」と呼び，残りの層（「素人」）との対比を行う（図1）。

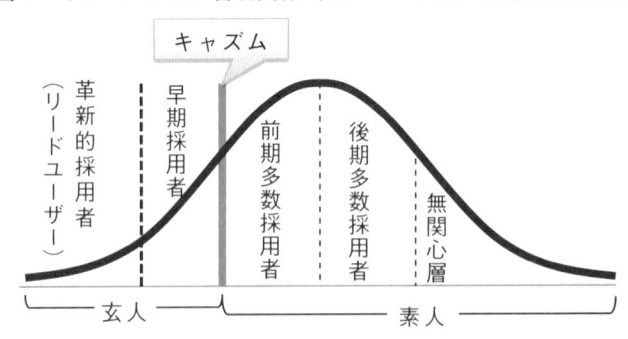

図1　イノベーション普及曲線（イノベーションの時期別採用者）

出所：Rogers（1962），von Hippel（1986），Moore（1999）を基に筆者作成

本稿の意義はこの玄人を，革新的技術をもつ中小企業の文脈で検討することにある。つまり中小企業がその革新的技術を生かし，画期的な差別化製品（消費財）

を開発・販売する際に玄人を標的とする戦略が有効であることを明らかにする。すなわち本稿では，製品の開発だけでなく販売の段階においても，標的とする玄人層に適した方法を実施すべきであることを論ずる。さらに，玄人に関する先行研究の理論について，中小企業の事例には適用しにくい部分を焙り出す。同時に，玄人に焦点を当てるという本戦略が有効に機能する前提条件を示す。つまり本戦略が，いかなる特性をもった市場において有効に機能するのかという点について考察する。

　玄人顧客に焦点を当てるという本戦略は，革新的な技術を有する中小企業に有効であることが事例から明らかとなった。具体的には，革新的技術によって製品重視の玄人が満足する高便益製品を開発し，無駄な金銭を支払うことを嫌う玄人に合わせた販売戦略が有効である。また，本戦略は素人と玄人のニーズに大きなギャップがある市場において，有効に機能する。つまり革新的な技術をもつ中小企業によってのみ，玄人のニーズを満たすことができるという場合に，中小企業にとっての事業機会が存在する。事例企業はこの事業機会に気づき，大きく方向転換したわけであるが（錦見鋳造は部品製造からフライパン業界へ，機械メーカーのミナミ産業は陶磁器業界へ参入した），こうした転換を身軽に実行しやすいのは，開発者や営業マンの役割を1人の事業家が担う中小企業である。玄人に焦点を当てた本戦略は，①玄人のニーズの識別，②技術によるニーズの解決，③試作品作成，④製品化という全ての段階において，企業が技術シーズ駆動で主導的に行っていくという方法で行うと成功しやすいといえる。2事例からの論証によって，本戦略を一般化することは困難であるため，今後は他産業の事例や大企業の事例との比較研究を通して考察を深めていきたい。

国際学会報告助成による国際学会報告要旨

「発表論文要約および質疑概要」

横浜市立大学　山藤　竜太郎

　本報告の目的は、国際的な取引を行う場合に、国内のネットワークがどのような影響を与えるかを明らかにすることである。新興国の工業化の要因について、先行研究においては、技術的側面とともにネットワークに注目する研究が近年増加しつつある。

　そこで本報告では、1859年の開港後の横浜を対象に、国際的な取引に取り組んだ企業家が、どのような国内のネットワークを形成したか検討した。『全国諸会社役員録』によると、1893年には横浜の11社の役員97名のうち13名が2社以上で役員を兼任していた。一方で、1898年には横浜の67社の役員220名のうち46名が2社以上、15名が3社以上で役員を兼任していた。

　役員兼任の内容を分析すると、従来考えられていたような血縁や地縁に基づくネットワークは少なく、むしろ同業者によるネットワークが主であることがわかった。同業者による共同出資で会社を設立することで、資金力の豊富な外国企業に購買力で対抗した場合が多く、国内のネットワークが国際的な取引を主体的に推進する一つの原動力となったことが明らかになった。

[Abstract]

Global Trading through Local Networking:
The Case of Yokohama, Japan, in 1859-1923

1. RESEARCH QUESTIONS

　This study explores the utilization of a local network by entrepreneurs for global trading. It follows the studies of Lillian M. Li, Debin Ma, and J. K. J. Thomson. Ma [1996] describes the global silk market in 1850-1930. Before 1850, the largest exchange of silk occurred between Italy and France. The establishment of the treaty port system after the Opium Wars (1839-42 and 1856-60) made China the largest exporter until the late nineteenth century, Japan took its place. Li [1982] argues that technological development increased the exports of China and Japan. In 1882, machine-reeled silk accounted for only 13.1 per cent of China's total silk exports, but by 1895, it increased to 90 per cent. While filature silk comprised only 52 per cent of Japan's total output of silk in 1890, it equalled over 87 per cent by 1925. Li reveals that China and Japan relied on technology in their global trading. However, local networking is another explanation for the expansion of commerce. Thomson [2005] analyses the development of the Catalan cotton Industry and notes that local networks contributed to its growth.

2. METHODS

Entrepreneurial networks in the Aichi Prefecture are studied by Wada, Kobayakawa and Shiomi [1992a; 1992b; 1993], while those throughout Japan and especially in Aichi, are investigated by Wada, Kobayakawa and Shiomi [1992a; 1992b; 1993] and subsequently Suzuki, Kobayakawa and Wada [2009]. These important inquiries into entrepreneurial networks are deficient in two respects: First, they do not delve sufficiently into network structures, employing tables and not figures, a shortcoming which explains why they fail to capture the salient features of such structures. In this article, we use UCINET, a computer software program designed for network analysis. Geletkanycz, Boyd and Finkelstein [2001], for example, employ UCINET and argue that CEOs derive skills and resources from external directorate networks. Second, previous studies do not treat the networks of Aichi with sufficient subtlety. Aichi developed in the Edo era (the early modern period); thus, its entrepreneurial networks in the Meiji era (modern period) were almost always those of families and communities from the earlier period. However, one must distinguish between networks with strong ties, such as those of families and communities, and those with weak ones. Granovetter [1973] defines the strength of such associations as 'a combination of the amount of time, the emotional intensity, the intimacy (mutual confiding), and the reciprocal services which characterize the tie'. Thus, in this paper, a strong tie refers to those of families and communities and a weak one to other networks.

This paper studies the case of Yokohama, Japan, which is worthy of scholarly interest for two reasons. First, it was the largest export port in Japan. It opened in 1859 as a treaty port, and it once accounted for 80 per cent of all Japanese exports. Second, Yokohama was a newly established city, and its merchants formed a new network. Before 1859, it had only 87 families (about 350 persons), but by 1923, before The Great Kanto Earthquake, its population was 403,586.

3. RESULTS
3.1 1893

Our late nineteenth century data is drawn from *The Book of Board Members in Japanese Companies*, which was first published in 1893. The Commercial Law of 1891 and the Companies Act of 1893 provided the legal framework for the official collection of company details.

The book contains 870 Japanese companies in 1893; 11 of these firms were located in the Kanagawa Prefecture, the capital of which is Yokohama City. In total, they had 97 board members, of which 13 served in such a capacity for more than two companies. Ten of these 13 individuals had relationships with foreign countries, seven were traders and three had studied English. Those with foreign associations were uncommon in Japan at the time. The persons listed in more than three companies are Sobei Mogi (the 2nd), Kahei Otani, and Matashichi Asada.

Table 1: Companies in Kanagawa, 1893

Company Name	in English
Tokai	Tokai Marine Transportation
Yokohama Glass	Yokohama Glass
Nihon Kuzumayu Boseki	Japan Waste Silk Spinning
Yokohama Ginko	The Yokohama Bank
Kin Kanau Chochiku Ginko	The Kin Kanau Savings Bank
Yokohama 74th Kokuritsu Ginko	The Yokohama 74th National Bank
Yokohama Chochiku Ginko	The Yokohama Savings Bank
Yokohama 2nd Kokuritsu Ginko	The Yokohama 2nd National Bank
Yokohama Shokin Ginko	The Yokohama Specie Bank
Yokohama Senkyo	The Yokohama Dock
Nihon Kaiin Ekisaikai	The Japan Seafarers Relief Association

3.2 1898

The book of 1898 lists 4052 Japanese companies, 67 of which were in Kanagawa. These 67 companies, which had 220 board members. Forty-four of these members are registered for more than two companies and 15 for more than three. Fifteen individuals, all merchants, had foreign relationships, which, as indicated, were rare in this period. The persons listed in more than six companies are Ikuzo Wakao (the 2nd), Senzo Hiranuma, and Zenzaburo Hara.

4. Conclusion and Consideration

While only 11 companies with 97 board members were operating in 1893, 67 firms with 220 board members were active in 1898. Thus, the number of companies had increased six times and the board members 2.3 times between these two years.

Thirteen of these members are registered for more than two companies in earlier years and 15 for more than three in the latter. Ten individuals of 13 in the earlier year and all 15 in the latter had relationships with foreign countries. Six individuals of the latter sold silk, two tea, and two sea products. Silk was the biggest export of Yokohama and Japan at the time. As the top silk dealer, Mogi Sobei had 14 foreign branches at the height of his career. Silk traders and others engaged in global trading made these into network hubs that linked many Japanese urban centres.

The entrepreneurial networks that we analysed had little relation to those of families and communities. To be sure, Hiranuma Senzo maintained consanguineous networks with two banks, but he had other networks with silk traders and entrepreneurs. The board members of banks had blood relationship and thus as strong ties, since banks could accumulate money from many depositors. However, other entrepreneurial networks were formed without men of the same localities or with at most two of them. These networks almost all had weak ties and amassed money from a limited number of investors.

[Q&A]

There was no question, because we didn't have enough time to have any question.

当該国際学会の開催内容の概要

横浜市立大学　山藤　竜太郎

【当該国際学会】
主催団体：ヨーロッパ経営史学会（European Business History Association）
開催期間：2012年8月30日（木）から9月1日（土）
開　催　地：フランス社会科学高等研究院、パリ（l'École des hautes études en sciences socials, Paris）
開催規模：400名（欧州284名、アジア89名、北米23名、その他4名）

【開催内容の概要】
会議概要：第16回ヨーロッパ経営史学会年次大会の統一テーマは「企業と地域・世界の緊張関係」（Business enterprises and the tensions between local and global）であった。このテーマに沿って学会発表が行われた。

8月30日（木）：①14:00〜15:30は1A〜1Iの9セッションが行われた。各セッションは3〜4名の発表者がおり、発表が60分（3名の場合は20分ずつ、4名の場合は15名ずつ）、コメントと質疑応答が30分という時間配分である。②16:00〜17:30は「経営史再考」（Reimagining Business History）と題したパネル・ディスカッションが行われた。③18:00〜19:15は「急拡大する市場：アフリカからのウランの国際貿易」（Proliferating Markets. The Transnational Trade in Uranium from Africa）と題した基調講演が行われた。

9月1日（金）：①8:45〜10:15は3A〜3Iの9セッションが行われた。②10:45〜12:15は4A〜4Iの9セッションが行われた。③13:15〜14:30は「博士学位論文セッション」（Dissertations Session）が行われた・④15:00〜16:30は5A〜5Iの9セッションが行われた。⑤17:00〜18:30は6A〜6Iの9セッションが行われた。

9月2日（土）：①9:00〜10:30は7A〜7Iの9セッションが行われた。7B「中小企業研究」のセッションで発表を行った。司会兼討論者は『エンドレス・ノヴェルティ：アメリカの第2次産業革命と専門生産』を執筆した、

フィリップ・スクラントン氏であった。(Session 7.B: Emerging Scholars: Small and Medium Size Entreprises - Chair-discussant : Philip Scranton, Rutgers University) ②11:00～12:30は8A～8Iの9セッションが行われた。③14:30～16:00は9A～9Iの9セッションが行われた。④16:30～18:00は10A～10Iの9セッションが行われ、3日間で90セッションが行われた。

編 集 後 記

　『日本産業の再構築と中小企業』（日本中小企業学会論集第32号）は、2012年9月22日（土）、23（日）の両日、嘉悦大学で開催された第32回日本中小企業学会全国大会の報告論集である。

　今大会では、統一論題3名、自由論題21名から報告があり、当論集では統一論題3本に加え、自由論題の査読を受理された12本の論文と報告要旨7本が掲載されているほか（残りの2本は掲載を辞退）、若手会員による海外発表の成果も掲載されている。

　現在の日本経済は、民主党政権から再び自民党政権の時代となり、景気にも少し明るい兆しがでてきたようだが、この間もグローバル化は止むことなく進行している。その結果、日本産業に様々な影響を及ぼすこととなり、まさに今大会の統一論題のテーマであった「日本産業の再構築」が求められている。その意味で、統一論題の3本を含め、自由論題の多彩な視点からの研究報告は、中小企業、ひいては日本の現在や今後を見据える上で貴重な研究報告である。

　さて、論集編集委員長の任期は3年で、今回の編集作業が最後の勤めとなる。諸先生方のご協力・ご支援により、論集編集委員長としての責任を全うすることができたことを感謝したい。特に、論集編集担当の文能照之幹事に大変お世話になった。執筆者と査読者を結ぶやりとり、特に期限切れが迫る執筆者に督促の連絡などに多大なエネルギーと時間を費やしていただいた。文能先生の奮闘がなければこれほどまでに論集編集はスムーズに行かなかったことと思われる。この場をお借りして3年間のご苦労にお礼申し上げる。また、出版に当たっては、同友館出版部諸氏にお世話になっているが、あらためて感謝申し上げる。

2013年3月

論集編集委員長　池田　潔

2013年8月7日　発行

日本産業の再構築と中小企業

〈日本中小企業学会論集㉜〉

編　者 ©	日本中小企業学会
発行者	脇坂康弘

発行所　株式会社同友館

〒113-0033　東京都文京区本郷3-38-1
TEL.03(3813)3966
FAX.03(3818)2774
http://www.doyukan.co.jp/

落丁・乱丁本はお取り替えいたします。　印刷・製本：日本製作センター
ISBN 978-4-496-04993-4　Printed in Japan